정치
+
철학
04

정치경제론
사회계약론 초고

정치경제론·사회계약론 초고

1판1쇄 | 2022년 6월 7일

지은이 | 장-자크 루소
옮긴이 | 이충훈

펴낸이 | 안중철, 정민용
편집 | 강소영, 심정용, 윤상훈, 이진실, 최미정

펴낸곳 | 후마니타스(주)
등록 | 2002년 2월 19일 제2002-000481호
주소 | 서울 마포구 신촌로14안길 17, 2층 (04057)
전화 | 편집_02.739.9929/9930 영업_02.722.9960 팩스_0505.333.9960

블로그 | blog.naver.com/humabook
트위터, 페이스북, 인스타그램 | @humanitasbook
이메일 | humanitasbooks@gmail.com

인쇄 | 천일문화사_031.955.8083 제본 | 일진제책사_031.908.1407

값 16,000원

ISBN 978-89-6437-410-8 94300
      978-89-6437-303-3 (세트)

정치
十
철학
04

정치경제론
사회계약론 초고

장-자크 루소 지음
이충훈 옮김

JEAN-JACQUES ROUSSEAU

DISCOURS SUR
L'ÉCONOMIE POLITIQUE

DU CONTRAT SOCIAL
(PREMIÈRE VERSION, MANUSCRIT DE GENÈVE)

후마니타스

차례

일러두기

1. 원문으로 삼은 루소 저작의 판본은 다음과 같다. Rousseau, *Œuvres complètes*, dir. Bernard Gagnebin, Marcel Raymond et al., Paris, Gallimard, t. III, 1964. Rousseau, *Discours sur l'économie politique*, éd. Bruno Bernardi et al., Paris, Vrin, 2002. Rousseau, *Du Contrat social ou Essai sur la forme de la République (Manuscrit de Genève)*, éd. Bruno Bernardi et al., Paris, Vrin, 2012.

2. 루소의 모든 글은 다음 전집에서 인용하고, 인용 뒤에 『한글 작품명』(원서명), 'OC'와 권수, 쪽수로만 표기한다. *Œuvres complètes*, dir. Bernard Gagnebin, Marcel Raymond et al., Paris, Gallimard, 5 vol., 1959-1995.

3. 모든 주는 1), 2), 3) 등으로 각주 처리한다. 원주는 각주 번호 앞에 * 표시를 붙여 구분하고 '[저자의 주]'라고 표기했다.

4. 본문과 인용문에서 원저자의 강조는 작은따옴표로 표시했고, 직접 인용의 경우는 큰 따옴표로 표시했다.

5. 찾아보기의 인명, 지명, 용어는 루소의 본문 및 주석에 나오는 것만 실었다.

6. 18세기 프랑스의 언어와 지식을 참고하기 위해 다음의 사전들을 제시했다.

   『백과사전』(*Encyclopédie ou Dictionnaire raisonné des sciences, des arts et des métiers*, dir. Denis Diderot et Jean le Rond d'Alembert, 17 vol., 1751-1772. 'ENC'로 약칭).

   : http://enccre.academie-sciences.fr/encyclopedie/recherche/

   『아카데미 프랑세즈 사전』(*Dictionnaire de l'Académie française*, 1694-1762).

   : http://artfl.atilf.fr/dictionnaires/ACADEMIE/QUATRIEME/search.fulltext.form.html

   『퓌르티에르 사전』(*Dictionnaire universel, contenant généralement tous les mots françois tant vieux que modernes et les termes de toutes les sciences et des arts*, 1690).

   : http://www.xn--furetire-60a.eu/

   『트레부 사전』(*Dictionnaire universel françois et latint*, 1704-1771).

7. 『사회계약론』은 후마니타스(김영욱 옮김, 2018) 판본을 참조했고, 쪽수를 병기했다. 『사회계약론 초고』의 경우, 루소가 『사회계약론』에서 그대로 취한 텍스트는 대체로 김영욱의 번역을 따랐고, 어휘 등의 변화가 있을 경우 설명 주로 이를 표시했다. 다만 한국어 번역으로 미묘한 차이를 나타내기 어렵고, 문장의 이해에 아무런 영향을 주지 않는 문법적 수정이나 어휘 대체의 경우는 각주 표기가 불필요하다고 판단해 그대로 두었다.

정치경제론

경제,[1] (도덕과 정치)[2] 이 말은 집$o\tilde{\iota}\kappa o\varsigma$과 법$\nu\acute{o}\mu o\varsigma$에서 온 것으로, 처음에는 가족 전체의 공동 재산을 관리하기 위해 가계를 현명하고 정당하게 통치[3]한다는 뜻이었다가, 나중에 국가라는 대가족을 통치한다는 뜻으로 넓어졌다. 이런 두 의미를 구분하기 위해[4] 후자의 경우는 '일반 경제 혹은 정치 경제',[5]

1) 루소는 「경제」 항목의 철자를 économie로 표기하고, 그 옆에 œconomie를 병기하고 있다. 1690년에 나온 『퓌르티에르 사전』과 『아카데미 프랑세즈 사전』의 초판(1694)에는 œconomie로 표기했다. 이 단어는 18세기 이전에 œconomie로 표기되었다가 같은 세기 중반에 économie로 철자법이 바뀌었던 것 같다.

『백과사전』 10권(1765)에는 다시 œconomie가 표제어로 실린다. 이 표제어는 다시 네 분과로 나뉘는데, 짧은 첫 번째 설명의 저자는 알 수 없지만, œconomie의 나머지 세 가지 설명(종교, 동물, 정치)의 저자는 각각 루이 드 조쿠르Louis de Jaucourt, 메뉘레 드 샹브롱Ménuret de Chambron, 니콜라 앙투안 불랑제Nicolas-Antoine Boulanger이다. 루소의 항목 이후에 드니 디드로Denis Diderot가 옛 철자 œconomie를 되살려 불랑제에게 항목의 기술을 다시 맡긴 것은 의아한 일이다. 이를 디드로가 루소의 항목에 만족하지 않았다는 의미로 생각하는 사람도 있다.

2) 『백과사전』은 표제어의 여러 주제들을 각 분야의 전문가에게 맡겨 집필하게 했다. 이 표제어는 '도덕'과 '정치'의 분과와 관련된 내용임을 지적하기 위한 것이다. 이후 표제어에 대한 어원과 정의로 이어진다.

3) 루소는 가정의 통치 및 국가의 통치에 대해 말할 때 모두 gouvernement이라는 단어를 사용했다. 『트레부 사전』은 이 말의 동사형 gouverner를 "개별적인 관리. …… 가계의 일은 가장이 관리하고 아내는 살림을 관리한다"라고 설명한다. 이때 가족과 관계된 gouvernement의 의미는 '관리하다', '운영하다'gérer 정도로 해석할 수 있다. 그러나 부자연스럽기는 하지만 용어 통일을 위해 gouvernement은 본 번역본에서 모두 '통치'로 일관되게 번역하도록 한다.

4) 조르조 아감벤Giorgio Agamben은 『왕국과 영광』*Il Regno e la Gloria*에서

전자의 경우는 '가족 경제 혹은 개별 경제'라 부른다. 이 항목에서는 일반 경제만 다루겠다. 가족 경제에 관해서는 「가장」항목을 보라.[6]

'오이코노미아'는 '집안의 경영'을 의미하며, 이런 점에서 아리스토텔레스가 집안oikia과 나라polis를 구분하는 것처럼 집안 운영 기술과 정치를 구분하고 있음을 지적하고 있다(조르조 아감벤, 『왕국과 영광』, 박진우·정문영 옮김, 새물결, 2016, 65쪽). 아감벤보다 앞서 미셸 푸코Michel Foucault는 콜레주 드 프랑스 강의(1977~78)에서 16세기부터 18세기 사이의 '경제'의 성격 변화를 지적한 바 있다. "16세기에 경제라는 말은 통치의 한 형식을 지시했습니다. 그러나 18세기가 되면 경제는 우리의 역사에서 대단히 중요한 일련의 복잡한 절차를 통해 통치가 개입하는 현실의 한 수준, 어떤 영역을 지칭하게 됩니다"(미셸 푸코, 『안전, 영토, 인구』, 오트르망 옮김, 난장, 2011, 146쪽). 루소가 경제économie를 우선 정치와 구분되는 가정의 관리의 문제를 언급하는 것으로 시작하는 것은 이로부터 이전의 '경제 모델'이 더는 참조할 수 없는 것임을 강조하기 위해서이다. "루소는 이 단절, 경제와 정치경제학이 낡은 가족 모델과 겹쳐져서는 안 되는 완전히 새로운 의미를 갖는다는 사실을 명시합니다"(같은 책, 161쪽).

5) 루소의 소설 『신엘로이즈』 4부에 실린 소설의 주인공 생프뢰가 그의 친구 에두아르 경에게 보낸 편지에서 "이 집 주인들의 행복을 보여 주고 이곳에 사는 사람들과 그 행복을 나누어 가지게 하는 가정 경제économie domestique에 관한 …… 견해를 피력해 보고자 한다"(장 자크 루소, 『신엘로이즈 2』, 김중현 옮김, 책세상, 2012, 72쪽)는 언급이 등장한다. 생프뢰는 이 편지에서 "하나의 악덕을 다른 악덕을 통해 제거하려 하거나 그 악덕들 사이에 일종의 균형을 이루려 하는 것은 가정 경제에서나 시민(/국가) 경제économie civile에서도 커다란 실수"(같은 책, 97쪽)라고 언급하면서 이 두 가지 '경제'를 구분한다. 루소가 『신엘로이즈』의 클라랑스 유토피아에서 구현하고자 한 '경제'는 이상적인 '가정 경제'이지, 국가 경제와는 전혀 무관하며, 따라서 루소가 제시한 유토피아의 이미지를 이상적인 국가의 형태로 확대해석하는 것은 부적절하다.

여러 저자들의 주장대로 국가와 가족 사이에 상응하는 관계가 있다고 해도, 그로부터[7] 이 두 사회 가운데 하나에 적합한 행동 규칙이 다른 사회에도 적합하다는 결론을 내릴 수는 없을 것이다. 두 사회는 규모 면에서 너무 차이가 나므로

6) 루소가 여기서 참조 기호로 지시한 「가장」Père de famille 항목은 알파벳순으로 된 『백과사전』의 이후 권에 수록되지 않았다. 『백과사전』은 한 항목에 모든 지식을 담을 수 없으므로 관련 항목을 지시하여 지식의 관계들을 늘리고자 했다. 그러나 알파벳 A부터 시작해서 실린 항목들에서 점차 이후에 실릴 항목으로 넘긴 참조 기호가 많아지자 결국 이어지지 않는 경우들이 생겼다. 이 점에 대해 디드로는 「백과사전」 항목에서 "…… 더 나쁜 점은 편집자가 한 문자에서 다른 문자로 참조 항목들을 넘기면서 감당할 수 있는 이상으로 수가 엄청나게 많아져, 이를 잘못 해놓거나 심지어는 하나도 해놓지 않고, 다른 판에서는 빼놓을 수도 있다는 점이다"(드니 디드로, 『백과사전』, 이충훈 옮김, 도서출판 b, 2014, 110, 111쪽)라고 지적한 바 있다.

7) 이 부분부터 "…… 세상이 존재한 이후로 인간의 지혜로 한 번이라도 자기와 같은 사람들을 통치할 수 있는 열 사람을 만들었는지는 의심스럽다"(본 번역본 19쪽)까지 루소는 『사회계약론 초고』 1권 5장에 그대로 실었다. 몇몇 대목에서 단어가 바뀌는데 차이가 있을 때마다 각주에서 밝혔다. 첫 번째 문단에서 루소가 국가와 가족을, 일반(정치) 경제와 가족(개별) 경제를 구분하는 것은 일반 경제는 결코 개별 경제의 확장이 아님을 주장하기 위한 것이다. 부권이 군주정의 기원이 아니라는 주장은 이미 존 로크John Locke의 『통치에 관한 두 논문』Two Treatises of Government의 첫 번째 논문에 등장한다. 『백과사전』 13권에 실린 드 조쿠르의 「부권」Pouvoir paternelle 항목에서도 "…… 부권이 한 사람에게 관리를 맡기는 것을 기원으로 한다고 결론을 내려서는 안 된다. 집에는 어머니도 있다는 점뿐만 아니라, 아버지의 권리와 한 사람의 관리 사이의 관계는 아버지가 죽은 뒤 형제들의 권리와 여러 사람의 관리 사이의 관계와 같기 때문이다"(ENC XIII, p. 256a)라는 주장이 등장한다.

동일한 방식으로 관리될 수 없다. 가장 혼자 전체를 조망할 수 있는 가정의 통치와, 수장[8]이 타인의 눈을 통하지 않고서는 무엇 하나 볼 수 없다시피 한 사회의 통치에는 언제나 엄청난 차이가 있다. 이런 면에서 사정이 같아지려면 아버지의 재능, 힘, 능력이 가족의 규모에 비례하여 증가해야 하고, 강력한 군주의 영혼과 평범한 사람의 영혼 사이의 관계가 군주가 소유한 제국의 면적과 한 개인이 소유한 부동산의 면적 사이의 관계와 같아야 할 것이다.

그런데 국가 통치가 그 토대[9]가 달라도 너무 다른 가족 통치와 같을 수가 있겠는가? 아버지는 아이들이 그의 도움 없이 살아갈 수 없는 동안 신체적으로 아이들보다 더 강하기 마련이므로, 아버지의 권위는 자연에 근거한다고 정당하게 생각할 수 있다. 모든 구성원이 자연적으로 평등한 대가족에서 정치적 권위가 섰을 때 그 권위는 순전히 자의적인 것으로 여

---

8) 본 번역본에서 chef는 모두 '수장'首長으로 옮겼다. 어원상 머리la tête를 의미하기 때문이다.

9) 『사회계약론 초고』에서는 "토대"를 "원리"principe로 고쳤다. 루소가 가족 경제와 시민이 구성하는 국가 경제를 구분하는 목적은 두말할 것 없이 한 사람의 손에 권력이 주어지는 군주정을 비판하기 위한 것이다. 군주정의 통치가 효율적이기 위해서는 군주 혼자 대국을 관리할 수 있는 탁월한 능력이 필요하다. 그러나 이는 불가능한 일이다. 루소는 국가의 영토를 제한할 필요가 있다고 말하는데, 이는 제아무리 탁월한 능력을 갖춘 군주라도 광대한 영토를 효과적으로 통치할 능력이 없으며, 설령 그런 군주가 있더라도 그의 사후에 대국을 통치할 능력을 갖춘 새로운 군주가 이어진다는 것은 불가능하다는 점을 강조하기 때문이다. 루소는 이 문제를 『사회계약론』에서 더욱 심화하여 다룬다.

러 합의들만을 기초로 하고, 행정관은 법이 있어야만 다른 이들에게[10] 명령을 내릴 수 있다.[11] 아버지는 자신이 수행해야 하는 의무를 자연적인 감정과, 그가 도저히 복종하지 않을 수 없는 어조를 통해 알게 된다. 수장들에게는 그런 비슷한 규칙이 없으므로, 그들은 자신이 인민에게 지키겠다고 약속했던 것, 인민이 그들더러 지키라고 요구할 수 있는 것만을 지킬 뿐이다.[12] 또 더 중요한 다른 차이도 있다. 아이들은 아버

10) 『사회계약론 초고』에서는 "시민에게"au citoyen로 고쳤다.

11) 1782년 뒤페루 판(피에르 알렉상드르 뒤페루Pierre-Alexandre Dupeyrou는 루소의 유언에 따라 사후 『전집』 출간의 책임을 맡았던 인물이다. 그가 출판한 전집이 루소의 첫 번째 전집이 된다. 『백과사전』에 실린 항목을 저본으로 하는 본 번역본과 비교해서 추가된 부분이 있다)에서 루소는 바로 이 문장 다음에 "아이들에 대한 아버지의 권력은 아이들의 개별적인 이득에 기초한 것으로 본성상 생살여탈권까지 넓어질 수 없는 반면, 공공선만을 목적으로 하는 주권은 올바로 이해된 공공의 이익만을 한계로 갖는다. 이 구분에 대해서는 기회가 되면 설명하겠다"를 추가했다.

　　로크나 사무엘 폰 푸펜도르프와는 달리 루소는 가정에서 아이들이 독립에 이르기 전에 스스로를 통치할 수 없는 '무능력'의 상태에 있음을 강조한다. 달리 말하면 사회계약은 지성이 충분히 발전한 성인들이 수행하는 계약이어야 하며, 지성의 성숙이 아직 요원한 아이들은 이런 합의에 이를 수 없다.

12) 루소가 여기서 말하는 가장의 '자연적인 감정에 복종하는 어조'에는 긍정적인 의미가 거의 없다. 루소가 말하는 "자연의 목소리"(본 번역본 19쪽)는 성찰이 가능하기 이전의 정념의 언어이므로, 이성과 추론의 언어와 무관하다. 루소는 인위적인 사회를 지도하는 국가의 수장은 어떤 경우에서라도 정념의 언어로 말해서는 안 되고, 그 언어로 국가를 지도해서는 안 되며, 오직 이성과 추론의 언어만을 사용해야 한다고 말한다.

　　그런데 이는 『언어 기원에 대한 시론』의 12장에서 "최초의 역사, 최

지에게 받은 것만 갖게 되므로 소유권은 모두 아버지의 것이거나 아버지에게서 나온 것임이 명백하다. 이와는 정반대로 대가족이 수행하는 관리 전반의 목적이란 그보다 먼저 존재했던 개별 재산을 안정적으로 유지하는 것뿐이다. 집안 전체는 아버지의 세습 재산을 보존하고 증식하는 일에 주로 종사하는데, 그래야 아이들이 빈곤에 빠지는 일 없이 언젠가 재산을 분배해 줄 수 있다. 이와는 달리 종종 크게 오해들을 하지만 국고國庫의 부[13]는 개별자들의 평화와 번영을 유지해 주기 위

초의 연설, 최초의 법은 운문으로 되어 있었다. 시는 산문 이전에 있었다. 최초의 말은 이성에 앞서 정념에서 나왔으니 그럴 수밖에 없다"(장 자크 루소, 『언어 기원에 관한 시론』, 주경복·고봉만 옮김, 책세상, 2002, 97쪽. 번역은 수정했다)고 말했던 내용과 모순되는 것이 아닌가? 그러나 이를 9장에서 최초의 시대에는 "가정은 있었지만 나라는 없었다. 가정의 언어는 있었지만 대중의 언어는 없었다. 결혼은 있었지만 사랑은 없었다"(같은 책, 83쪽)와 먼저 비교해 봐야 할 것이다. 루소는 경제는 물론 언어의 영역에서도 사회 이전과 이후의 근본적인 차이를 강조한다.

13) 『사회계약론 초고』에서는 "군주의 부"로 고쳤다. 루소는 가족의 재산 관리와 국가의 재산 관리의 방식이 동일하지 않을 뿐만 아니라, 그래서도 안 된다고 생각한다. 이것으로 루소가 강조하는 것은 국가의 수장은 국가의 소유자가 아니라, 현명한 관리자에 불과하다는 점이다. 가족은 아이들을 가난하게 만들지 않기 위해 재산을 관리하고 증식하고자 한다. 그러나 국가의 수장의 임무는 국가 구성원들의 '소유권'을 '보장'하는 것으로 국한된다. 군주가 국가의 부를 증식하고자 한다면 필시 어떤 개별 구성원들의 소유권을 제한하거나 침해할 수밖에 없기 때문이다. 여기서 루소의 주장은 당연히 국가의 수장이 국가가 부유해지도록 노력할 필요가 없다는 것이 아니라, 우선 그에 앞서 그의 가장 중요한 임무는 모두 평등한 자격으로 사회계약을 체결한 구성원들의 소유권을 안전하게 보장해야 한다는 것이다.

한 한 가지 수단일 뿐이다. 한마디로 말해서 소가족은 언젠가는 결국 사라지거나 여러 가족이 된다. 대가족은 항상 동일한 상태로 지속되기 위해 만들어졌지만 소가족은 수를 늘리려면 커져야 한다. 대가족은 보존되는 것으로 충분할 뿐만 아니라 대가족이 커지면 유용한 이상으로 해가 된다는 점을 쉽게 증명할 수 있다.

사물의 본성에서 끌어낸 여러 가지 이유로, 가족 내에서 명령해야 할 사람은 아버지이다.[14] 첫째, 아버지와 어머니의 권위가 같을 수는 없다. 그렇다고 가정의 통치를 제각기 해서는 안 되고 의견이 갈릴 경우 결정을 내릴 수 있는 재결권이 필요하다. 둘째, 여성만이 갖는 불편을 가볍게 생각해 보려고 해도, 이 불편 때문에 여성에게는 활동할 수 없는 기간

---

[14] "조물주는 인간에게 선견지명과 당면한 필요를 충당함은 물론 미래에 대비하여 저축할 수 있는 능력을 주었으며, 남편과 아내의 사회가 다른 동물의 결합보다 오래 지속되는 것이 필요하도록 만들었다. 그 목적은 그들이 공동으로 낳은 자식들을 위해서 생활필수품을 공급하고 물품을 비축하기 위해서 그들의 근면을 장려하고 그들의 이해관계가 잘 결합되도록 하는 것이었다. 그러한 목적은 남녀의 결합이 불확실하다든가 또는 부부 관계가 쉽고 빈번하게 해소되었더라면 쉽게 좌절되었을 것이다"(존 로크, 『통치론』, 7장 §80, 강정인·문지영 옮김, 까치, 1996, 79쪽). 로크에 대한 루소의 비판은 이미 『인간 불평등 기원론』의 후주 12번에 등장한다. 가족의 권위를 아버지와 어머니로 분할한 로크는 이를 수장과 가장의 동일시를 극복하기 위한 논거로 사용했던 것이지만, 루소는 가족 사회가 이미 자연적인 것이 아니라고 생각하고, 가족의 지속성도 의문에 부쳐, 인간이 본성상 사회를 이루고 살도록 된 것이 아니라고 생각한다.

이 생기게 되므로 이것이 여성을 우위에 놓을 수 없는 충분한 이유가 된다. 두 의견이 팽팽히 균형을 이루고 있을 때 정말 지푸라기 하나[15]만으로도 균형은 한쪽으로 기울어질 수 있다.[16] 더욱이 남편은 아내의 행실을 꼼꼼히 조사해야 한다. 남편이 인정하고 먹여 키워야 할 아이들이 정말 자기에게서 나왔는지 다른 사람에게서 나왔는지가 중요한 일이기 때문이다. 여성은 이런 문제로 걱정할 것이 없으니 남편과 동일한 권리를 가질 수 없다. 셋째, 아이들은 처음에는 필요를 채우기 위해, 나중에는 감사의 마음으로 아버지에게 복종해야 한다. 인생의 반을 살면서 필요한 것을 아버지에게 받은 뒤, 나머지 반은 그에게 필요한 것을 마련해 주면서 살아야 하는 것이다.[17] 넷째, 가장은 하인들을 부양하고 그 대가로 하인들

---

15) 『사회계약론 초고』에서는 "별것 아닌 것"(본 번역본 151쪽)으로 고쳤다.

16) 아리스토텔레스는 『정치학』 1권 12장에서 '가사 관리 기술'이 노예들에 대한 주인의 지배, 아버지의 지배, 결혼 관계에서 비롯되는 남편의 지배 등 세 부분으로 구분된다고 말하면서, "아내와 자식에 대한 가장의 지배는 자유민을 지배한다는 점에서는 같으나 지배하는 방식에서는 서로 다르다"는 점을 분명히 한다. "아내에 대한 남편의 지배는 동료시민들에 대한 정치가의 지배와 같고, 자식에 대한 그의 지배는 피치자들에 대한 왕의 지배와 같다"(아리스토텔레스, 『정치학』, 1259a, 천병희 옮김, 숲, 2009, 54쪽).

17) "아버지 자신이 다른 사람의 의지에 복종하지 않고 자유로워지듯이 자식에게도 아버지의 의지와 명령에 대한 복종으로부터 자유로워지는 시기가 오게 된다". "그러나 이 자유가 있다고 해서 아들이 신법과 자연법에 의해서 그가 마땅히 양친에게 부담해야 하는 존경의 의무를 면제받는 것은 아니다. 신은 양친을 인류의 종족을 지속시키고 그들의

은 가장에게 봉사해야 한다. 물론 하인들이 가장의 부양에 더는 만족하지 않을 때 계약은 파기된다.[18] 나는 노예제도에 대해서는 말하지 않는다. 노예제도는 자연에 반하고 그 어떤 권리로도 노예제도를 용인할 수 없기 때문이다.[19]

정치사회에서는 위의 사항이 전혀 해당되지 않는다. 개별 자들이 행복하다는 것으로 수장에게 자연적인 이득이 생기지 않으며, 수장은 개별자들이 빈곤에 처하게 하는 것으로 행복을 얻는 경우가 적지 않다. 행정관의 직[20]은 세습되어야

자식들에게 삶의 기회를 주고자 하는 위대한 계획의 도구로 삼았으며, 이를 위해서 양친에게 아이들을 거두어 먹이고 보존하고 양육할 의무를 부과하였다. 다른 한편 신은 자식들에게 양친을 존경할 항구적인 의무를 부과하였다"(존 로크, 『통치론』, 6장 §66, 66쪽).

18) "…… 하인들에게 그토록 사랑받는 주인을 부모에, 그리고 그 하인들을 자식에 비유하는 것이 틀린 일입니까? 당신도 아시다시피 그들은 그렇게 서로를 생각합니다. 이 집에서는 하인이 떠난 예가 없습니다. 하인을 해고하겠다고 위협하는 일도 마찬가지로 드뭅니다. …… 이집 주인들은 별로 애석하지 않은 사람들에게만 그런 위협을 합니다. 거기에도 규칙이 있습니다. 볼마르 씨가 하인에게 '당신을 해고한다'고 말할 경우 그 하인은 부인의 중재를 간청하며, 때로는 그 중재를 얻어 내어 그녀의 청원 덕분에 해고 취소의 자비를 얻을 수 있습니다. 그렇지만 그녀가 하는 해고는 돌이킬 수 없습니다. 더 이상 자비를 기대할 수 없습니다"(장 자크 루소, 『신엘로이즈 2』, 79, 80쪽).

19) "따라서 사태를 어떤 방향에서 고찰하든 노예법이 무효인 것은, 그것이 부당할 뿐만 아니라 부조리하며 아무것도 의미하지 않기 때문이다. 노예제와 법, 이 말들은 모순되며 서로 배제한다"(장-자크 루소, 『사회계약론』, 1권 4장, 김영욱 옮김, 후마니타스, 2018, 21쪽). 루소와 노예제의 논의에 대해서는 김영욱, 「노예 에밀이라니, 어떤 의미에서?」, 『불어문화권연구』 26호(2016년), 17~21쪽 참조.

하는가? 그러면 종종 아이가 사람들에게 명령을 내린다. 선출직이어야 할까? 선출할 경우에는 수만 가지 불편이 불거진다. 둘 중 어느 경우라도 부권이 갖는 장점이 전부 사라진다.[21] 당신에게 수장이 한 명이라면 당신을 사랑할 이유가 전혀 없는 주인의 처분에 따라야 한다. 당신에게 수장이 여럿이라면 그들의 폭정과 분열을 동시에 견뎌 내야 한다. 한마디로 말해서 남용은 불가피하고 전 사회에 걸쳐 나타나는 그것의 결과는 끔찍한 것이다. 사회의 공적 이익과 법은 자연적인 힘이 전혀 없고 수장과 그의 수족들의 사적 이익과 정념 때문에 무너지고 만다.

가장과 최고 행정관[22]이 맡은 역할이 같은 목적을 추구하더라도 그 목적에 이르는 길은 정말 상이하다. 가장과 군주가 수행해야 하는 의무와 그들이 누리는 권리가 정말 다르므로, 이를 혼동한다는 것은 사회의 근본법[23]을 정말 잘못 생각하는

---

20) 『사회계약론 초고』에서는 "왕위"la couronne로 고쳤다(본 번역본 152쪽).

21) 여기서 군주가 세습직이어야 하는가, 선출직이어야 하는가를 묻는 루소의 주장을 전자의 경우는 군주를 가장의 경우와 동일시하는 것이므로 거부해야 하고, 후자의 경우는 수많은 술책이 동원되므로 거부해야 한다고 요약할 수 있다. 군주를 세습직으로 볼 경우 여전히 군주와 신민의 위계 관계가 설정되고 억압 관계가 지속될 수밖에 없다. 군주는 질서와 안정을 위해서 신민에게 절대적인 권위를 행사하여 자신에게 복종하도록 강요하기 때문이다.

22) 『사회계약론 초고』에서는 "군주"로 고쳤다(본 번역본 153쪽).

23) 『사회계약론 초고』에서는 보다 중립적인 의미로 "사회의 원리"로 고쳤다(본 번역본 153쪽). 루소가 『정치경제론』에서 말하는 "근본법"은

일이고 인류를 파멸로 이끄는 끔찍한 오류에 빠지는 일이다. 사실 선한 아버지라면 의무를 충실히 수행하기 위해 자연의 목소리라는 가장 훌륭한 충고에 귀 기울일 수 있다. 그러나 행정관에게 자연의 목소리는 잘못된 안내자일 뿐이다. 그가 그 충고를 따르면 그의 의무를 계속 벗어나게 되고, 결국 자신은 물론 국가까지 파멸에 이르게 된다. 그러니 더없이 숭고한 미덕이[24] 그를 잡아 주지 않으면 안 된다. 가장이 꼭 명심해야 할 것은 도덕적으로 타락하지 않도록 조심하고 마음속에서 자연적인 성향이 변질되지 않도록 하는 일이다. 그러나 행정관은 바로 이런 자연적인 성향으로 인해 부패한다. 일을 제대로 하려면 가장은 자기 마음의 목소리만 따르면 되지만, 행정관은 자기 마음의 목소리를 듣는 순간 매국노가 된다. 그는 자신의 이성조차 믿어서는 안 되며 법이라는 공공의 이성만을 따라야 한다. 그래서 자연은 선량한 가장들을 수도 없이 만들었지만, 세상이 존재한 이후로 인간의 지혜로 한 번이라도 자기와 같은 사람들을 통치할 수 있는 열 사람을 만들었는지는 의심스럽다.[25]

제헌적인 의미를 갖는다. 수장뿐만 아니라 공동체의 모든 구성원들을 구속하는 것이다.

24) 『사회계약론 초고』에서는 "더없이 숭고한 미덕이"를 "신중과 미덕이"(본 번역본 154쪽)로 고쳤다.

25) 『사회계약론 초고』에서는 "선한 왕을 만든 적이 있었는지 나는 모르겠다"로 고쳤다. 루소는 이상의 내용을 『사회계약론 초고』에 거의 그대로 가져왔다(본 번역본 154쪽 참조).

위에서 언급한 것에서 '국가 경제'économie publique와 '개별 경제'économie particulière를 옳게 구분했고, 국가와 가족이 공통으로 가진 것은 어느 쪽이든 수장들은 각 개인을 행복하게 해야 할 의무가 있다는 것뿐[26]이겠으나, 같은 지도 규칙이 양쪽에 똑같이 적합할 수 없다[27]는 결론이 나온다. 나는 위에 적은 저 몇 줄이면 로버트 필머 기사가 『가부장권론』家父長權論이라는 제목의 저작[28]에서 세우고자 했던 저 가증스러운 체계를

26) 1782년 뒤페루 판에서는 "국가와 가족의 권리는 동일한 근원에서 파생될 수 없으며"라고 고쳤다. 루소는 다시 항목의 첫머리로 돌아가서 국가와 가족을 동일시하는 일이 오류임을 상기하면서, 그의 추론이 로버트 필머 경 등이 실제로 주장한 의견을 반박하기 위한 것임을 밝힌다. 공적/사적, 일반/개별이라는 상호 대립하는 용어를 쓴 것은 국가와 가족의 범주를 확실히 구분하기 위한 표현이다.

27) "대규모 사회가 가족을 모델로 설립될 수 없었던 것은, 수많은 가족으로 구성된 연합을 이루기 이전에 이들 사이에 어떤 공통의 규칙도 없었기 때문이다. 그런 사례로는 국가의 설립을 충족할 수 없다. 반대로 국가는 제대로 통치된다면 모든 가족들에게 공동의 규칙을 마련해주어야 하며, 아버지의 권위, 하인들의 복종과 아이들의 교육을 통일된 방식으로 제공해야 한다"(『정치 단편들』Fragments Politiques, OC III, pp. 487, 488).

28) Robert Filmer, *Patriarcha, or the Naturel Power of Kings*, London, 1680. 로버트 필머의 책은 작성된 지 50년 후에야 출간되었다. 루소가 이 책을 직접 읽은 것 같지 않다. 로크는 『통치에 관한 두 논문』(이하, 필요한 경우를 제외하고 『통치론』으로 약칭한다)(1689)의 첫 번째 논고(「제1론 : 로버트 필머 경 및 그 추종자들의 그릇된 원칙과 근거에 대한 지적과 반박」)에서, 앨저넌 시드니Algernon Sidney 경은 『정부에 대한 논고』Discours sur le gouvernement(1698)에서 필머의 가부장권 이론을 비판했다. 그뿐만 아니라 토머스 홉스, 푸펜도르프, 장 바르베락Jean Barbeyrac 역시 필머의 이론

충분히 무너뜨릴 수 있다고 생각했다. 이 책에 제시된 체계를 논박하려고 저명한 두 저자가 여러 권의 책을 쓰는 바람에 공연히 기사에게 영예가 마련되었다.[29] 더욱이 이런 오류는

을 공박했다. 그렇지만 자크베니뉴 보쉬에Jacques-Bénigne Bossuet와 앤드루 마이클 램지Andrew-Michael Ramsay는 각각 『성경의 언어에서 끌어낸 정치학』*Politique tirée des propres paroles de l'Ecriture sainte*(1709)과 『시민 정부에 대한 철학적 시론』*Essai philosophique sur le gouvernement civil*(1719)에서 필머의 이론을 옹호했다.

29) 루소가 말한 "두 저자"는 두말할 것 없이 『통치론』을 쓴 로크와 『정부에 대한 논고』를 쓴 시드니 경을 가리킨다. 로크는 왕권신수론자이자 절대군주론자인 필머 경의 책을 조목조목 비판하며 왕당파의 논리를 극복하고자 한다. 루소가 시드니 경의 책을 읽었던 것은 확실하다. 『산에서 보내는 편지』의 여섯 번째 편지에서 루소는 "불운한 시드니 경은 나와 같이 생각했다. 그러나 그는 행동했다. 그가 명예롭게 피를 흘렸던 것은 그의 사실을 위해서지 그의 책을 위해서는 아니었다"(OC III, p. 812)고 쓴 바 있다. 로크는 "국가들의 역사의 기념비들이 허용하는 만큼 높이 거슬러 올라가서 지구에 사람들이 늘어 가던 시절에 정부가 한 사람의 손에 있었다는 점을 발견하더라도, 그것은 내가 확증하는 것을 파괴하지 않는다. 즉, 정치사회의 시작은 각 개별자의 동의에 좌우된다는 것이다. 개별자는 한 사회를 구성하기 위해 다른 개별자들과 결합하고자 한다"(『통치론』, 제1론, 1749, 7장 §12)고 썼으며, 푸펜도르프는 『자연법과 만민법』(1672) 7권 5장에서 정부의 다양한 형태를 논하는데, 그중 민주정을 가장 높은 자리에 둔다. 그에 따르면 민주정은 "확실히 대부분의 국가들 중 가장 오래된 것이다. 더욱이 자유와 자연적인 평등을 거부했던 사람들이 처음에 사회의 사안들을 공동으로 다스리고자 하나의 단체로 모였다고 주장한다는 것은 명백히 이성에 부합하는 것이다. 한 가장家長이 혼자 살아가는 불편을 깨닫게 된 뒤 기꺼이 그와 같은 다른 사람들과 시민사회를 이루어 살아가게 되면서 그가 예전에 독립적인 상태에서 살았음을 완전히 잊은 것이다. 그는 과거 자족 상태에서 자기보존과 관련된 모든 일에서 자신의 욕망에

대단히 역사가 오랜 것이다. 아리스토텔레스조차『정치학』첫 권에서 볼 수 있는 이유들을 들어 그 오류에 맞서 싸우는 것이 합당하다고 판단했다.[30]

　나는 독자들에게 내가 주제로 삼는 '통치'gouvernement라고 부를 수 있는 '국가 경제'와, '주권'souveraineté으로 부를 수 있는 최고 권력을 반드시 구분해 주십사 부탁드린다. 주권이

따라 행동했지만, 이제는 우선 자신의 개별적인 안전과 이득이 달린 공적인 영역에서 한 사람의 의지에 복종하게 되었다"(『자연법과 만민법』*De jure naturae et gentium*, 본 번역본에서는 장 바르베락의 번역을 참조했다. Samuel Pufendorf, *Le Droit de la nature et des gens*, t. II, 7권 5장 §4, trad. Jean Barbeyrac, Bâle, Emanuel Thourneisen, 1732, p. 269).

30) 아리스토텔레스는『정치학』의 첫머리에서 "정치가politikos, 왕basilikos, 가사관리인oikonomikos, 몇몇 노예들의 주인despotikos의 역할이 같다고 생각하는 이들이 있는데 이는 잘못된 생각"(1권 1장 2절, 1252a, 천병희 옮김, 숲, 2009, 15쪽)이라고 주장한다. 아리스토텔레스는 흔히 "적은 사람들을 지배하면 몇몇 노예들의 주인이고, 더 많은 사람들을 지배하면 가사관리인이고, 그보다 더 많은 사람들을 지배하면 정치가 또는 왕"이라고 주장하는데 이는 "큰 집oikia과 작은 국가 사이에 아무런 차이"(같은 책, 1권 1장 2절, 1252a, 16쪽)를 두지 않는 것으로, 오류이다. 루소는 한 단편에서 "분명한 차이들이 많고 많은데 아리스토텔레스가 그중에서 한 가지만을 관찰했고, 더욱이 그 차이가 보편적이지도 않았던 점은 놀라운 일이다. 공화국은 여러 수장들이 통치하지만 가족은 단 한 명이 통치하는 까닭이다"(『정치 단편들』, OC III, p. 487)라고 썼다. 아감벤은 『왕국과 영광』에서 오이코스와 폴리스의 구분에 대한 플라톤과 아리스토텔레스의 상이한 입장을 지적한다. "아리스토텔레스[는] 플라톤의 '폴리스' 개념을 비판하고 자기 스승이 나라의 단일적 본성을 너무 멀리까지 밀어붙였다고, 급기야 나라가 집안이 되어 버리고 마는 지경에 이르게 만들었다고 비난"(조르조 아감벤, 『왕국과 영광』, 73, 74쪽)한다.

입법권droit législatif을 갖고 어떤 경우에는 국가라는 단체 자체에 의무를 강제한다면, 통치는 집행권[31]밖에 갖지 못해 개별자에게만 의무를 강제할 수 있다는 차이가 있다.[32] 「정치」 및 「주권」 항목을 보라.

　　내가 잠시 여러 가지 점에서 정확하지 않을 수도 있는[33]

---

31) 『사회계약론 초고』(본 번역본 224쪽) 및 『사회계약론』 3권 1장(김영욱 옮김, 72쪽)에서 "의지는 입법권이라는 이름으로, 힘은 행정권이라는 이름으로 불린다"고 썼다.

32) "정부의 핵심적인 의무는 전부 다음의 몇몇 조항에 들어 있다. 1. 법에의 복종, 2. 자유의 수호, 3. 풍속의 유지, 4. 공공이 필요로 하는 물자의 공급. 그러나 이런 원칙들이 중요해 보이더라도, 그 원칙들을 이끄는 능동적이고 숭고한 원리로 그 원칙들이 실행되지 않는다면 자칫 수행이 불가능하고 헛되고 소득 없는 원칙으로 귀결된다. 내가 분명하게 제시하려는 것이 바로 그것이다"(『정치 단편들』, OC III, pp. 485, 486).

33) 루소는 아래에서 정치체를 유기체와 비교하는데, 이 문제는 오랫동안 논란이 되었다. 찰스 에드윈 본Charles Edwyn Vaughan은 『사회계약론』에 유기체organisme라는 말이 등장하지 않지만 이 비유를 들어 루소가 국가를 유기체un corps organisé와 비교하고 있다는 점은 명백하다고 주장했다. 그러나 로베르 드라테는 본의 해석에 반대한다. 드라테는 루소 스스로 뒤에 나오는 국가와 유기체의 비교가 '여러 가지 점에서 정확하지 않을 수 있다peu exacte'고 지적했음을 내세운다. 이 문제에 대해서는 『장 자크 루소와 동시대의 정치학』 참조(Robert Derathé, *Jean-Jacques Rousseau et la science politique de son temps*, Vrin, 1970, pp. 410~413). 무엇보다 루소가 국가를 한 인간을 구성하는 여러 부분의 합으로 보았던 플라톤의 생각에 동의하지 않을 뿐만 아니라, 이런 비유가 자칫 홉스는 물론 동시대 유물론의 해석과 동일시될 수 있으리라는 점을 잘 알았기 때문이다. 본의 해석과는 정반대로 루소는 국가를 수미일관 '인공물'corps artificiel이자, '사회적 존재'être moral로 규정한다. 그러나 『정치경제론』에서 적절한 비유를 찾을 수 없던 루소는 홉스의 '인공물'과

한 평범한 비유를 사용해도 양해해 주십사 한다. 그렇기는 해도 이 비유로 내 생각을 썩 잘 전달할 수 있다고 본다.

정치체를 개인으로 본다면 인간의 몸을 닮은 생명을 가진 유기체corps organisé로 간주할 수 있다. 주권은 머리로, 법과 관습은 신경이 갈라져 나오는 기원이자 지성, 의지, 감각이 머무는 자리인 두뇌라고 생각할 수 있다. 판사와 행정관은 그 두뇌의 기관이며, 상업, 산업, 농업은 공동의 자양분을 마련하는 입이자 위장胃腸이다. 재정財政은 피로 볼 수 있다. 현명히 운용되는 경제라면 심장의 기능을 수행하여 양식糧食과 생명력을 온몸으로 보내 분배하게 한다. 시민들은 기계를 움직이고 먹여 살리고 노동하게 하는 육체와 사지四肢[34]로서, 건

푸펜도르프가 제시한 '사회적 존재'를 동시에 고려하기 위해 어쩔 수 없이 이 비유를 수용한 것 같다.

34) 홉스는 『리바이어던』 서설에서 "자연은 하느님이 세계를 창조하여 다스리는 기예art"로, "이 자연을 인간의 기예로 모방하면, …… 하나의 인공 동물을 만들어 낼 수도 있다. 생명은 신체나 사지의 운동을 말하고, 이 운동은 내부의 중심 부분에서 시작된다는 것을 안다면, 모든 '자동 장치들'(시계처럼 태엽이나 톱니바퀴로 움직이는 기계장치들)은 하나의 인공적 생명을 가지고 있다. ……"(토머스 홉스, 『리바이어던 1』, 진석용 옮김, 나남, 2008, 21쪽). 홉스는 이를 리바이어던, 혹은 인공인간으로 부른다. "'주권'은 인공 '혼'으로서 전신에 생명과 운동을 부여한다. '각부 장관들'과 사법 및 행정 '관리들'은 인공 '관절'이다. '상벌'은 모든 관절과 사지를 주권자와 연결시켜 그 의무의 수행을 위해 움직이도록 하는 것이므로 자연인의 신체에서 '신경'이 하는 것과 똑같은 일을 한다. 구성원 개개인 모두의 '부'와 '재산'은 그의 '체력'이다. '인민의 복지'와 '인민의 안전'은 그의 '업무'이다. '조언자들'은 그가 알고 있어야 할 내용들을 제안하기 때문에 그의 '기억'이다. '공평'과 '법'은 인공

강한 동물이라면 어떤 신체에 상처를 입게 되면 고통의 인상이 두뇌에 즉각 이르고 말 것이다.[35)]

둘 모두에서 생명은 전체에 공통된 '자아'이고, 상호적인 감수성이며, 모든 부분의 내적인 일치이다. 전체와 부분 사이의 이 같은 전달communication이 중단되고 형식적인 통일성이 사라지고 인접한 부분들은 그저 나란할 뿐 더는 어느 쪽에도 속하지 않게 된다면[36)] 사람은 죽고 국가는 와해[37)]된다.

'이성'이며 '의지'이다. '화합'은 '건강'이다. '소요'는 '병'이다. 그리고 '내란'은 '죽음'이다. 끝으로 이 정치 공동체의 각 부분을 처음 제작하고 모으고 결합하게 만든 '약'정과 '신의계약'은 하느님이 천지를 창조하실 때 '이제 사람을 만들자'고 선언하신 '명령'과 같다고 할 수 있다'(같은 책, 22쪽).

『사회계약론 초고』에서 루소는 "일반 사회가 철학자들의 체계와는 다른 곳에 존재했다면, 내가 앞에서 말했던 것처럼 그 사회는 구성원들로서의 개별 존재들이 갖는 자질과는 다른, 자기만의 자질을 갖춘 사회적 존재un Être moral일 것인데, 이는 화학적 결합물composés chymiques이 그것을 구성하는 혼합물mixtes 중 어떤 것에서도 자신의 속성을 가져오지 않는 것과 다름없다고 볼 수도 있다"(본 번역본 109쪽)고 썼다. 루소가 『사회계약론 초고』에서 화학 이론을 내세운 것도 '인공물'로서의 사회를 강조하기 위한 것으로 볼 수 있는데, 그는 이후 『사회계약론』에서 『사회계약론 초고』에서 내세웠던 화학적 비유를 모두 삭제한다.

35) 루소는 『사회계약론』 1권 7장에서 "많은 사람들이 이렇게 하나의 단체로 결합하면, 구성원 중 하나에게 상처를 입히는 것은 단체를 공격하는 것과 같고, 단체를 공격하면 구성원들은 그만큼 그 고통을 느끼지 않을 수 없다"(김영욱 옮김, 27, 28쪽)라고 썼다.

36) 여기서 루소가 홉스의 '인공 동물'을 연상케 할 수 있는 다소 위험한 비유를 사용한 이유가 설명된다. 문제는 신체의 각 부분과 국정의 각 영역이 '비교'될 수 있다는 것이 아니라, 결국 개인이든 사회든 '생명'을

그러므로 정치체는 의지를 가진 사회적 존재un être moral이
며, 전체와 각 부분의 보존과 안녕을 지향하고, 모든 법의 원
천인 이 일반의지는 국가의 구성원들에게는 그들과 국가의

갖추고 살아 움직이기 위해서는 이들이 어떻게 '통합'되고 '관리'될 수
있는가 하는 것이다. 전체le tout에 생명을 부여하기 위해서는 각 부분
들이 결합되는 것으로 충분하지 않다. 루소는 생명을 전체와 부분들 어
느 쪽에도 부여하지 않고, 이들이 결속하는 '관계'에 주목한다. '관계'
rapport는 부분들의 외부에 있지만 그것이 없으면 전체가 구성되지 않
는 어떤 것이다. 그것을 무엇에 비유할 수 있는지 루소는 고민하고 있
다. '공통된 자아', '상호적인 감수성', '내적인 일치'라는 표현을 쓰지
만 어느 것도 만족스럽지는 않다. 그래서 루소는 여기서 디드로가 「자
연법」droit naturel 항목에서 썼던 '[일반]의지'라는 개념을 동원하여 이
문제를 해결하고자 한다.

37) 루소는 국가의 와해dissous라는 표현을 자주 사용한다. 『학문예술론』
에서 그는 "사치, 와해, 예속상태"(OC III, p. 15)를 통해 학문과 예술
의 타락의 과정을 요약했다. 『퓌르티에르 사전』에 따르면 용해/와해
dissolution는 "어떤 물체를 각 부분으로 분해하는 작용"이다. 『화학 강
요』에서 루소는 "나는 용해dissolution를 그 물체 내부에 있는 부분들로
단순히 나누는 과정이 아니라 그 물체를 구성하는 부분들로 분해하는
과정이라고 정의한다"(Jean-Jacques Rousseau, *Institutions chimiques*, éd. Ber-
nadette Bensaude-Vincent, Bruno Bernardi, Paris, Fayard, 1999, pp. 136, 137)
고 썼다. 이때 용해는 물체 내부의 물질이 단순히 결합력이 약화되거
나 이 힘을 상실한 상태가 아니라 이들 물질의 구성 방식이 변하는 과
정이다. 『학문예술론』에서 사치가 사회에 들어와 사회의 와해를 야기
한다고 주장한다면, 그것은 사치가 사회의 구성 방식을 바꾸고, 개인
들의 결합 방식을 바꾸어 그 사회가 예전에 가졌던 특징을 완전히 다
른 것으로 타락시키기 때문이다. 이 주제에 대해서는 이충훈, 「루소와
화학」, 『프랑스사 연구』 28호(2013년), 72, 73쪽 참조. 본 번역본에서
dissolution은 항상 와해로 옮기도록 한다.

관계에서 정의와 부정의를 가르는 규칙이다.[38] 말이 난 김에 하는 말인데 스파르타의 아이들은 기민한 행동으로써 간소한 식사를 마련할 수 있도록 허용되었지만 앞의 사실에 따라

[38] 국가에서 일반의지는 정의와 부정의를 가르는 규칙으로, 언제나 공공의 것이자 개별적인 선善에 이끌리므로, 공적 권위는 이런 일반의지를 실행하는 권위여야 하고, 이로부터 모든 종류의 정부들 가운데 본성상 가장 훌륭한 정부는 일반의지를 가장 잘 따르는 정부이며, 정부를 구성하는 자들이 인민의 이익과 상반되는 사적 이익을 가장 최소한으로 추구하는 정부이다. 이렇게 두 이득이 상충되면 수장들은 틀림없이 개별의지를 갖게 되고, 그들이 정부를 관리할 때 개별의지가 종종 일반의지를 압도하게 된다. 몸이 포동포동해질 때 머리에 해가 된다면, 머리는 몸이 비대해지지 않도록 열심히 막기 마련이다. 한 인민의 행복이 수장들의 야심에 장애물이 된다면, 그 인민은 결코 행복하다고 자부할 수 없다.

하지만 정부가 꼭 따라야 하는 대로 구성되고, 꼭 따라야 하는 원칙을 따르고 있다면, 경제나 공공의 관리에서 정부가 기울여야 하는 첫 번째 수고는 일반의지가 제대로 실행되고 있는지 끊임없이 살피는 것이다. 일반의지는 인민의 권리이자 그 행복의 근원이니 말이다. 일반의지가 내리는 모든 결정을 법이라고 하고, 그러므로 수장들의 첫 번째 의무는 법이 준수되고 있는지 살피는 데 있다(『정치 단편들』, OC III, p. 484).

정부가 공공선만을 위해 움직이는 한, 자유를 위해危害하기란 불가능하다. 정부는 계속 일반의지를 실행하기만 하면 되고, 정부가 일반의지에만 복종할 때 누구도 자신이 예속되었다고 말할 수 없다(『정치 단편들』, OC III, p. 484).

루소가 일반의지를 '정의와 부정의를 가르는 규칙'으로 규정할 때 이는 일반의지를 '주권자의 의지'로 본 홉스는 물론, 이 규칙을 '자연법'으로 규정한 로크와도 거리를 두기 위한 것이다. 개인으로서의 주권자도, 이성으로서의 자연법도 '정의와 부정의를 가르는 규칙'이 되지 못한다.

숱한 저자들이 그 아이들의 행동에 큰 의미를 부여하여 이를 절도로 취급했다. 법이 명령했다고 전부 적법한 것은 아닐 수 있기라도 한 것처럼 말이다.[39] 「법」droit 항목에서 자세히 설명한 저 위대하고 훌륭한 원칙을 참조하라.[40]

---

39) 홉스는 『시민론』 6장 16절에서 "절도, 살인, 간통 그리고 모든 권리 침해 등을 자연법이 금지하지만, 시민의 입장에서 생각하는 절도죄, 살인죄, 간통죄 그리고 권리침해죄 등은 자연법이 아니라, 실정법에 따라 결정된다. 남이 가진 것을 가져가는 것이 모두 절도죄인 것은 아니고, 남의 재화를 가져가는 것만 절도죄이다. 무엇이 나의 재화이고 무엇이 남의 재화인지는 실정법에 속하는 문제이기 때문이다. …… 그러므로 라케다이몬이라는 국가는 다른 사람의 재화를 들키지 않고 훔친 젊은 이들을 처벌하지 않을 것이라고 정확하게 규정하면서 훔쳐서 얻은 재화는 더 이상 타인의 재화로 간주될 수 없다는 법을 만든 것이다"(토머스 홉스, 『시민론』, 이준호 옮김, 서광사, 2013, 129, 130쪽. 번역은 수정했다).
　　　루소는 『에밀』 2권에서 "먼저 개구쟁이로 만들지 않고는 결코 현자를 만드는 데 성공하지 못할 것이다. 스파르타인의 교육이 그러했다. 그들은 아이들을 책에 붙들어 두는 대신 그들에게 자신의 점심거리를 훔치는 일부터 가르쳤다. 이 때문에 스파르타인이 커서 거칠어졌던가? 그들의 재치 있는 대답의 힘과 기지를 모르는 사람이 있는가? 언제나 승리하도록 만들어진 그들은 어떤 종류의 전쟁에서든 적을 제압했지만, 수다스러운 아테네인은 그들의 공격만큼이나 그들의 말을 두려워했다"(장 자크 루소, 『에밀 또는 교육론 1』, 이용철·문경자 옮김, 한길사, 2007, 210, 211쪽)고 썼다.
　　　홉스는 스파르타에서 절도가 허용되었던 것은 최고 통치권자, 즉 주권자의 의지에 달린 것임을 주장한다. 그러나 루소는 이 문제를 지적하면서 "법이 명령하는 것이 적법하지 않을 수 있는지" 묻고 있다.
40) 디드로는 『백과사전』 5권에 실은 「자연법」 항목의 6절에서 다음과 같은 문제를 제기한다.

정의를 판단하는 이 규칙은 모든 시민에게 확실하더라도 외국인들에게는 잘못된 것일 수 있다[41]는 점을 중요하게 지적해야 한다. 왜 그런지는 명백하다. 국가의 의지가 국가의 구성원들과의 관계에서 일반적이더라도, 다른 국가와 그 국가의 구성원들과의 관계에서는 일반적이지 않고, 후자들에게는 개별적이고 개인적인 의지가 된다. 그 개별적이고 개인적인

§6. 그런데 우리가 정의와 부정의의 본성을 결정할 권리를 개인에게서 빼앗는다면 이 엄청난 문제를 어디로 가져가게 될까? 어디로? 그것은 인류 앞으로이다. 인류만이 정의와 부정의의 본성을 결정할 권리가 있다. 인류가 가진 유일한 열정은 만인이 선을 누리는 것이기 때문이다. 개별의지는 의심의 대상이 된다. 개별의지는 선할 수도, 악할 수도 있지만, 일반의지는 항상 선하다. 일반의지는 결코 잘못 생각하지 않으며 영원히 그럴 일이 없다.

루소는 디드로의 「자연법」 항목에서 이 '일반의지'의 생각을 가져온 것인가? 물론 루소는 디드로의 「자연법」 항목을 직접 읽었고, 이 부분에서 일반의지를 '저 위대하고 훌륭한 원칙'으로 찬양하기는 한다. 그러나 이 부분에서는 '일반의지'에 대한 두 저자의 '일시적인' 합의를 지적하는 것으로 그치기로 하자(나머지 논의는 본 번역본 각주 47번을 참조).

41) 시민들les citoyens과 외국인들les étrangers의 구분은 단지 외국인의 '배제'만을 의미하는 것은 아니다. 에밀 뱅베니스트Emile Benveniste에 따르면 시민의 라틴어 어원 *ciuis*는 "거주 공동체와 정치적 권리를 함축하는 집단 유대의 용어"로 "*ciuis*의 정확하고 참된 의미는 전통적 관습대로 '시민'이 아니라 '공동(체) 시민'이다." 뱅베니스트는 이 집합적 개념으로서의 *ciuitas*를 설명하면서 "이방인의 여러 변종들인 *hostes, peregrini, aduenae*와 대립해서 토착 시민권을 소지한 집단의 성원들이 서로 *ciuis*라는 지칭을 주고받는다"(에밀 벤베니스트, 『인도유럽사회의 제도 문화 어휘연구 I』, 김현권 옮김, 아르케, 1999, 394쪽)는 점을 강조한다.

의지는 정의의 규칙을 자연법에서 갖게 되고 그럼으로써 똑같이 확고한 원리가 된다. 그때 세상이라는 대도시[42]는 언제나 자연법을 일반의지로 갖고 국가와 다양한 인민이 개별 구성원일 뿐인 정치체가 된다.

이 구분들을 각 정치사회와 그 사회의 구성원에게 적용해 보면 어느 정부가 올바르고 어느 정부가 그렇지 않은지, 일반적으로 인간의 모든 행동에서 도덕을 판단할 수 있는 더없이 보편적이고 더없이 확실한 규칙들이 도출된다.

어느 정치사회든 더 작은 다른 사회들, 그러니까 각자 자기 이익과 자기 원칙을 갖는 다양한 사회들로 구성된다. 그런데 각자는, 허용된 외적 형태를 갖는 이들 사회만 지각하지만 국가에 실제로 존재하는 사회들이 그 사회들뿐인 것은

---

42) 스토아학파의 철학자들은 세계를 하나의 도시이자 극장으로 본다. 하나의 도시에 살고 있으므로 공동체의 법을 따라야 하고, 그곳은 극장이므로 내가 배우가 되어 내 의무를 실행에 옮겨야 하는 곳이다. 이런 맥락에서 키케로의 다음의 인용문을 참조. "스토아 학자들은 세상이 신들의 명령에 의해서 지배되고 있는 것으로, 세상은 마치 신과 인간의 공동 도시요 국가로 파악합니다. 우리가 사는 세계는 자연히 그런 세상의 일부에 불과하므로 우리 자신의 이익보다는 공동의 이익을 우선시해야 한다고 그들은 말합니다. 마치 법률이 만인의 안녕을 개인의 안녕에 우선하는 것처럼, 선하고 현명한 자는 법률에 복종하고, 시민의 의무에 게으르지 않고, 만인의 유익을 개인의 이익이나 자신의 이익보다 더 중요하게 여깁니다. 따라서 국가를 위해서 죽음을 택한 사람이 칭찬받는 이유는 우리에게는 우리 자신보다 조국이 더 소중하다는 것이 지당하기 때문입니다"(마르쿠스 툴리우스 키케로, 『키케로의 최고선악론』De Finibus, III권 19절, 김창성 옮김, 서광사, 1999, 151쪽).

아니다. 공동이익에 따라 결합된 개별자들은 일시적이거나 항구적인 그만큼의 다른 사회들로 구성된다. 그 사회들은 겉으로 보이는 것과는 달리 실제로 힘도 갖추고 있으며, 그들이 맺는 다양한 관계들을 제대로 관찰해 보면 실제 풍속이 어떠한지 알 수 있다. 암묵적이거나 형식적인 이들 연합은 그것의 의지가 작용했을 때 공공 의지의 모습을 수만 가지로 바꾼다.[43] 이들 개별 사회는 언제나 의지가 두 가지 관계를 띤다. 연합의 구성원들에 대해서는 일반의지이고, 큰 사회에 대해서는 개별의지이다. 개별의지는 처음 봤을 때는 올발라 보일 때가 많으나 다시 보면 그릇된 것이다. 그래서 독실한 사제, 용감한 병사, 헌신적인 실무가가 나쁜 시민일 수도 있다. 작은 공동체에서는 득이 될 수 있으나 큰 공동체에는 대단히 해로운 심의[44]가 그럴 수도 있는 것이다. 개별 사회들

---

43) "…… 어떤 점에서 보면 하나의 정부가 여러 부분들로 재분할되어 각 부분이 저마다 다른 방식으로 운영될 수 있다. 그 결과 [민주정, 귀족정, 왕정의] 세 가지 형태가 조합되어 수많은 혼합 형태가 나올 수 있고, 각 혼합 형태에 모든 단순 형태를 곱하는 것도 가능하다"(『사회계약론』 3권 3장, 김영욱 옮김, 82쪽).

44) 심의délibération에 대한 정의는 다음과 같다. "어떤 일이나 주장에 대해 이득이 되는가 불익이 되는가 알아보기 위해서, 좋은지 나쁜지, 실현 가능성이 있는지 없는지 알아보기 위해서 이루어지는 검토"(『퓌르티에르 사전』). 프랑스혁명 이후 출간된 『아카데미 프랑세즈 사전』(1798)에는 "어떤 결론을 내리기 위해서 여러 사람들 사이에서 이루어지는 토론"의 설명이 추가된다. 루소는 공적 심의와 자유의지를 엄격하게 구분한다. 다시 말하면 인민의 뜻과 결정이 항상 일반의지를 따르는 것은 아니며, 오히려 인민의 개별의지를 따를 수도 있다는 것이다.

은 언제나 그 사회들을 포함하는 더 큰 사회 아래에 놓이게 되므로 개별 사회보다는 오히려 그 사회들이 포함된 상위의 사회를 따라야 하고, 원로원의 의무가 있기 전에 시민의 의무가 있고 시민의 의무가 있기 전에 인간으로서의 의무가 있음은 사실이다. 그러나 불행히도 개인의 이익은 사실 언제나 의무에 반비례하기 마련이고, 연합의 규모가 더 작아지고, 약속의 성격이 덜 성스러워짐에 따라 증가하게 된다. 이것이 가장 일반적인 의지가 언제나 가장 정당한 의지이며 인민의 목소리는 신의 목소리와 같다는 반박할 수 없는 증거라고 하겠다.

하지만 이로부터 공적 심의délibération publique가 항상 공정하다는 결과를 끌어낼 수 없다. 외무外務가 문제가 될 때 공정하지 않을 수도 있는데 왜 그런지는 이미 설명했다. 그래서 올바로 통치되고 있는 공화국république이 부당한 전쟁을 일으키는 일이 불가능하지만은 않다. 민주정의 심의회에서 올바르지 못한 명령이 통과되거나 무고한 사람들이 처벌받는 일이 불가능한 것도 아니다. 몇몇 교활한 자가 명망과 달변으로 인민의 이익을 사적 이익으로 대체하여 그것으로 인민이 현혹되는 일도 생길 수 있다. 그때는 공적 심의 따로, 일반의지 따로이다. 여러분은 아테네 민주주의를 들어 내 의견을 반박하실 수 없다. 사실 아테네는 민주정이라기보다 학자들과 웅변가들이 통치한 참주僭主 귀족정이었다.[45] 무슨 심의가 됐든 그때 무슨 일이 벌어지는지 세심히 검토해 보시라. 일반의지는 언제나 공동선을 위한 것이지만, 내적으로 분열이 일어나고, 암묵적으로 연맹une confédération tacite이 맺어지기 일쑤임을 아셔야 한다. 그 연맹이 마련하고자 하는 사적인 목적

을 위해 총회가 내리는 당연한 조치들을 요리조리 피하는 것
이다.[46] 그렇게 되면 사회체는 실제로 다른 집단들로 갈라지
고 만다. 그 단체의 구성원들도 일반의지를 갖겠지만, 그 일반
의지는 새로운 단체들의 관점에서 봤을 때 선하고 정당하다 해
도, 여러 부분으로 분할되어 버린 전체의 관점에서 봤을 때 부
당하고 나쁜 것이다.

　이 원칙을 적용하면 수많은 사람의 행동에서 발견되는 모
순을 정말 쉽게 설명할 수 있음을 알 수 있다. 어떤 관점에서
봤을 때 정말 조심성이 있고 신의를 가진 사람들이라도, 다

---

45) 루소는 『학문예술론』에서 "아테네는 섬세함과 좋은 취향을 갖게 된
　　웅변가들과 철학자들의 나라"(OC III, p. 12)라고 썼다. 아리스토텔레
　　스는 『정치학』에서 민주정의 유형을 다섯 가지로 분류하면서 그 마지
　　막 유형을 "법이 아닌 대중이 최고 권력을 갖는 경우"로 규정한다. "법
　　이 지배하는 민주정체에서는 민중 선동가가 나타나지 않고, 가장 훌륭
　　한 시민들이 주도적인 역할을 하지만 법이 최고 권력을 갖지 못하는
　　국가에서는 민중 선동가가 나타난다. 이것은 민중이 다수로 구성된 독
　　재자가 되기 때문이다. 다수가 개인으로서가 아니라 집단으로서 최고
　　권력을 갖게 된"(아리스토텔레스, 『정치학』, 1292a, 212쪽)다. 몽테스키외
　　도 『법의 정신』에서 "무술보다 웅변술에 더 큰 애착이 있었던" 참주에
　　대해 언급한다(8권 2장, Œuvres complètes, t. II, éd. Roger Caillois, Paris,
　　Gallimard, Bibliothèque de la Pléiade, 1951, p. 351).
46) 루소는 애국심을 내적으로 갖고 태어난 감정으로 보지 않지만, 사회
　　체의 분열을 막기 위해서는 구성원들 각자가 국가에 대해 자연스럽게
　　갖게 되는 감정의 함양이 필요하다고 본다. 이때 애국심은 그저 권력
　　으로부터 강요된 이데올로기가 아니라 개인을 사회의 일부가 아닌, 집
　　단으로서의 '시민'과 동일시되는 분리 불가능한 전체로 만들어 주는 진
　　실한 감정이 된다.

른 관점으로 보면 사기꾼이자 망나니로서 더없이 신성한 의
무를 짓밟고, 합법적이지 않은 약속을 수행하기 위해 목숨도
아까워하지 않는다. 그래서 가장 타락한 사람들이 언제나 정
치적 신념foi publique을 찬양하고, 그래서 (「(자연)권」 항목에서 이
미 살펴봤듯이) 대규모 사회에서 미덕의 적이라고 할 만한 강도
들조차 저들의 소굴에서는 미덕의 우상을 섬기는 것이다.[47]

---

47) 루소의 「경제」 항목과 디드로의 「자연법」 항목을 나란히 읽으며 두
사람의 정치 사회 이론의 공통점과 차이를 추적하고 있는 자크 프루스
트Jacques Proust는 "디드로는 루소와는 반대로 자연인과 사회인의 연속
성을 암묵적으로 재확인한다. …… 디드로가 그리고 있는 인간은 그와
같은 인간들과 '자연적으로' 관계를 맺고 있다. 시민사회에 앞서 인류
의 일반 사회가 존재하는 것이다. 「자연법」 항목에서 그가 관심을 쏟
는 것은 이 일반 사회와 인간 종이라는 집단적 존재를 동일시하는 것
이다. 그래서 디드로는 인류의 일반 사회를 이성적 존재로 만들려 들
지 않는다. 디드로는 그 일반 사회를 정말 고유한 의지를 갖는 집단적
존재로 상상한다. 개인이 이 사회체와 맺는 관계는 분자가 유기체와
맺는 관계와 같다. 그래서 이성은 인간 종의 일반의지가 그 종을 구성
하는 개별적인 존재들 전체에게 부과하게 되는 수단이 된다. 이성은
사회체의 응집과 항구성을 보증하는 것이다. 사회체를 구성하는 요소
들에 고스란히 나타나고 있는 이성은 개별 의식 하나하나마다 인간 종
의 목소리나 다름없다. 그러나 이 목소리는 본능의 목소리와는 다르다.
더 자세히 말하자면 그저 본능의 목소리인 것은 아닌 것이고, 이것이
인간과 동물을 근본적으로 구분해 준다. 인간 종의 일반의지는 개별적
인 유기체마다 확산의 방식으로 표현될 뿐만 아니라, 이성의 특징적인
기관이라고 부를 수 있는 것, 즉 인간의 두뇌를 통해 표현된다"(Jacques
Proust, *Diderot et l'Encyclopédie*, Paris, Albin Michel, 1995, p. 387)고 했다.
    프루스트를 따라 브뤼노 베르나르디 역시 디드로의 "일반의지는 인
간 종의 의지이므로 단 하나이다. 바로 이런 점으로부터 일반의지는
단일한 규칙을 이룬다. 여기서 루소가 체계적으로 디드로가 제시한 원

나는 일반의지를 국가 경제의 제일 원리이자 통치의 근본 규칙으로 확증한 이상, 행정관이 인민에게 속한 것인지, 인민이 행정관에게 속한 것인지, 공무를 수행할 때 국가 이익을 고려해야 하는지 수장의 이익을 고려해야 하는지 등의 문제를 진지하게 검토할 필요가 없다고 생각했다. 이 문제는 오래 전부터 한편으로는 실천에서, 다른 한편으로는 이론에서 이미 논의가 끝난 것이다. 일반적으로 사실상 지배하는 사람들이 자기들의 이익과는 다른 이익을 선호하기를 기대한다는 것은 정말 터무니없는 일일 것이다. 그러므로 국가 '경제'를 다시 인민 경제와 참주 경제로 구분하는 것이 적절할 것이다.[48] 전

리의 통일성과 그것의 적용을 반박하는 것을 보기란 어렵지 않다"고 주장한다. 베르나르디는 루소와 디드로가 일반성la généralité을 다른 의미로 해석하고 있음에 주목한다. "디드로의 일반성은 개체 각자가 전체적으로 속하는 종의 보편성이지만, 루소의 보편성은 이미 설립된 공동체가 산출하는 일반화, 상대적인 보편성일 뿐이다. 디드로의 일반성은 자연을 통과한via 보편적인 것과 가깝다면, 루소는 보편적인 것을 일반적인 것으로 이끌어 간다. ……"(Bruno Bernardi, "L'invention de la volonté générale", in Jean-Jacques Rousseau, *Discours sur l'économie politique*, Vrin, 2002, pp. 115, 116).

48) 루소는 여기서 "인민"populaire이라는 말을 일반의지가 지도하는 모든 국가, 모든 적법한 정부를 가리키는 의미로 썼다. 이와 반대로 참주tyrannique라는 말은 수장의 개별의지와 인민의 의지가 대립하는 국가를 가리킨다. 『사회계약론』에서 그는 이 용어를 좀 더 정확한 다른 용어로 대체한다. 그래서 "법에 의해 지배되는 모든 국가"는 공화국이고 "모든 정당한 정부는 공화정"(2권 6장, 김영욱 옮김, 51쪽)이다. 다른 한편 참주는 침탈자의 동의어이다. "나는 왕권의 찬탈자를 폭군으로, 주권의 찬탈자를 전제군주로 부른다"(3권 10장, 김영욱 옮김, 109쪽).

자는 인민과 수장들의 이익과 의지가 결합되어 있는 모든 국가의 경제이고, 후자는 정부의 이익과 인민의 이익이 상충하는 곳, 결국 의지가 대립하는 곳이라면 어디에나 존재할 것이다. 참주 경제의 원칙은 사료史料와 마키아벨리의 풍자서에 나타나 있는 반면, 인민 경제의 원칙은 인간의 권리를 용기 있게 주장하는 철학자들의 저작에서만 발견된다.[49]

I. 적법한, 혹은 인민의 정부, 즉 인민의 선을 목적으로 하는 정부가 갖는 가장 중요한 제일 원칙은 내가 이미 말했듯이 언제나 일반의지를 따르는 일이다. 그러나 일반의지를 따르려면 그것을 알아야 하고, 특히 자기 자신으로부터 시작하여 일반의지와 개별의지를 분명히 구분해야 한다.[50] 두 의지의 구분은 언제나 쉽지 않고, 더없이 숭고한 미덕만이 두 의지를 제대로 구분할 수 있을 만큼 충분한 지식을 전하게 된다.

---

49) 루소는 인민 경제와 참주 경제를 구분하는 원칙을 일반의지에서 찾는다. 루소는 휘호 흐로티위스Hugo Grotius의 논지를 비판하는데, 흐로티위스에 따르면 "인류가 100여 명의 인간들에게 종속되어 있는지 아니면 100여 명의 인간들이 인류에게 종속되어 있는지 모호하다"(『사회계약론』, 1권 2장, 김영욱 옮김, 13쪽)고 지적했다.

50) 일반의지는 경험으로 알 수 있는 것인가, 아니면 선험적으로 인간이 갖고 태어난 것인가? 루소는 일반의지를 단순한 도덕법으로 보지 않는다. 루소의 일반의지는 태어날 때부터 우리 안에 존재하는 것으로, 이성을 통해 접근할 수 있는 자연법(푸펜도르프와 디드로의 자연법) 개념을 수용하지 않는 동시에, 이를 정의와 부정의를 독점적으로 규정하는 군주의 주권 의지로 보는 홉스에게도 동의하지 않는다. 그러나 루소에게 일반의지는 자연상태의 인간은 결코 가질 수 없는 것이며, 사회계약을 통해 설립된 인위적인 정치체제에 속했을 때에 비로소 갖는 의지이다.

의지意志를 갖기 위해서는 자유로워야 하므로, 공공의 자유와 정부의 권위를 동시에 확보하는 일의 어려움은 결코 더 작지 않다. 대규모 사회에서 상호 필요에 따라 결합했던 사람들이 어떤 동기로 여러 시민사회들을 통해 더욱 긴밀히 결합하게 되었는지[51] 찾아보라. 그러면 모든 사람을 보호함으로써 각 구성원의 재산, 생명, 자유를 확보하는 것 말고 다른 동기가 없다는 점을 알게 될 것이다. 그런데 어떻게 사람들 가운데 한 사람의 자유를 보장하지 않을 수 없도록 하면서 다른 사람들의 자유를 해치지 않게끔 할 거며, 어떻게 공공의 필요를 갖춰 주면서도 이를 갖추도록 협력하지 않을 수 없었던 사람들의 사적 소유권을 해치지 않게끔 할 것인가?[52] 이 모든 사

---

51) 여기서 루소는 푸펜도르프의 『자연법과 만민법』 7권 1장의 제목(「사람들이 시민사회들을 형성하게 되는 동기」des motifs qui ont porté les Hommes à former des sociétez civiles)을 거의 비슷하게 가져왔다. 홉스는 끊임없는 전쟁상태에 처해 있는 자연상태의 인간들이 서로 사회를 구성하게 되는 동기를 죽음에 대한 공포에서 찾지만, 그런 동기라면 인간들은 사회를 구성하는 대신 가능한 한 피하고 서로 마주치지 않는 것이 더 나을 것이다. 푸펜도르프는 '자연적인 자유'를 포기하면서까지 사람들을 시민사회에 속하게끔 하는 동기는 '공동의 이익'의 추구밖에 없다고 생각한다.

52) 루소 정치사상의 핵심은 자유와 공적 권위를 어떻게 화해시킬 수 있는가에 있다. 사회계약을 통해서 계약 당사자들은 자신의 자유를 내놓는다. 그런데 그들은 자신의 자유를 누구에게 양도하는가? 홉스는 가장 강한 주권자를 생각한다. 개인들의 자유가 한 사람에게 집중될 때 그 주권자의 공적 권위는 더욱 커진다. 다시 말하자면 개인들의 자유가 감소할수록 주권자의 권위는 증가하게 된다. 그러므로 루소는 시민들의 자유를 양도받는 존재가 사회체의 일부(한 사람의 지배이든, 여러 사람의 지배이든, 민중의 지배이든)가 아니라, 전체가 되어야 한다고 보는 것이다.

항을 몇몇 궤변으로 미화할 수 있을지라도, 확실한 것은 누군가 내 의지를 제한할 수 있다면 나는 자유로운 것이 아니고, 어떤 다른 자가 내 재산에 손을 댈 수 있다면 나는 내 재산의 주인이 아니라는 점이다. 이 두 번째 난점은[53] 해결이 불가능해 보였지만 인간의 모든 제도 가운데 가장 숭고한 제도가 설립되면서, 더 정확히 말하자면 하늘의 계시라도 받은 듯 인간이[54] 불변하는 신의 뜻을 지상에서 모방할 줄 알게 되면서 첫 번째 난점과 함께 모두 제거되었다. 도대체 어떤 기상천외한 기술로 인간을 자유롭게 하기 위해 예속하는 방법을 찾아낼 수 있었던 것일까? 국가의 구성원들에게 강요하지도 않고, 그렇다고 의견을 묻지도 않으면서 국가를 위해 그들의 재산, 노동, 생명을 이용하는 방법은 어떻게 찾아냈던 것일까? 그들 자신의 의사에 따라 그들의 의지를 구속하고, 그들의 거부보다는 그들의 동의를 앞세우고, 그들이 원한 적이 없었던 일을 할 경우에는 그들 스스로 처벌하도록 하는 방법을 찾아냈던 것은 또 어떠한가? 도대체 모두 복종하면서도 누구도 명령하지 않도록 하고, 모두가 봉사하면서도 봉사받는 주인이 없도록 하는 것이 어떻게 가능한가? 겉으로 보기엔 복종하는 것처럼 보이면서도 사실 타인의 자유를 해치지 않는 한에서 모두가 자신의 자유를 보존하고 있으니 그만큼 더 자유롭지 않

---

53) 이 부분부터 "…… 모순에 빠지는 일이 없게끔 가르친다"의 부분이 『사회계약론 초고』(본 번역본 173, 174쪽)에서 다시 언급된다.

54) 『사회계약론 초고』에서는 "인민이"au peuple로 대체되었다(본 번역본 173쪽).

은가? 이런 경이로운 일은 법의 작품이다. 법이 없었다면 인간은 자유로울 수도 정의로울 수도 없었다. 모든 사람들의 의지를 담당하는 법이라는 유익한 기관器官이 있어서 사람들 사이에 자연적인 평등을 권리로 회복한 것이다. 저 신묘한 목소리가 시민 개개인에게 공공의 이성의 원칙들을 규정하고 따를 것을 말하고, 시민 개개인을 그들 각자가 갖는 판단 규범에 따라 행동하고, 자기 자신과 모순에 빠지는 일이 없게끔 가르친다. 수장들은 명령할 때는 오직 그 목소리가 말하게 해야 한다. 어떤 사람이 법과 전혀 무관하게 타인이 자기 개인의 의지를 따르기를 바랄 때 그는 그 즉시 시민 국가의 일원이 더는 아니게 되고, 시민 국가의 맞은편의 순전한 자연상태에 놓이게 된다. 자연상태에서는 어쩔 수 없는 경우가 아니라면 누구에게도 복종해서는 안 되는 것이다.[55]

---

55) 김영욱은 『사회계약론』 번역의 한 주석에서 권리 혹은 법으로 해석할 수 있는 droit라는 용어에 대해 중요한 지적을 하고 있다. 김영욱에 따르면 "루소는 현실의 어떤 법이 정당한 권리에 근거하지 않는다는 것을, 그럼에도 불구하고 그 법이 '법'이라 불림으로써 정당한 권리를 참칭하고 있는 현실을 비판"(180, 181쪽)하고 있음에 주목한다. 전체와는 무관한 한 개인의 필요에 의한 법은 정치법droit politique이라고 말할 수 없으며, 논리적으로 봤을 때 정치법은 강력한 개인들이 힘을 행사하기 이전에 이미 존재해야 한다. "정치법의 기원으로 거슬러 올라가 보면, 수장들이 있기 전에 필연적으로 법이 있어야 함을 알게 된다. 적어도 공공의 연맹confédération publique을 세우는 법이 하나 필요하고, 정부의 형태를 결정하는 다른 법이 또 필요하다. 이 두 법은 여러 매개법을 가질 수 있고, 그중 가장 성스럽고 가장 공식적인 법은 다른 모든 법을 준수하겠다고 약속하도록 하는 법이다. 정부 이전에 법이 존재한

그래서 수장이 긴급히 구해야 할 이익은 그에게 필요 불가결한 의무와 마찬가지로 자신의 권위 전체의 토대가 되며, 그 자신이 집행자가 되는 법을 지키는 데 신경 쓰는 것이다. 수장이 다른 사람들이 법을 지키게끔 하려면 수장 스스로 법을 지켜야 하고 그래야 그들의 신임을 얻을 수 있다는 점은 두말할 필요가 없다.[56] 그가 보이는 모범은 대단히 강력한 것이므로 설령 인민이 수장이 법의 구속으로부터 면제를 받아도 좋겠다고 해도 그는 너무도 위험한 그런 특권을 사용하지 않으려 해야 한다. 그것이 그토록 위험한 것은 다른 사람들이 종종 이내 그를 해치고 그가 누렸던 그 특권을 빼앗아 누리려 들 것이기 때문이다. 결국 사회가 맺는 모든 약속들은 본성상 상호적이므로, 스스로 법 위에 서려 드는 일은 이득을 포기하는 일이 아닐 수 없고, 누구에게도 주어야 할 것이 아무것도 없다고 주장하는 사람에게는 누구도 주어야 할 것이 아무것도 없는 것이다. 이것과 똑같은 이유로, 개화된 정부에서는 지위 여하를 막론하고 법은 어떤 예외도 허용하지 않는 것이다. 조국을 위해 지대한 공헌을 했던 시민들은

다면 그 법은 정부와는 무관한 것이고, 정부는 법에 종속된다. 정부의 권위는 오직 법에서만 나오고, 정부는 법의 주인이거나 제정자이기는 커녕, 고작해야 법의 보증인, 관리자, 통역자일 뿐이기 때문이다"(『정치 단편들』, OC III, p. 491).

56) 루소는 유스티니아누스의 『시민법대전』*Corpus Iuris Civilis*에 실린 울피아누스의 '군주는 법으로부터 자유롭다'*princepts legibus solutus est*는 원칙을 부정한다.

명예로 보상받아야지 그와 같은 특권으로 보상받아서는 안된다. 어떤 자가 자기는 법에 복종할 필요가 없다고 생각하게 되자마자 그 공화국은 무너지기 일보 직전에 선 것이기 때문이다. 그런데 귀족이든 군인이든 국가의 다른 어떤 계급이든 같은 원칙을 수용한다면 모든 것은 속수무책으로 끝나 버리리라 생각할 수 있다.

법이 힘을 갖게 될 때는 법의 집행자들이 엄격해서라기보다 법 자체가 현명할 때이다. 또한 공공의 의지가 가장 큰 힘을 끌어낼 수 있는 곳은 그 의지를 가질 것을 명령했던 이성에서이다. 이런 이유로 플라톤은 모든 칙령에는 정당성과 유용성을 보여 줄 수 있는 체계적인 전문前文을 반드시 주의를 기울여 칙령 서두에 실어야 한다고 생각했다.[57] 사실 가장 중요한 법은 법을 지켜야 한다는 것이다. 처벌을 엄하게 해야 한다는 생각은 편협한 사람들이나 생각하는 방편으로 전혀 쓸모가 없다. 법을 지키게 하는 방법을 찾지 못해 이를 두려움으로 대체하려는 것이니 말이다. 더없이 끔찍한 형벌을 내리는 나라에서 그런 형벌이 매우 빈번히 실행되는 것을 언제나

---

[57] "우리의 법률을 위해 임명된 이는 법률의 첫머리에서 그와 같은 걸 아무것도 공표하지 않고서 바로 무엇은 해야 하고 무엇은 하지 않아야만 하는지를 말하고, 또한 형벌을 위협으로 내밀고서는, 다른 법으로 향하되, 법률로 제정된 것들에 한마디의 권고나 설득의 말도 덧붙이지 않을 것인가요?"(플라톤, 『플라톤의 법률』, 4권, 719e, 박종현 옮김, 서광사, 2009, 339쪽). "이것 보게, 클리니아스! 자네는 내게 이 점에 대해 옳은 것 같네. 자네가 모든 법은 서두를 갖고, 모든 입법 저작의 앞머리에는 고유하게 말해서 각각의 법에 적합한 전문을 넣어야 한다는 점 말일세"(723c).

확인할 수 있었다. 그래서 가혹한 처벌을 내린다는 것은 법을 위반하는 사람이 많다는 증거이고, 이들을 똑같이 엄하게 처벌하니 죄인들은 자기들이 저지른 과오에 대한 처벌을 피하기 위해 또 범죄를 저지르지 않을 수 없게 된다.[58]

그런데 정부가 법의 주인은 아니더라도 법의 보증자가 되고, 법을 사랑하게 하는 수만 가지 방법을 갖는 것만으로 대단한 것이다. 통치의 수완은 이런 데 있다. 힘을 사용한다면 사람을 떨게 할 줄 아는 기술이 없는 것이고, 마음을 얻는 기술은 더욱 없는 것이다. 인민은 오랜 경험을 통해 수장들이 인민에게 악을 행하지 않을 때는 그들에게 대단히 감사해하고, 수장들이 인민을 증오하지 않을 때는 그들을 숭배하는 법을 배웠다. 바보라도 사람들의 말을 듣는 자라면 다른 사람처럼 중죄重罪를 처벌할 수 있다. 진정한 정치가는 그런 중죄가 일어나지 않도록 하는 자이다. 그는 행동은 물론 의지에 이르기까지 상당한 영향력을 행사한다. 모든 사람에게 선을

58) 몽테스키외는 『법의 정신』에서 "가혹한 형벌은 명예나 덕성을 동력으로 삼는 군주정체나 공화국보다도 두려움이 그 원리인 전체정체에 보다 적합하다"(6권 9장, *Œuvres complètes*, t. II, p. 318)고 썼다. "모든 이완의 원인을 살펴본다면, 이완은 범죄를 처벌하지 않았던 것의 결과이지, 형벌을 경감한 결과가 아니"며, "사람이 형벌을 받고도 부끄럽지 않다고 생각하는 나라가 있다면 그것은 폭정의 결과이다. 폭정은 악당에 대해서나 정직한 사람에 대해서나 동일한 형벌을 과해 왔기 때문이다"라고 주장한다. 또한 『페르시아인의 편지』에서도 "국민들이 형벌이 좀 가혹하다고 해서 법에 더 복종하는 것이 아니"(몽테스키외, 『페르시아인의 편지』, 80번째 편지, 이수지 옮김, 다른세상, 2002, 239쪽)라는 점을 분명히 한다.

행하겠다는 약속을 얻어 낼 수 있다면 더 할 일이 뭐가 있겠는가. 그렇게 된다면 그의 최고의 업적은 아무 일도 하지 않을 수 있다는 것이리라. 적어도 수장이 가질 수 있는 최고의 수완은 권력을 숨겨 그것을 덜 추악하게 만들고 국가를 평온하게 이끌어 지도자가 없어도 되겠다는 생각이 들게 하는 것이라는 점이 확실하다.

그러므로 나는 입법자의 제일 의무는 법을 일반의지에 따르게 하는 것이고, 국가 '경제'의 제일 규칙은 행정을 법에 따르게 하는 것이라고 결론 내린다. 그것만으로도 충분히 국가를 올바로 통치할 수 있다. 물론 그전에 입법자는 지역, 환경, 토양, 풍속, 주변국 등 그가 세워야 했던 인민의 모든 특수한 관계들을 고려해 국가를 세웠어야 했다. 통치 조직과 경제와 관련된 수많은 세부 사항이 여전히 지혜로운 국정 운영에 맡겨져 있는 것은 사실이지만 이 경우에도 두 가지 규칙만 반드시 지킨다면 언제나 올바로 대처할 수 있다. 그중 하나는 법이 미처 예측할 수 없었을 때 결정을 내릴 수 있도록 해주는 법의 정신이며, 다른 하나는 법이 마련되지 않았을 때 언제나 참조해야 하는 모든 법의 원천이자 보충source et supplément으로서의 일반의지이다. 그러면 일반의지가 밝혀지지 않은 경우에는 무엇이 일반의지인지 어떻게 알 수 있겠느냐고, 매번 예측하지 못한 일이 생길 때마다 국민을 모두 소집해야 하느냐고 내게 묻는 사람이 있을 것이다. 그렇게 국민을 소집해서 내려진 결정이 일반의지의 표현이라는 점을 확신할 수 없고, 인구가 많은 나라에서는 구성원 전체를 소집하는 이런 방식의 실행이 불가능하고, 정부가 선의를 갖고 있는 경우에는 군이 그렇게 할 필요가 없으니 그만큼 국민을 소집할 필요가 덜할 것이다. 수장은 일반의지가 언제나 공공의 이익에 가장 유리한 결정, 즉 가장 공평한 결정을 위한다는 점을 잘 알고 있고, 그래서 일반의지를 따르고 있는지 확신하려면 공정을 기하기만 하면 된다. 노골적으로 일반의지에 반反하는 경우 공적 권위를 동원해 일반의지를 가혹하게 저지한대도 일반의지가 뚜렷이 느껴지지 않던가. 나는 이와 비슷한 경우에 따라야 하는 모범을 가장 가까운 곳에서 찾아본다. 중국에서 관리들과 인민 사이에 싸움이 벌어지면 군주의 한결같은 원칙은 언제나 잘못을 관리들에게 묻는 것이다. 지방에서 양식의 가격이 상승하면 그 지방 장관을 투옥한다. 다른 지방에서 폭동이 일어나면 지방 총독은 면직되고 고위 관리는 그가 관할하는 성省에서 일어난 일에 책임을 지고 목을 내놓는다. 그다음에 정식 소송에서 사건을 심리하는 것이 아니라 그런 식으로 오랜 경험을 통해 사건의 판결을 미리 예견할 수 있게 하는 것이다. 이 점에서 바로잡아야 할 부정의는 없다시피 하다. 황제는 국민의 아우성이 이유 없이 높아지는 것이 아님을 잘 알고 있으므로 언제나 처벌해야 하는 반란의 소리와 바로잡아야 할 정당한 항의를 구분한다.

공화국의 모든 부분에 질서와 평화를 유지케 하고, 국가를 평온하도록 유지하고 법이 지켜지도록 만드는 것은 벌써 대단한 것이다. 그러나 그 이상 아무것도 하지 않는다면 이 모든 것이 실제로 그러하기보다는 겉으로만 그렇게 보일 뿐일 테고, 정부가 구성원들의 복종만 바란다면 실제로 그들의 복종을 기대하기란 대단히 어려운 일일 것이다. 사람들을 있는 그대로 쓸 줄 아는 것이 좋은 일이라면, 사람들을 필요에 따라 바꾸는 것은 훨씬 더 바람직한 일이다.[59] 가장 절대적인 권위는 사람 마음속까지 스며드는 권위이며 행동보다는 의지에 행사되는 권위이다. 인민들은 결국 정부가 그들에게 바라는 모습을 갖춘다는 점이 확실하다. 정부가 바라는 대로 전사戰士, 시민, 인간이 되는 것이고, 정부가 다르게 바란다면 천하고 상스러운 자가 되기도 한다. 자신의 신민을 경멸하는 군주는 누구라도 자기가 신민을 존중받을 만한 자들로 만들 수 없었음을 보여 주는 것이므로 제 얼굴에 침을 뱉는 꼴이다. 그러니 여러분이 사람들에게 명령하고자 한다면 먼저 사람을 길러 내야 할 것이다. 사람들이 법에 복종하기를 바란다면 먼저 법을 사랑하게 만들어야 할 것이다. 사람들이 의무를 다하기를 바란다면 먼저 그렇게 해야 한다고 생각하는 것으로 충분하도록 만들어야 할 것이다. 철학자들이 인민에게 법을 마련해 주고 인민을 현명하고 행복하게 만들 목적으로만 권위를 행사했던 저 오래전 옛날, 고대의 정부들이 사용했던 위대한 기술이 바로 이런 것이었다. 그래서 그토록 많은 사치 금지법들이며, 풍속 단속법들이며, 더할 나위 없이 세심하게 수용하거나 거부했던 공공 규범들이 생겼다. 폭군들조차 행정의

59) 루소는 앞에서 정치는 법이 일반의지를 따르게 하는 것이며, 경제는 행정이 법을 따르게 하는 것이라는 점을 밝혔다. 그러나 정치와 경제는 주권자 개인의 정당한 의지와 탁월한 능력에 좌우되는 것이 아니라, 주권의 담지자로서 집합적 의미의 시민의 '양성'에 좌우된다. 이 부분부터 루소가 정치경제와 교육의 긴밀한 협력을 강조하는 까닭이 여기 있다.

이 중요한 분야를 잊은 적이 없었다. 행정관이 국민의 풍속을 고치려고 주의를 기울였던 만큼, 폭군들이 얼마나 그들이 부리는 노예들의 풍속을 타락시키려고 했는지 잘 알고 있다. 그런데 현대의 정부들은 돈을 끌어모았을 때 모든 것을 다 했다고 믿고선, 풍속을 도야하는 데까지 나아갈 수 있고 그 일이 반드시 필요하다고는 상상조차 하지 못한다.

II. 국가 '경제'에 필요한 두 번째 규칙은 첫 번째 규칙 못지않게 중요하다. 여러분은 일반의지가 이행되기를 바라는가? 그러려면 모든 개별의지들이 일반의지를 따르게 하시라. 미덕이란 일반의지에 대한 개별의지의 일치일 뿐이므로 같은 사실을 한마디로 말하자면 미덕을 유지케 하시라.[60]

정치가들이 야심에 눈이 덜 멀었다면 그들은 어떤 체제가

---

60) "예전에 아름다움이 가장 공통된 특징들을 결합한 것일 뿐이라고 말했다면, 우리는 미덕은 가장 일반적인 의지들의 결합일 뿐이라고 말할 수 있다"(『정치 단편들』, OC III, p. 483). 아울러 "악의는 근본적으로 개별의지와 공공의지volonté publique의 대립에 불과하다. 그래서 바로 이런 이유로 악인들 사이에는 자유가 있을 수 없다. 각자 자신의 의지대로 행한다면 그 의지는 공공의 의지 혹은 이웃의 의지와 모순될 뿐만 아니라, 두 사람의 의지 역시 항상 모순될 것이고, 모든 이가 공공의 의지에 복종하지 않을 수 없다면 각자는 자신의 의지대로 행할 수 없다"(『정치 단편들』, OC III, p. 483).
여기서 루소는 미덕은 가장 일반적인général 의지들의 결합이지만, 악의는 개별의지와 공공의지의 대립이라고 본다. 개별적인particulier 의지, 또는 이익과 공공public 의지, 또는 이익의 구분이 '악'을 낳는 원인이라면, 일반의지는 이 모두를 포괄하는 개념으로써, 인민이 그 '일반성' 속에서 개별적인 자신을 인식하는 계기이다. 인민의 일반의지 자체가 정치체를 구성한다.

됐든 의무의 법으로 지도되지 않을 때 그 제도의 정신을 따라 나아가는 일이 얼마나 불가능한지 알게 될 것이고, 공적 권위를 작동시키는 가장 중요한 원동력은 시민의 마음에 있고, 정부를 유지하는 데 풍속을 대신할 수 있는 것은 아무것도 없다는 점을 느끼게 될 것이다. 선善한 사람들만이 법을 실행할 수 있을 뿐만 아니라, 결국 정직한 사람들만이 법에 복종할 수 있는 이들이겠다. 마음에 일어나는 회한悔恨을 무시하고 나아가기까지 하는 사람은 결국 그가 단죄를 받는대도 이에 개의치 않을 것이다. 가혹하기도 덜하고 지속성도 덜한 벌이니, 적어도 이를 모면해 볼 수 있지 않을까 바라는 것이다. 아무리 대비를 한다 해도, 나쁜 일을 저지르면서도 처벌받지 않기만을 바라는 사람들에게는 법망을 피해 가거나 처벌을 피할 수단쯤은 차고 넘친다. 그때 모든 개별이익은 더는 누구의 이익도 아닌 일반의지에 반反하여 결합되기 때문에 공공의 악은 법이 그것을 처벌하는 힘보다 더 큰 힘으로 법을 무력하게 만든다. 결국 인민과 수장이 타락하면 제아무리 현명한 정부라 해도 영향을 받지 않을 수 없게 된다. 모든 폐습 가운데 최악은 겉으로만 법을 지키는 척하는 것이다. 실제로는 전혀 처벌받지 않고 법을 어기고 있으면서 말이다. 그렇게 되면 이내 가장 훌륭한 법이라고 해도 더없이 해로운 법이 되어 버린다. 차라리 법이 없는 편이 백배 나을 것이다. 그것이 아무런 방편도 남지 않았을 때 가질 수 있는 유일한 것일지 모른다. 이런 경우에 처하게 되면 칙령에 칙령을, 규정에 규정을 쌓아 올리곤 하는데 그래 봤자 헛일이다. 십중팔구 처음에 있었던 폐습을 고치기는커녕 다른 폐습을 새로 도입할 뿐이다. 여러분이 법의 숫자를 늘릴수록 더욱 그 법을 무시해도 상관없는 것으로 만들게 된다. 여러분이 임명하는 감시자들은 예전에 법을 위반했던 이들과 이득을 나눠 갖거나 혼자 독직瀆職을 일삼게 될 새로운 법의 위반자들일 뿐이다. 이내 미덕의 가치는 강도強盜의 가치로 변해 버리고, 세상에서 가장 비열한 인간들이 가장 명망 있는 자가 된다. 그런 자들이 높은 자리에 앉을수록 그들은 더 경멸을 받는다. 그들은 고위층에 올랐다가도 비열한 행동이 드러나서 그들이 누린 권세가 오히려 그들의 명예를 실추하게 만든다. 돈으로 수장들을 매수하거나 여자들의 보호를 받은 다음에는 정의, 의무, 국가를 팔아넘기기 마련이다. 인민은 자신의 악이 자기 불행의 제일 원인임을 알지 못하고 불평하고 탄식하며 이렇게 소리높인다. "내가 겪고 있는 모든 악은 내가 돈을 내고 악에서 보호해 달라고 했던 자들에게서 나왔도다."

수장들이 마음속에서 침묵만을 지키고 있는 의무의 목소리 대신에 떠들썩한 공포를 일으키거나 그럴싸해 보이는 이익을 미끼로 대체할 수밖에 없게 되는 것이 바로 이때이다. 그들은 신민을 그런 미끼로 속여 넘긴다. 그들이 '국가의 원칙'이니 '내각의 비법'이니 하는 말로 부르는 형편없고 비열한 술책을 사용하지 않을 수 없는 때가 바로 이때이다. 아직 정부에 힘이 남아 있대도 구성원들이 이를 허비해 버리고 서로 밀치고 들어앉느라고 그 힘이 다 소진되어 버리는데, 국사는 손도 대지 않은 채이거나 사적 이익이 필요로 하고 이끌어 가는 경우에나 간신히 진척된다. 결국 저 위대한 정치인들은 능숙하게 자신들이 필요로 하는 사람들의 눈을 현혹해 사람들이 각자 '정치가들 자신의 이익'을 위해 일을 하면서도 자기 이익을 위해 일을 하고 있다고 생각하게 만든다. 나는 자신들의 이익이라고 했는데 실제로 수장들이 얻고자 하는 진정한 이익이란 인민을 복종시키기 위해, 진을 다 빼고, 수장들의 소유를 확보하기 위해 인민의 재산을 고갈시키는 것이다.

그러나 시민들이 의무를 사랑하고, 공적 권위를 맡은 자들이 모범을 보이고 정성을 다하여 시민의 의무에 대한 사랑을 북돋우고자 성실히 노력한다면 모든 어려움은 눈 녹듯이 사라지게 되고, 흉악하게 연막만을 치는 저 불가해한 기술을 필요로 하지 않기 때문에 행정은 정말 수월해진다. 너무 위험한 사람들임에도 정말 존경을 한 몸에 받는 저 박식한 사람들, 그들의 영광이 인민의 불행이 되는 저 위대한 집행관들이 있었으면 하고 아쉬워할 이유가 더는 없다. 국가의 풍속이 훌륭하면 천재적인 수장들이 필요하지 않다. 미덕이 지배적일수록 재능은 덜 필요해진다. 야심조차 찬탈할 때보다 의무를 지킬 때 더 잘 이행된다. 자기들의 수장이 인민의 행복을 위해서만 일하고 있음을 확신하는 인민은 수장에게 경의를 표함으로써 수장이 권력을 강화하는 데 굳이 애쓸 필요가 없도록 해준다. 역사서를 찾아 읽어 보면 인민이 사랑하고 인민을 사랑하는 권력이 찬탈자가 행사하는 폭정보다 백배 더 큰 힘을 갖는다는 점을 보여 주는 예는 무궁무진하게 많다. 이것이 뜻하는 바는 정부가 권력 행사를 두려워해야 한다는 것이 아니라 권력은 합법적으로만 행사되어야 한다는 점이다. 또 역사서를 찾아보면 심약하거나 야심에 찬 수장들이 무기력하거나 거만해서 실패한 사례는 무궁무진하게 많지만, 공정했기 때문에 잘못된 사람은 아무도 없음을 알게 된다. 온건과 태만, 부드러움과 유약幼弱함을 혼동해서는 안 된다. 정의롭기 위해서는 엄격해야 한다. 우리가 처벌해야 하고 처벌할 수 있는 악의惡意를 그대로 놓아두면서 고통을 겪는 것이야말로 그 자체로 악한 것이다.[61]

시민들에게 착하게 살라고 하는 것으로는 충분하지 않고, 선량한 시민이 되도록 가르쳐야 한다. 이런 점에서 모범 사례를 드는 것으로 교육의 제일장第一章을 시작할 수 있겠지만 다른 방법도 얼마든지 있다. 조국에 대한 사랑이야말로 가장 효과적이다. 내가 앞에서 말했듯이 누구든지 개별의지가 일반의지와 완전히 일치할 때 덕성을 가진 사람인 것이며, 우리가 사랑하는 사람들이 의지意志하는 것이라면 우리도 기꺼이 의지한다.[62]

---

61) 1782년 뒤페루 판에 루소는 성 아우구스티누스의 인용을 추가했다. "간혹 처벌이 긍휼의 증거일 때가 있으며, 처벌을 아끼는 것이 잔혹의 증거일 때가 있다"Sicuti enim est aliquando misericordia puniens, ita est crudelitas parces.

62) "그래서 내가 미덕에 내린 정의에 따르면 조국애는 반드시 미덕으로 인도될 수밖에 없다. 우리는 우리가 사랑하는 사람들이 의지意志하는 것을 기꺼이 의지하고자 하기 때문이다"(『정치 단편들』, OC III, p. 536).
　　루소가 앞서 일반의지를 '정의와 부정의를 가르는 규칙'으로 규정했다면, 조국애는 '자기에 대한 사랑'amour de soi과 '이기심'l'amour propre의 구분과 관련된다. 자연상태의 인간이 자기보존과 안전을 확보하기 위해 갖춘 자연적인 성향이 '자기에 대한 사랑'이라면 사회상태의 시민은 자기에 대한 사랑의 확장된 형태인 조국애를 갖게 된다. 루소는 바로 다음 문단에서 추상적이고 모호한 인류애l'humanité의 한계를 지적

인류애라는 감정은 전 세계로 확장될 때 약화되고 사라져 버리며, 타타르 사람들이나 일본 사람들에게 닥친 불행을 유럽 인민의 불행처럼 가슴 아파할 수는 없는 것 같다. 아무튼 인류애라는 감정을 일으키려면 관심과 동정심同情心의 범위를 좁혀 압축할 필요가 있다. 그런데 우리 내부의 이런 성향은 우리가 함께 살아가야 하는 사람들에게나 유익한 것이므로 동포들에게 인류애가 집중되어 서로 습관적으로 만나게 되고, 그들을 하나로 묶어 주는 공동이익을 추구함으로써 새로운 힘이 생긴다면 좋은 일이다. 미덕이 만들어 내는 가장 놀라운 경이는 조국애에서 나오는 것이 확실하다. 조국애라는 다정하면서도 생생한doux et vif 감정은 미덕의 아름다움에 이기심 l'amour propre의 힘을 결합함으로써[63] 엄청난 에너지를 마련하는 것이며, 바로 그 에너지가 미덕을 훼손하지 않으면서 그것으로써 모든 정념 가운데 가장 영웅적인 정념을 일으킨다. 조국애의 감정은 불멸의 행동을 수도 없이 만들어 냈다. 그런 행동은 우리의 허약한 눈으로는 감히 똑바로 쳐다볼 수도 없

하면서, 인류애와 정치체 구성원들이 공유하는 감정을 혼동해서는 안 된다고 주장한다.

[63] 앞에서 루소가 언급했듯이 미덕은 "개별의지와 일반의지의 일치"이다. 자연상태의 인간이 자기보존과 안녕을 추구하는 자연스러운 성향이 '자기에 대한 사랑'이었다면, 사회에 살아가게 된 인간이 비교와 성찰을 통해 자신의 이익을 추구하고자 하는 성향이 이기심이다. 루소는 개별의지를 추구하고자 하는 강력한 이기심이 승화되어 일반의지와 '일치'하게 되는 감정을 조국애라고 부르고 있다. 이때 그가 말하는 조국애는 종교적 광신이나 집단 이기주의와는 아무 관계가 없다.

는 것이다. 반대로 조국애가 하찮은 것으로 취급되자 수많은 영웅들이 보여 주었던 고대의 미덕은 우화 정도로 취급되었다. 이 점에 놀랄 것도 없다. 유순한 마음이 돌변하여 격정에 사로잡히게 되는 일은 누구든지 그런 마음을 느껴 본 적이 없는 사람들에게는 허구로 보일 것이다. 마찬가지로 애인에 대한 사랑보다 백배는 더 강렬하고 더 감미로운 조국애를 경험하지 않은 사람은 이 감정을 이해할 수 없다. 하지만 조국애로 뜨거워진 모든 사람의 마음속에서라면, 조국애가 불러일으킨 모든 행동에서라면, 이렇게 들끓어 오르는 숭고한 열정을 알아보기란 쉬운 일이다. 그런 열정이 더없이 순수한 미덕과 별개의 것이 되었을 때 그 미덕은 빛나지 않는다. 소크라테스와 카토를 과감히 대결시켜 보시라. 소크라테스는 카토보다 철학자였던 사람이고 카토는 소크라테스보다 더 시민이었던 사람이다. 아테네는 벌써 무너져 버렸으니, 소크라테스의 조국은 전 세계였다. 카토는 마음 깊은 곳에 조국을 품고 살았다. 그는 조국을 위해 살았으니, 조국과 운명을 같이했다. 소크라테스의 미덕은 그 이상 현명할 수 없는 사람의 미덕이었다. 그렇지만 카이사르와 폼페이우스 사이에서 카토는 인간들 가운데 살고 있는 신과 같았다.[64] 소크라테스는 몇몇 사람들을 가르쳤고 소피스트들과 싸웠고 진리를 위해 죽었다. 카토는 세계의 정복자에 맞서서 국가를, 자유를, 법을 지켰고 결국 더는 봉사를 할 국가가 없어지자 세상을 떠나고 만다. 소크라테스의 훌륭한 제자가 동시대 사람들 가운데 가장 덕성스러운 자라면, 카토의 훌륭한 경쟁자는 동시대 사람들 가운데 가장 위대한 사람이리라. 소크라테스의 미덕이 자신을 행복하게 하는 것이라면, 카토는 모든 사람의 행복에서 자신의 행복을 구하는 것이리라. 우리가 소크라테스에게 가르침을 받는다면, 카토에게는 품행을 배우리라. 그 점만으로 어느 쪽을 선호할지 정해지리라. 현자들로 된 인민을 만든 적은 단 한 번도 없지만 인민을 행복하게 만드는 일이 불가능한 것은 아니기 때문이다.

인민들이 덕성스럽기를 바라는가? 그렇다면 조국을 사랑하게 하는 것으로 시작하도록 하자. 그러나 조국이 그들에게나 외국인들에게나 차이가 없고, 누구에게나 허용하는 것만을 그들에게 허용해 줄 뿐이라면 어떻게 그들이 조국을 사랑하겠는가? 그들이 치안조차 안심할 수 없고 그들이 가진 재산, 생명, 자유가 권력자들의 처분에 달렸고 그들이 용기를 내어 법을 요구하기란 불가능하고 또 그럴 자격도 없다면 사정은 더욱 나쁜 것이리라. 그때 그들이 시민사회의 의무를 따르지 않을 수 없으면서 자연상태에서 가졌던 권리도 누릴 수 없고 자기 힘을 자기방어에도 사용할 수 없다면 결국 자유로운 인간이 처할 수 있는 최악의 조건에 놓이는 일일 테고, 그

---

64) 루소는 『에밀』 4권에서 "인간의 마음속에 도덕적인 것이 전혀 없다면, 영웅적인 행위에 대한 저 열광적인 찬미, 위대한 영혼의 소유자들에 대한 저 황홀한 사랑은 어디서부터 그에게 오는 것일까? 미덕에 대한 이러한 열광이 우리의 개인적 이해와 어떤 관계가 있단 말인가? 왜 나는 승리를 자랑하는 카이사르보다 차라리 자기 배를 가른 카토이기를 원하는 것일까?"(장 자크 루소, 『에밀 또는 교육론 2』, 이용철·문경자 옮김, 한길사, 2007, 162쪽)라고 쓴 바 있다.

럴 때 그들에게 '조국'이라는 말은 가증스럽거나 우스꽝스러운 의미밖에 가질 수 없을 것이다. 팔 하나에 상처를 입거나 팔 하나를 잘라 내는데 고통이 머리까지 이르지 않으리라고 생각해서야 되겠는가. 일반의지가 누가 됐건 국가의 한 구성원이 다른 구성원을 해치거나 죽이는 일에 동의한다는 것은 이성을 사용하는 한 인간이 손가락으로 자기 눈을 파내리라는 것보다 더 믿을 수 없는 일이다. 개인의 안전은 공공 연맹 confédération publique과 긴밀히 연관되어 있으므로 인간이 약하기 때문에 고려되어야 할 점을 도외시하더라도, 우리가 구할 수 있었던 한 명의 시민이라도 국가에서 죽음을 맞이하고, 실수로 시민 한 사람을 그릇된 판단으로 감옥에 붙잡아 두고, 단 한 번의 소송이라도 명백히 부당하게 패소한다면, 이런 합의는 당위에 의해 와해되고 말 것이다. 근본적인 합의가 위반되면 어떤 권리를 부여하고, 어떤 이익을 제시하더라도 인민을 사회적 결속의 상태에 계속 붙잡아 둘 수 없다는 것이 명백하다. 그렇지 않으면 힘으로만 붙잡아 둘 수 있을 뿐인데 그 힘이 가해졌다는 것으로 시민 상태는 와해된다.

사실 국민 단체le corps de la nation가 맺은 약속이라는 것은 구성원의 마지막 한 사람까지도 다른 모든 사람과 똑같이 보살피면서 그 사람의 생명을 보존하도록 대비하는 것이 아닌가? 또한 한 시민의 안녕이나 국가의 안녕이나 똑같이 보살펴야 하는 것이 아닌가? 한 사람이 모두를 구하기 위해 목숨을 바치는 것은 선한 일이라는 말을 듣는다고 해보자. 그런 말을 조국의 안녕을 위해 기꺼이, 또 당연히 초개와 같이 목숨을 바치는 어떤 위엄 있고 덕성스러운 애국자가 했다면 나는 그 말에 감탄을 아끼지 않겠다. 그렇지만 이를 정부가 다수의 안녕을 위한다는 구실로 한 무고한 자를 희생할 수 있다는 말로 이해한다면 나는 이를 지금까지 그 어떤 폭군도 생각해 내지 않았던 끔찍하기 이를 데 없는 원칙으로 볼 것이고, 받아들일 수 없는 가장 위험한 원칙으로 볼 것이고, 사회의 근본법에 이 원칙보다 직접적으로 모순된 원칙은 없다고 볼 것이다. 전체를 위해 한 시민이 죽어야 하기는커녕, 모든 사람은 그들의 재산과 생명을 걸고 그들 한 사람 한 사람을 지켜야 할 의무를 받아들였고, 그렇게 개인의 무력無力은 공권력을 통해, 구성원 각자는 국가 전체에 의해 언제나 보호받게 되었다. 다음처럼 가정해 보자. 인민을 한 사람 한 사람씩 떼어 낸 다음, 다수를 위해 한 개인이 희생될 수 있다는 앞의 원칙을 주장하는 사람들을 다그쳐 '국가단체'le corps de l'état가 무슨 말인지 자세히 설명해 달라고 하자. 그러면 여러분은 그들이 국가단체라는 말을 결국 인민이 아니라 인민의 관리일 뿐인 극소수의 사람들을 가리키는 말로 한정하리라는 점을 보게 될 것이다. 그 적은 수의 사람들은 특별한 맹세를 통해 인민의 안녕을 위해 스스로 죽음도 불사하겠다고 약속해 놓고 자기들을 위해 죽어야 할 자는 바로 인민이라는 점을 증명하고자 한다.[65)]

　국가가 구성원들을 보호하고 구성원들의 인격을 존중한 사례를 찾고자 하시는가? 그런 사례를 지구상에서 찾아볼 수 있다면 오직 가장 이름난 국가들, 가장 용기 넘치는 국가들에서이며, 인간의 가치를 아는 자유로운 인민들 사이에서 말고는 거의 없다시피 하다. 스파르타에서 잘못을 저지른 시민을 처벌해야 하는가가 문제가 되었을 때 공화국 전체가 얼마나 혼란한 상황에 빠졌는지 잘 알려져 있다. 마케도니아에서 한 사람의 생명의 문제는 대단히 중요한 사안이었으므로 알렉산드로스대왕이 최전성기를 누렸던 때였을지라도 저 강력한 군주는 범죄를 저지른 한 마케도니아 사람을 냉정하게 사형에 처하지 못했다. 피고소인이 자기변호를 위해 시민들 앞에 출두하지 않으면 시민들은 그에게 유죄를 내리지 못하는 것이다. 그런데 로마 사람들은 정부가 개별자들을 고려했고, 국가의 구성원 전체가 갖는 불가침의 권리를 존중하는 데 세심한 주의를 기울였다는 점에서 지상의 다른 모든 인민보다 탁월했다. 평범한 시민들이라도 그들의 생명 자체보다 더 신성한 것은 없었으니, 누구 한 명에게 형을 선고할 때도 인민 전체가 반드시 모여 회합을 가져야 했다. 제아무리 위엄이 넘치는 원로원도, 집정관도 직접 형을 선고할 권리는 없었다. 세상에서 가장 강력한 로마 인민에게도 한 시민이 죄를 범하고 처벌을 받는 일은 모두에게 고통스러운 것이었다. 그래서 어

---

65) "시민이 맺은 연맹la confédération civile에서 사람들이 제시했던 제일 목적은 그들이 상호 안전을 기하는 것이었다. 다시 말하면 공동체 전체가 각자의 생명과 자유를 보장해 주는 것이다. 그러므로 정부가 수행해야 하는 제일 의무는 시민들이 평화롭게 각자의 생명과 자유를 누리도록 하는 데 있으며, 법이라는 것이 공공의 의지의 선언과 다름없고, 자유를 해치는 일 없이 일반의지를 구속할 수 없는 일이므로 법을 준수하는 일이 엄격히 요청된다. 대중이란 것도 개별자들의 모임과 다름없는 이상 대중의 권리는 개별자들의 권리에만 기초해 있다"(『정치 단편들』, OC III, p. 486).

떤 범죄를 저질렀든 범죄자의 피를 흘리게 하는 일은 대단히 가혹한 것으로 보았으니, 포르키아법[66]으로 저 다정한 조국을 버리고 살고자 하는 사람들에게는 사형을 유형으로 감형해 주었다. 로마와 군대에는 어느 것 하나 동포들의 서로에 대한 사랑과, 로마인의 이름에 대한 경의를 부추기지 않는 것이 없었다. 그 이름이 용기를 북돋우고 그 누구라도 명예롭게 그런 용기를 갖춘 사람의 미덕을 고취했던 것이다. 노예 신분에서 해방된 시민이 쓰게 되는 모자, 타인의 목숨을 구해 냈던 사람이 받게 되는 시민의 영관榮冠은 사람들이 화려한 개선식에서 더없이 기쁜 마음으로 보곤 했던 바로 그것이었다. 주목해야 할 점은 전쟁에서 무훈武勳을 치하하여 내리는 영관에는 시민의 영관과 개선장군의 영관 두 가지가 있는데 금으로 만든 다른 영관들과는 달리 이 둘은 모두 풀과 나뭇잎을 엮어 만들었다는 것이다. 그렇게 로마는 덕성스러웠으니 세계를 지배했다. 야망이 넘치는 수장들이여! 목자는 개들과 양 떼를 몰지만 그는 가장 신분이 낮은 사람이다. 명령하는 일이 멋진 경우는 명령을 따르는 사람들이 우리를 영예롭게 할 때이다. 그러니 여러분의 시민을 존중하고 여러분 스스로 존경받을 만한 사람이 되시라. 자유를 존중하시라. 그러면 여러분의 권력은 날로 커질 것이다. 절대로 여러분의 권리의 범위를 넘지 마시라. 그러면 여러분의 권리는 무한히 커질 것이다.

그래서 조국은 시민 모두의 공동의 어머니처럼 나타나야

---

66) 시민을 곤장으로 때린 뒤 노예로 삼는 관행을 폐지한 법.

하고, 시민들이 조국에서 누리는 이익은 그들에게 조국을 더 소중한 것으로 만들어야 하고, 정부는 시민들이 공공 행정에 참여할 기회를 충분히 제공하여 그들이 조국에서 살고 있다는 기분을 느끼게 해주어야 하고, 시민들은 법만이 공동의 자유의 보증임을 봐야 한다. 이런 권리들이 대단히 멋진 것이기는 하나, 인간이면 누구라도 갖는 것이다. 그렇지만 수장들이 그 권리들을 대놓고 공격하는 것처럼 보이지 않더라도 그들이 악의를 가졌다면 그 권리들의 결과는 쉽사리 사라져 버리고 만다. 그릇되게 적용된 법은 강자에게 공격 무기는 물론 그가 약자에게 맞설 수 있는 방패까지 동시에 제공하게 된다. 공공선이라는 구실은 언제나 인민에게 닥칠 수 있는 가장 위험한 재앙이다. 통치에 가장 필요하면서도 가장 어려운 일은 모든 사람을 올바르게 인정하고 가진 자의 폭정에 맞서 가난한 자를 보호해 줄 수 있는 엄격한 공명정대함이다. 사실 가난한 자를 보호해야 하고 가진 자를 자제토록 해야 할 때 벌써 가장 큰 악이 생긴 것이나 다름없다. 법의 모든 힘은 이 두 극단 가운데에서 작용한다.[67] 법은 가진 자의 재산에도 가난한 자의 빈곤에도 똑같이 무능하다. 가진 자는 법을 피하고 가난한 자는 법의 힘이 미치지 않는 곳에 있다. 가진 자는 거미줄을 찢고 나가 버리고 가난한 자는 그 사이를 그대로 지나가는 것이다.

그러므로 정부가 수행해야 하는 가장 중요한 일 가운데 하나는 극단적인 부의 불평등을 예방하는 일이다. 가진 자들의 재산을 뺏으라는 말이 아니라 축재蓄財 수단을 뺏도록 하자는 것이고, 가난한 자들을 위해 구빈원을 세우라는 말이 아니라 시민들이 가난해지지 않도록 막자는 것이다. 국토에 인구가 균등하게 분포되지 않았으니, 한 곳에는 사람들이 몰려 살고 나머지 다른 곳에는 주민이 감소한다. 유용하되 고된 직업은 천대받지만 순전히 교묘하기만 하고 기교를 자랑하는 기술은 우대받는다. 상업 때문에 농업을 소홀히 한다. 국가 재산을 제대로 관리하지 못하기 때문에 징세 청부인이 필요하게 되었다. 매관매직賣官賣職이 극에 다다라 돈이 존경의 척도이고 미덕조차 돈으로 값이 매겨져 팔린다. 이런 것이 부유와 빈곤, 공적 이익을 대체해 버린 사적 이익, 시민들 상호간의 증오, 공동의 목적에 대한 방기, 인민의 타락, 정부를 추동하는 힘의 약화를 일으키는 뚜렷한 원인들이다. 그러므로 이런 것들이 느껴진다면 치료는 벌써 어려운 일이다. 그렇지

67) "부르주아 쪽은 언제나 부자와 가난한 자, 국가의 지도자와 하층민 사이의 중간 계층이었습니다. …… 부르주아 계층은 공화국에서 가장 건전한 부분입니다. 각 개인의 행동이 모두의 이익 이외의 다른 목적을 품지 않는다고 믿을 수 있는 유일한 부분입니다. …… 반대로 다른 쪽은 어떤 것에 의지하고 있는지 보십시오. 호화 생활을 하는 쪽과 가장 비천한 사람들 쪽 말입니다. 한쪽은 매수하고 다른 한쪽은 그 매수에 응하여 자신을 파는 양극단의 두 계층이 정의와 법에 애착을 느낄 수 있겠습니까? 국가가 타락하는 것은 바로 그들 때문입니다. 부자들은 법을 자기들 주머니 속에 넣고 다니며, 가난한 자들은 자유보다는 빵을 더 좋아합니다. 어느 쪽이 먼저 법을 침해하게 되는지를 판단하려면 양쪽을 비교해 보는 것으로 충분합니다. 사실 당신 나라의 역사에서 모든 음모는 언제나 사법관 쪽에서 꾸몄으며, 시민들은 자신을 보호하기 위해 필요할 때만 폭력을 사용한 것을 보게 될 것입니다"(장자크 루소, 「아홉 번째 편지」, 『학문과 예술에 대하여 외』, 김중현 옮김, 한길사, 2007, 485쪽).

만 현명하게 관리가 이루어지면 예방이 가능해서, 법의 존중, 조국에 대한 사랑, 일반의지의 활기를 올바른 풍속 속에서 유지할 수 있다.

그렇지만 훨씬 오래전부터 착수되지 않으면 이 모든 조치들은 충분하지 않을 것이다. 나는 국가 '경제'의 이 분야를 곧 마무리할 텐데, 사실 이 부분의 내용으로 시작할 수도 있었다. 국가는 자유 없이 존속할 수 없고, 자유는 미덕 없이 존속할 수 없고, 미덕은 시민 없이 존속할 수 없다. 시민을 교육하면 여러분은 다 가진 것이다. 그렇지 않다면 여러분에게는 국가의 수장을 필두로 못된 노예들밖에 없는 셈이다. 시민교육은 백년대계이다. 사람을 얻고자 한다면 어렸을 때부터 가르쳐야 한다. 누구든 통치해야 할 사람들이 있는 자는 통치받는 사람들의 능력 밖에 있는 완벽성을 기대해서는 안 되고, 그들에게 일어나는 정념을 없애려 들어서도 안 되고, 그런 계획은 이루어질 수 없는 것 이상으로 바람직하지도 않다는 말을 내게 할 것이다. 정념이 없는 사람이 있을 수 있다면 그는 참으로 못된 시민임에 틀림없다는 점을 들어 나는 앞의 모든 점에 동의할 것이다.[68] 그런데 사람에게 그 무엇도 사랑하지 말라고 가

---

68) "인류의 모든 제도는 인간의 정념에 기초하며 정념에 따라 보존되고 있습니다. 그러므로 정념에 대항하여 파괴하는 것은 제도를 확고히 하는 데 적합하지 않습니다. 지상을 멀리하는 마음이 어떻게 그 지상에서 만들어진 것에 더 큰 관심을 쏟겠습니까? 우리가 오로지 다른 세상에 관심을 기울일 때 어떻게 이 세상에 더 집착할 수 있겠습니까?"(장 자크 루소, 「첫 번째 편지」, 『학문과 예술에 대하여 외』, 223, 224쪽).

르치지 않아도 어떤 대상이 아니라 다른 대상을, 괴상한 것보다는 정말 아름다운 것을 좋아하도록 가르치는 일이 불가능한 일은 아니라는 점에도 동의해야 한다. 예를 들어 사람들을 아주 일찍부터 국가단체와 맺는 관계를 통해서가 아니라면 자기 자신을 고려하지 않게끔, 말하자면 그들의 존재 방식을 오로지 국가의 존재 방식의 일부로만 알게끔 훈련시킨다면 그들은 결국 어떻게 본다면 저 가장 큰 전체와 자신을 동일시하고, 자신을 조국의 구성원으로 느끼고, 외따로 사는 사람이 제 자신에게 갖는 그런 섬세한 감정으로 조국을 사랑하고, 그들의 마음을 저 위대한 대상에 이르도록 끊임없이 고양하고, 마침내 우리가 모든 악의 원인이 되는 위험한 성향으로 가진 것을 숭고한 미덕으로 변화시킬 수 있게 된다.[69] 철학은 이런 새로운 방향을 취하는 일이 가능함을 보여 주고, 역사는 수만 가지 명백한 예를 제공한다. 그런 사례들을 우리에게서 찾아보기 어렵다면 시민들이 존재한다는 것에 신경 쓰는 사람이 전혀 없고, 그들을 일찌감치 시민으로 교육하는 일에는 훨씬 덜 신경을 쓰기 때문이다. 우리가 자연적으로 갖는 성향이 일

---

[69] "시민들이 그것[조국]에서 자기들의 고유한 존재에 가치를 부여할 수 있는 모든 것, 즉 현명한 법이며, 소박한 풍속이며, 생존에 필요한 것, 평화, 자유, 다른 인민에 대한 존중과 같은 것을 끌어낸다면, 그들은 너무도 다정한 어머니인 조국을 위해 뜨겁게 헌신하게 될 것이다. 시민들은 조국과 관련된 삶만이 진정한 삶이며, 조국에 봉사하는 것이 진정한 행복이라고 생각할 것이다. 그리고 필요시 조국을 지키기 위해 영광스럽게 그들의 피를 흘리는 것을 선행을 행하는 일로 생각할 것이다"(『정치 단편들』, OC III, p. 536).

단 방향을 잡고, 습관이 이기심과 결합해 버렸다면 그 성향을 바꿀 시기는 이제 놓친 것이고, 일단 우리 마음속에 '인간의 자아'le moi humain가 농축되어서 미덕이란 미덕을 모두 빨아들여 편협한 사람들처럼 살게 만드는 저 비열한 활동이 생기게 되면 거기서 빠져나올 수 있을 때는 이미 지나가 버린 것이다. 조국애를 말려 죽이는 수많은 다른 정념들 가운데에서 어떻게 조국애의 싹을 틔울 수 있을까? 이미 마음에 탐욕, 치정, 허영만이 가득한 동포들에게 무엇이 남아 있을까?

인생의 첫 순간부터 어떻게 사는 것이 훌륭한 삶인지 배워야 한다. 우리는 태어날 때 시민의 권리를 갖고 태어나므로 우리가 태어나는 순간이 의무를 수행하는 첫 순간이어야 한다. 성년盛年이 지켜야 할 법이 있다면 타인에게 복종하는 것을 가르치는 유년의 법도 있어야 하지 않겠는가. 각자가 가진 이성을 의무의 유일한 조정자로 둘 수 없기에, 아버지들에게서 보다 국가에 훨씬 더 중요한 사안인 아이들의 교육을 아버지들의 지식과 편견에 그만큼 덜 맡겨야 한다. 자연의 추이에 따라 아버지는 결국 죽게 되니 흔히 교육의 성과를 보지 못하지만, 국가는 조만간 어떤 성과를 얻었는지 알게 된다. 국가는 남지만 가족은 와해된다. 공적 권위가 아버지의 자리를 대신해서 저 중요한 교육이라는 기능을 담당하여 아버지의 의무를 다하면서 아버지의 권리를 얻는다면 아버지들은 이 점을 불만스러워할 이유가 없다. 이런 점에서 아버지들은 그저 이름만 바꾸는 것일 뿐이고, '아버지'라는 이름으로 아이들에게 개별적으로 행사했던 권위를 시민이라는 이름으로 공유할 수 있고, 자연의 이름으로 말하면서 복종을 받았던 만큼 법의 이름으로 말하면서 복종을 받을 수 있다. 그러므로 공교육은 정부가 정한 규정들을 따르고 주권자가 임명한 행정관의 지도하에서 인민의 정부나 적법한 정부가 갖는 근본적인 한 가지 원리라 하겠다. 아이들이 평등하게, 공동으로 양육되고, 일반의지의 원칙과 국가의 법에 젖고, 그 무엇보다 먼저 법과 일반의지를 지키도록 교육받았다고 생각해 보자. 그 아이들이 그들을 키워 주는 다정한 어머니, 그들에 대한 어머니의 사랑, 어머니로부터 받은 귀중한 재산, 어머니에게 돌려 드려야 할 것을 그들에게 끊임없이 말해 주는 사람들이며 모범들로 둘러싸여 있다고 생각해 보자. 그랬을 때 그들 서로가 형제처럼 아끼고 사랑하고, 사회가 의지意志하는 것만을 의지하게 되고, 궤변론자들의 쓸모없고 비생산적인 객설 대신 시민과 인간의 행동을 실천하고, 언젠가는 그들이 오랫동안 아이로 살았던 조국에서 그들 스스로 아버지들과 수호자들이 되는 법을 배우리라는 점을 믿어 의심치 말도록 하자.

나는 국가가 담당하는 가장 중요한 사안으로서 교육의 책임을 맡은 행정관들에 대해서는 말하지 않겠다. 공적 신임의 표시가 소홀히 주어졌거나, 다른 어떤 직무라도 훌륭히 수행할 수 있었을 사람들에게 이 숭고한 직무가 그들이 수행한 일에 대해 주어지는 대가, 노년의 명예롭고 달콤한 휴식, 모든 영예의 정점이 되지 않았다면, 이 모든 기획은 무익할 것이고, 교육은 성공을 거둘 수 없으리라는 점은 잘 알려져 있다. 교육이 권위로, 교훈이 모범으로 뒷받침되지 않는 곳이라면 어디라도 가르침은 아무런 효과도 낳지 못하고, 미덕조차 미덕을 행하지 않는 사람의 입으로 언급될 때 신망을 잃는다. 결국 월

계관을 써 무거워진 머리로 고개를 숙이는 이름난 전사들이 용기를 가르치고, 법정에서 자줏빛 의복을 입고 머리가 센 청렴한 행정관들이 정의를 가르쳐야 한다. 그럴 때 전사들도, 행정관들도 덕성스러운 후임자를 길러 내고, 대대로 다음 세대들에게 수장의 경험과 재능, 시민의 용기와 미덕, 서로 앞다퉈 조국을 위해 살고 죽고자 하는 열의를 전할 것이다.

나는 과거에 공교육을 실행할 수 있었던 인민은 크레타 사람들, 스파르타 사람들, 고대 페르시아 사람들의 세 민족뿐이었다고 생각한다. 이들은 공교육에서 엄청난 성공을 거두었고, 특히 마지막 두 인민은 이로써 엄청난 성과를 얻었다. 세상이 올바로 통치되기에는 지나치게 큰 국가들로 분할되자, 이 방법을 더는 실행할 수 없게 되었다. 또한 독자가 쉽게 알 만한 다른 이유들도 있었다. 그것 때문에 현대의 어떤 인민도 그렇게 해보려 들지 않았다. 로마 사람들에게 공교육이 없었던 것은 대단히 놀라운 일이다. 하지만 로마의 500년 역사는 누구도 다시 볼 수 있으리라는 희망을 품을 수 없는 기적의 연속이었다. 날 때부터 조국애를 타고났고, 폭정과 폭군이 저지른 죄악을 두려워했으니, 그것으로 로마 사람들은 미덕을 갖게 되었다. 그래서 로마 사람들의 집은 어느 곳 하나 예외 없이 시민을 양성하는 학교나 마찬가지였다. 아버지가 아이들에게 행사하는 무한한 힘은 개별적인 통치la police particulière를 엄격하게 하게 했고, 가정의 법정에서는 사법관들보다 더 두려운 아버지가 풍속의 단속자이자 법의 징벌자였다.[70]

그러므로 주의 깊고 선의를 가진 정부는 끊임없이 인민에게 조국애와 훌륭한 풍속을 유지하거나 강조하는 데 신경을 씀으로써, 시민들이 공화국의 운명에 대해 무관심할 때 이내 나타나고 말 악을 일찍부터 예방하며, 사적 이익을 엄격히 제한한다. 사적 이익이 강조되면 개별자들은 각자 고립되고 그들이 가진 힘으로 인해 국가의 힘은 약화되고 그들의 선의로부터 아무것도 기대하지 못하게 된다. 인민이 조국을 사랑하고 법을 지키고 검소하게 살아가는 곳 어디에서나 그 인민을 행복하게 만들기 위해 할 일은 남아 있지 않다. 개별자들의 운명이 재화에 좌우되는 것보다 공공 행정이 재화에 덜 좌우될 때 지혜와 행복은 멀리 있지 않고 하나가 되기도 한다.[71]

---

70) "로마공화정이 그랬듯이 풍속이 법을 넘어서는 국가에서 가장의 권위는 지나치게 절대적일 수는 없을 테지만, 스파르타에서처럼 법이 풍속의 근원이 되는 곳이라면 어디나 사적 권위는 공적 권위에 너무도 종속된 나머지 가정에서 아버지가 명령하듯이 공화국도 가장에게 명령한다. 이 원칙은 『법의 정신』의 원칙과는 상반된 결론을 제공하지만 내게 이론의 여지가 없는 것처럼 보인다"(『정치 단편들』, OC III, p. 488).

　　몽테스키외는 『법의 정신』에서 "부권도 미풍양속을 유지하는 데 매우 유용하다. 우리는 공화정체가 다른 정체만큼 강력한 억제력을 갖지 못한다고 말했다. 그러므로 법이 이 같은 결함을 보충하려고 애써야만 한다. 법은 부권을 통해 그렇게 해야 한다. 로마에서는 아버지가 자식을 죽이고 살릴 수 있는 권한을 가지고 있었다. 스파르타에서는 아버지가 다른 사람의 자식에게도 벌을 줄 수 있는 권한을 갖고 있었다"(『법의 정신』, 5권 7장, Œuvres complètes, t. II, p. 283)고 썼다.

71) 로베르 드라테가 편집한 플레이아드 전집 3권에는 초고에 들어 있었지만 삭제된 부분들을 『정치 단편들』이라는 표제하에 모아 두었다. 그 중에 2절과 3절을 이어 주는 용도로 썼다고 추측되지만, 결국 앞 내용의 요약이 되어 삭제된 부분이 다음과 같다. "내가 주권이 아니라 정부에 대해 말해야 하고, 더욱이 모든 것에 적용할 수 있는 일반적인 규칙

Ⅲ. 시민들을 갖고 이들을 보호하는 것만으로는 충분하지 않고, 그들에게 생계 또한 마련해 주어야 한다. 공공의 필요를 충족해 주는 일이야말로 일반의지가 뚜렷이 실행된 것이며, 이것이 정부가 수행해야 할 세 번째 의무이다.[72] 우리가 잘 예상할 수 있듯이 이 의무는 개별자들의 곳간[庫間]을 채우고 그들의 노동을 면제하는 일이 아니라 풍요를 그들의 손에 잡힐 수 있는 곳에 둠으로써, 노동을 해야 풍요를 얻고, 풍요를 얻는 데 노동이 쓸모없지 않도록 해야 한다. 이 의무의 범위는 국고 관리를 위한 활동과 공공 행정에 들어가는 비용까

을 언급하는 것으로 그쳐야 했으므로, 나는 올바른 법을 상정하는 것으로 시작했다. 법은 어떤 개별적인 이득으로도 명령될 수 없고, 그러므로 국가단체가 만들어 낸 작업일 수밖에 없을 것이다. 내 주장은 그 법이 정확히 준수되어야 하고, 수장들은 자기들의 이득을 위해 인민과 마찬가지로 법에 복종해야 한다는 것이었다. 그리고 나는 오직 풍속과 조국애를 통해서만 이에 이를 수 있음을 보여 주었고, 풍속과 조국애를 얻는 방법에 대해서 말했다. 나는 이제 다음과 같이 결론 내릴 수 있다고 믿는다. 조국애가 모든 것을 보충하기 때문에 이 모든 규칙들이 실천 가능하고 만족스러운 것이 되므로 그 규칙들을 통해서 우리보다 더 완전한 인류를 반드시 생각해 보지 않고도 한 자유로운 인민을 무난히 잘 통치하는 것이 불가능하지 않다는 것이다. 누군가 로마인들과 스파르타인들은 우리와 다른 본성을 가졌던 것이 아니냐고 주장하더라도 말이다. 이상이 내가 공공 경제의 본 분야에 대해 말해야 했던 전부이다. 이제 재산 관리의 주제에 대해 말할 차례이다"(『정치 단편들』, OC Ⅲ, p. 487).

72) "이 원칙이 사실이라면, 그 원칙으로부터 인간의 근면에서 비롯하는 모든 것에서 노동을 단축하고, 노동력을 아끼고, 수고를 덜어 같은 결과를 산출할 수 있는 모든 고안이며, 모든 기계를 제거해야 한다는 결론이 도출된다"(『정치 단편들』, OC Ⅲ, p. 525).

지 확장된다. 일반 '경제'를 개인들을 통치하는 일과 관련해서 말했으니, 이제는 이를 재산을 관리하는 일과 관련해서 말할 차례이다.

이 분야에도 앞에서 말한 분야처럼 해결하기 어려운 난점들과 제거해야 할 모순이 많다. 소유권이 시민이 가진 모든 권리 가운데 가장 신성하며, 어떤 관점으로 보면 자유 이상으로 중요하다는 점이 확실하다. 소유권과 생명의 보존이 밀접한 관계를 갖기 때문이거나, 재산이 인격보다 쉽게 침탈될 수 있고 지키기 어려운 것이라 사람들은 쉽게 빼앗길 수 있는 것을 더 중요시하기 때문이거나, 소유권이야말로 시민사회의 진정한 토대이자 시민들이 약속을 수행하리라는 실질적인 보증이 되기 때문이거나일 것이다.[73] 재산이 인격의 보증이

---

73) 로베르 드라테는 플레이아드 판 전집의 한 주석에서 루소가 푸펜도르프를 거론하는 『인간 불평등 기원론』 2부의 한 부분에 "더욱이 소유권이란 인간의 제도와 합의에서 나온 것에 불과하므로 누구든 자기 뜻대로 자기 소유의 것을 처분할 수 있다. 그러나 자연이 기본적으로 준 생명과 자유와 같은 선물의 경우는 사정이 다르다. 누구나 생명과 자유를 향유할 권리가 있지만 이를 포기할 권리가 있는지는 참으로 의심스럽다. 자유를 빼앗는다면 그의 존재는 타락하기에 이르고, 생명을 빼앗는다면 그의 존재의 모든 것은 파괴되어 버린다"(OC III, p. 184; 장 자크 루소, 『인간 불평등 기원론』, 이충훈 옮김, 도서출판 b, 2020, 137쪽)고 쓴 부분과 『정치경제론』의 이 부분이 모순되어 보인다는 점을 조심스럽게 지적한다. 이후 루소는 『사회계약론』 1권 1장에서 "사회질서는 다른 모든 권리의 기초가 되는 신성한 권리다. 그런데 이 권리는 자연에서 유래하지 않고, 따라서 합의에 근거를 둔다"(『사회계약론』, 김영욱 옮김, 11쪽)고 썼고, 1권 9장에서는 개별자들의 재산이 [국가에 대해] "그들이 약속을 지킬 것이라는 보증이 된다"(같은 책, 33쪽)는 데 동의

못 된다면 의무를 슬쩍 피하고 법을 무시하는 것만큼 쉬운 일이 없을 것이다. 다른 한편 국가와 정부를 유지하는 데 비용이 들고 지출이 생길 수밖에 없다는 점이 확실하다. 이 목적을 인정하는 누구라도 수단을 가릴 수 없다. 그래서 사회의 구성원들은 각자 비용을 대어 사회를 유지해야 한다. 더욱이 한편으로는 다른 사람의 소유권을 침해하는 일 없이 개별자들의 소유권을 보장하기 어렵고, 상속 순위, 유언, 계약과 관련된 규정치고 재산 처분과 소유권 행사에 대한 문제들에서 시민들에게 불편이 되지 않기란 불가능하다.

그런데 내가 앞에서 법의 권위와 시민의 자유 사이에 유지되는 합의에 대해 말했지만, 그것 외에도 재산 처분에 관한 중요한 지적 하나를 해야겠다. 이것으로 난점들이 해결될 것이다. 푸펜도르프가 보여 주었듯이, 소유권의 본성상 소유권은 소유권자가 생존하는 동안만 지속되며, 소유권자가 사망하는 즉시 그의 재산은 더는 그에게 귀속되지 않는다.[74] 그래서 소유권자가 재산을 처분할 수 있는 조건을 규정하는 일은 겉으로 보기에는 그의 권리를 해치는 것으로 보이겠지만 실

한다. 드라테는 소유권에 대한 루소의 일견 상반되어 보이는 주장에 대해 그의 입장을 보류하면서, 이 부분에서 루소가 "부분적으로" 로크의 『통치론』을 수용하고 있다고 결론 내린다.

[74] "소유권의 대상이 된 사물은 인간이 살아 있는 동안만 인간에게 소용되고, 죽음은 이 세상의 일에는 더는 관여하지 않는다. 소유권의 설립이 소유자가 죽을 때 자기가 남긴 재산을 상속하기 위해 임의의 누군가를 선택할 수 있는 권리를 부여하는 데까지 확장되어서는 안 된다"(Samuel Pufendorf, *Le Droit de la nature et des gens*, t. I, 4권 10장 §4, pp. 567, 568).

제로는 결국 그의 권리를 확장하는 일이 된다.

일반적으로 개별자들이 재산 처분에 관해 갖는 권리를 정하는 법 제도가 주권자의 권한이기는 하지만 정부가 이를 실제로 적용할 때 따라야 하는 법의 정신은 가족의 재산이 아버지에서 아들로, 친척에서 친척으로 옮겨 가야 하고, 이 과정에서 상실이 발생하더라도 가능한 한 최소 범위에 그쳐야 한다는 것이다. 재산 상속이 아이들에게 유리하게 되어 있는 데에는 명백한 이유가 있다. 아버지가 아이들에게 아무것도 남기지 않았다면 아이들에게 소유권이란 있으나 마나 한 것이다. 더욱이 아버지의 재산 취득에 아이들의 노동이 관여되었다면 아이들의 권리는 아버지의 소유권과 결합되어 있다. 그런데 직접적이지는 않아도 중요성이 덜하지 않은 다른 이유가 있다. 시민들이 끊임없이 신분과 재산의 변동을 겪는 것 이상으로 공화국과 풍속에 해로운 것이 없다. 이런 변동이 있다는 것은 수많은 난맥亂脈의 원천이자 증거인 것으로, 모든 것을 뒤집어엎고 혼란에 빠뜨린다. 한 가지 일을 위해 교육받은 사람들이 다른 일을 맡아야 하므로, 신분이 높아지는 사람도, 신분이 낮아지는 사람도, 그들의 새로운 신분에 맞는 원칙도 지식도 갖출 수 없고, 의무를 수행하기란 훨씬 더 어려운 일일 수밖에 없다. 이제 공공 재정의 주제로 넘어가겠다.

인민이 직접 통치를 하고, 국가 행정과 시민을 매개하는 장치가 전혀 없다면, 필요시 비용을 분담하기만 하면 될 것이다. 물론 이때 분담금은 공공의 필요와 개별자들의 능력에 비례해야 한다. 모든 사람이 분담금이 징수되어 쓰이는 과정을 투명하게 볼 수 있다면, 운용 시 사기도 유용流用도 생길 수 없을 것이다. 국가는 부채를 짊어질 일이 없고, 인민은 조세 부담에 시달릴 일이 없을 것이다. 적어도 분담금이 잘못 사용되는 일은 없으리라고 확신할 수는 있을 테니 조세 부담이 크더라도 참아 볼 만할 것이다. 그런데 이런 식으로 일이 진행되지는 않을 것이다. 아무리 작은 국가라 하더라도 시민사회가 모든 구성원이 통치하기에는 언제나 지나치게 클 테니 공공 자금은 수장들의 손을 거칠 수밖에 없다. 그런데 이들은 국가의 이익만 생각하는 것이 아니라 자기들의 개별 이득을 챙기기 마련인데 이것으로 끝난 것이 아니다. 인민은 수장들이 공공의 필요보다는 자기들의 탐욕을 채웠고 엄청난 지출이 이루어졌음을 알게 된 이상 타인의 잉여를 채워 주느라 정작 자신은 필요한 것을 갖추지 못했음을 알게 되어 불평하지 않을 수 없다. 인민이 이런 책략들을 깨닫고 한번 격화되고 나면 그다음에는 아무리 행정을 공평무사하게 집행할지라도 신뢰 회복은 요원한 일이다. 그래서 분담금을 자발적으로 낸대도 그것으로 이루어지는 것이 전혀 없게 되고, 강제로 낸다면 그것은 적법하지 않은 것이다. 그래서 공정하고 현명한 '경제'의 어려움은 국가가 망하게 그대로 두느냐, 국가의 근간이 되는 신성한 소유권을 침해하느냐의 끔찍한 양자택일에 있다.

공화국을 창설한 자가 법을 제정한 뒤 제일 먼저 해야 할 일은 행정관과 다른 관리들을 부양하고, 공공 지출을 가능케 하는 충분한 자금을 마련하는 일이다. 이 자금을 일컬어, 돈과 관련되었을 때는 '아에라리움'aerarium[75] 혹은 '조세'라고 하고, 토지와 관련되었을 때는 '공유지'domaine public라고 한다.[76]

조세보다 공유지가 훨씬 선호되는 이유는 쉽게 찾을 수 있다. 누구라도 이 주제를 충분히 생각해 봤다면 공유지를 국가가 필요로 하는 것을 마련하는 모든 수단 가운데 가장 정직하고 가장 확실한 것으로 봤던 보댕의 의견[77]에 동의할 수밖에 없을 것이다. 로물루스가 토지 분배에서 처음으로 신경 쓴 일이

[75] 장 보댕은 군주정체의 금고와 민주정체의 금고를 구분하면서, 군주는 "자신의 세습 재산을 위한 특별 금고와 공공 재원을 보관하기 위해 자신에게 허용된 공공 금고를 가질 수 있"는데, 이 "공공 금고를 옛날 사람들은 아에라리움으로, 특별 금고는 피스쿠스fiscus라고 불렀으며, 법률로 서로를 구별하였다. 하지만 이런 일은 민주정체나 귀족정체에서는 있을 수 없다"(장 보댕, 『국가에 관한 6권의 책 6』, 나정원 옮김, 아카넷, 2013, 62, 63쪽)고 썼다.

[76] "로마인들은 두 가지 본성의 국고를 구분했다. 알리아 레푸블리카에alia reipublicae와 알리아 프린키피스alia principis가 그것으로 공적인 것과 사적인 것을 분리한 것이다. 사적인 것은 황제에게만 속한 것으로 공적인 것과 전혀 달라서 이를 관리하는 직무를 맡은 담당관이 서로 달랐다."

"프랑스에서도 국왕의 첫 두 가문에서 동일한 구분이 있었다. 공유지le domaine public는 국왕 부속 소유지, 화폐나 농산물, 현물로 지불 가능한 연공年貢 또는 실질 세금, 상인들에게 거두는 통행세, 벌금으로 구성된다. …… 사유지le domaine privé는 국왕 개인의 세습 자산을 말한다"(드 조쿠르, 「왕령」王領, domaine de la couronne 항목, ENC V, p. 22).

[77] 보댕은 국가가 확실하고 지속적인 재정의 토대를 구축하고 보장할 일곱 가지 방법을 제시하는데 "첫째, 국가의 영지, 둘째는 적들에 대한 정복, 셋째는 친구들의 기부, 넷째는 동맹자들의 연금과 조공, 다섯째는 거래, 여섯째는 상품을 가져오고 가져가는 상인, 일곱 번째는 백성들의 세금"이고, 이 중 "영지는 모든 방법들 가운데 가장 정직하고 확실한 방법"(장 보댕, 『국가에 관한 6권의 책 6』, 55쪽)이라고 말했다.

토지의 3분의 1을 이 용도로 지정한 것이라는 사실은 주목할 만하다. 공유지를 잘못 관리했을 때 전혀 소출이 없게 되는 일이 불가능한 일이 아님을 나도 인정한다. 그러나 공유지가 본성상 항상 잘못 관리될 수밖에 없는 것은 아니다.[78]

이 토지는 사용에 앞서, 인민을 소집하거나 나라의 모든 신분을 소집해서 승인하거나 수용收用토록 하고, 그다음에 토지의 용도를 결정한다. 이런 정식 절차를 밟아야 토지는 양도할 수 없는 것이 되고, 말하자면 본성을 바꾸게 된다. 그래야 여기서 나오는 수입은 신성한 성격을 갖추게 되어, 조금이라도 정해진 용도와 달리 유용하는 일이 생길 때 이는 가장 파렴치한 절도임은 물론 대역죄를 짓는 일이기까지 하다. 재무관이었던 카토가 얼마나 청렴했는지가 주목의 대상이 되고, 어떤 황제가 재능 있는 가수에게 보상으로 몇 에퀴를 주면서 그 돈이 국고에서 나온 것이 아니라 자기 가문에서 나온 것이라는 말을 덧붙여야 했던 일들은 로마에 대단한 불명예였다. 그런데 로마 황제 갈바 같은 사람도 없는데 카토 같은 사람을 도대체 어디에서 찾는단 말인가. 그리고 일단 악덕을 저질러

78) "하지만 어떻게 하더라도 절도와 강도는 관계가 바뀌면 본성도 바뀐다. 범인凡人들은 그런 범죄를 저지르는 사람을 욕보이고, 목매달고, 거열형車裂刑에 처한다. 세도가들은 처벌받지 않으리라고 확신하고 결국 영광에 이른다.

어떤 고장에서는 공유지에 더는 아무런 소출이 없다. 이런 일은 공공의 도적질을 일삼는 직무가 하도 명예로워지다 보니 국가의 신사들이 이 자리를 의젓이 지키고 예전에 절도라고 불렸던 것을 자랑스럽게 자기들의 권리라고 부를 때 생긴다"(『정치 단편들』, OC III, p. 559).

도 그것이 수치스러운 것이 아니게 된다면, 사람들의 빈축을 사면서 아무 쓸모도 없이 국고를 탕진하고선 이를 국가의 영광이라고 하고, 자기 권위를 높이는 수단을 마련하고선 이를 국력의 확장이라고 주장들을 하는데도, 자기 재량에 맡겨졌던 국가 수입에도 손대지 않으려 하고, 제 자신을 속이지 않을 만큼 양심적이었던 수장들은 뭐가 될 것인가? 무엇보다 국가 행정의 이 미묘한 부분이야말로 미덕만이 가장 효과적인 수단이고, 행정관의 청렴이 탐욕을 자제하는 유일한 규제책이다. 재무관의 회계와 장부를 들춰 본들 부정不貞은 드러나기보다 오히려 감춰진다. 아무리 신중을 기해도 새로 주의를 기울일 일들이 생기는데 이런 일보다 사기를 쳐서 이를 회피하는 것이 언제나 더 빠르게 이루어지기 마련이다. 그러니 장부와 서류는 내려놓고 재정을 정직한 사람들의 손에 맡겨 보시라. 그것이 아니고선 재정을 건전히 운용할 방법은 없다.

일단 공적 자산이 확보되면 국가의 수장은 법적으로 자산의 관리자가 된다. 자산의 관리가 통치의 한 부분이며, 항상 같은 정도는 아니더라도 중요성은 한결같다. [자산] 관리의 영향력은 통치의 다른 부분들의 영향이 감소함에 비례하여 증가한다. 정부의 중추가 돈 이외의 다른 것이 아닐 때 정부의 부패가 극에 다다랐다고 말할 수 있다. 그런데 정부란 끊임없이 이완되므로, 이런 이유만 봐도 조세수입이 계속 증가하지 않을 때 왜 국가의 존속도 불가능한지 설명할 수 있다.

조세수입의 증가가 필요하다는 생각이 처음으로 들었다면 그것은 국가 내부에 혼란이 생겼다는 최초의 징후이다. 현명한 행정가라면 당면한 필요를 갖추기 위해 돈을 마련하려 할 때도 왜 이런 새로운 필요가 생겼는지 멀리 내다보면서 원인을 찾는 일을 잊지 않을 것이다. 이는 바다를 항해하는 선원이 배에 물이 들어오는 것을 보고 펌프를 작동시키면서도 물이 들어오는 곳을 찾아 막는 일을 잊지 않는 것과 같다.

재정 관리의 가장 중요한 원칙이 바로 위의 규칙에서 나온다. 그것은 수입을 증가시키는 것 이상으로 필요를 예측하는 데 더 많은 노력을 기울여야 한다는 것이다. 아무리 신속하게 구제한다 해도 재난이 일어난 다음의 일인 데다가 그 속도는 더욱 느리므로 국가는 항상 어려움에 처하게 된다. 한 가지 불편을 개선할 생각을 하자마자 다른 불편이 벌써 뚜렷이 나타나고, 아무리 방책을 세워 본들 다시 새로운 불편이 생겨난다. 그래서 결국 국가는 빚더미에 오르고 인민은 억압받고 정부의 힘은 약화되어 엄청난 돈을 들여도 개선은 요원한 일이 된다. 내 생각에 고대 정부들이 기적이나 다름없는 일을 할 수 있었던 것은 바로 이런 대원칙을 올바로 세워 놓았기 때문인 것 같다. 현대의 정부들이 국고를 쏟아부어 이루는 일 이상을 고대의 정부들은 검약을 통해 이뤄 냈던 것이다. 아마 이런 까닭에 '경제'라는 말의 일반적인 의미가 생기지 않았나 한다. 갖지 않은 것을 얻을 수 있는 수단을 가리킨다기보다는 갖고 있는 것을 현명하게 운용한다는 의미로 말이다.

공유지는 그것을 관리하는 사람들의 청렴도에 비례하여 국가의 수입이 되지만, 이와는 별개로 특히 재정이 적법한 수단을 통해서만 관리될 때 재정 관리 일반이 갖는 힘을 속속들이 알았다면 수장들이 개별자들의 재산에는 전혀 손대는 일 없이 공공의 필요를 미리 내다보는 방편들이 있다는 점에 모

두 놀라고 말 것이다. 국가 교역 전반을 주관하는 수장들에게
는 자기들이 교역에 전혀 개입하지 않는 것처럼 보이게 하면
서도 교역을 통해 필요한 모든 것을 갖추도록 운영하는 일만
큼 쉬운 일은 없다. 물자, 돈, 상품을 시점과 지역에 따라 정
확한 비율로 분배하는 일이야말로 재정 운용의 진정한 비결
이자 부의 원천이다. 그러기 위해서는 부를 관리하는 사람들
이 더 멀리 전망하여, 당장에는 필경 손실이 될 것 같지만 먼
미래에는 실질적으로 엄청난 이익을 가져오도록 할 줄 알아
야겠다. 어떤 정부가 관세를 거둬들이는 것이 아니라 반대로
관세를 물면서 풍년에 밀을 수출하고, 또 흉년에 밀을 수입
한다는 점을 알아도, 직접 그런 일이 있는지 보지 않고서는
사실이라고 생각하기 어렵다. 과거에 그런 일이 있었더라도
허황한 소설 같은 일이라고 생각할 것이다. 흉년에 식량난이
일어나는 것을 막기 위해 공공 창고를 세우자는 주장을 한다
고 가정해 보자. 공공 창고는 대단히 필요한 것이지만 이를 구
실 삼아 없던 세금을 매기지 않을 나라가 몇 나라나 될 것인
가?[79] 제네바에서는 올바른 행정을 통해 이들 창고를 세우고

79) 루소는 마을에서 필요에 따라 독자적으로 건설한 창고들에 오히려
무거운 세금을 매긴 사례로서 제노바의 경우를 언급한다. "나는 지역
간 상품 교역을 금지하고 숱한 방법으로 훼방한 제노바 총독 치하에서
마을들이 교역에 유리하고 교역이 허가된 시점까지 기다릴 목적으로
밀과 포도주 및 기름 창고를 만들었으며, 제노바 관리들은 이 창고들
을 온갖 가증스러운 독점의 계기로 삼았음을 알고 있다"(『코르시카 헌법
구상』*Porjet De Constitution Pour La Corse*, OC III, p. 923).

유지했다. 그 결과 흉년이 닥쳤을 때 공공으로 이용하는 자원이 되고, 매년 국가의 주요 수입이 되고 있다. '먹이고 살찌우자'Alit et ditat는 문구가 창고 건물 정면에 적혀 있다. 정말 아름답고도 정의로운 말이 아닌가. 나는 여기서 훌륭한 정부가 운용하는 경제체제를 제시해 볼 생각으로 제네바 공화국의 경제체제를 여러 번 참조해 보았다. 모든 나라에 퍼지기를 기대하는 지혜와 행복의 사례를 내 조국에서 찾는 것만큼 행복한 일이 어디 있겠는가.

한 국가의 필요가 어떻게 증가하는지 검토한다면 대개 개별자들의 경우와 거의 마찬가지임을 알게 된다. 실질적인 필요가 증가했다기보다는 불필요한 욕망이 증가한 까닭이다. 또 세수 증대를 구실로 지출을 늘렸을 뿐임을 알게 된다. 그래서 간혹 국가는 부유해지지 않는 것으로 이득을 보게 될 것이고, 명목상의 부가 결국 빈곤 자체보다 더 비경제적일 수도 있게 된다. 사실 인민들에게 한 손으로는 주고 다른 손으로는 뺏는 식으로 그들을 더 단단한 종속관계에 묶어 놓고 싶어 할 수도 있다. 요셉이 이집트인들에게 이용한 정책이 바로 이것이다.[80] 그러나 이런 헛된 궤변은 결국 국가에 더욱 해롭다.

---

80) "나는 국가가 빈곤해지기를 바라기는커녕 반대로 국가가 모든 것을 갖고, 각자는 오직 국가에 봉사한 것에 비례해서 공동 재산 중에서 자기 몫을 갖기를 바란다. 요셉은 이집트 왕에게 이집트인들의 모든 재산을 얻게 해주었는데 지나치게 많이 얻어 주었거나 적게 얻어 주었던 것이 아니라면 그것은 올바른 일일 수 있었다"(『코르시카 헌법 구상』, OC III, p. 931).

돈은 한번 손에서 벗어나면 다시 들어오지 않으며, 그래서 그런 원리를 사용하게 되면 유용한 사람들에게 빼앗아 게으른 사람들을 부자로 만들게 된다.

정복을 좋아한다면 이것이 가장 분명하고 가장 위험한 조세 증가의 원인이 된다. 정복욕은 공언되는 것과는 다른 야심 때문에 생기곤 하는데 항상 보이는 그대로인 것은 아니라서, 겉으로는 국가의 영토 확장을 진정한 목적으로 한다지만 그 밑에 다른 목적을 숨기곤 한다. 군대를 키우고, 시민들이 전쟁 이야기만 하게 하면서 다른 데 정신을 팔게 함으로써 내부적으로 수장의 권위를 키우고자 하는 것이다.

적어도 분명한 것은 정복에 나서는 인민들만큼 억압받고 빈곤한 인민이 없다는 것이고, 그 인민들이 정복에 성공했을 때조차 빈곤은 계속 증가한다는 사실이다. 이 점을 역사에서 배우지 않았다 해도 이성적으로 생각만 하면 국가가 커질수록 비용은 이에 비례하여 증가하고 부담도 커진다는 점은 명약관화하다. 지방은 일반 행정을 부담하여 분담금을 내고, 이외에도 자기 관할 지역을 위해서도 분담금을 내야 하는 것이다. 그 지방이 독립했더라면 그때 들어갔을 비용과 같은 비용을 말이다. 여기에 모든 자산이 생기는 곳 따로, 소비되는 곳 따로라는 점을 추가하자. 이렇게 되면 생산과 소비의 균형은 바로 깨지고 도시 하나를 부유하게 하려고 수많은 지방이 가난해진다.

공적 필요가 증가하게 되는 다른 원천도 있는데 앞의 것과 관련이 있다. 시민들이 공동의 목적을 위해 수행해야 하는 의무가 자기들에게 더는 이득이 되지 않는다고 보고, 조국을 더는 지키지 않게 될 때가 올 수 있다. 그때 행정관들은 자유로운 인민이 아니라 돈이면 뭐든지 하는 용병들을 쓰는 것이 낫겠다고 생각하게 된다. 그저 용병들을 적재적소에 고용해 자유로운 인민을 더 잘 억압하기 위한 목적이기도 하지만 말이다. 로마공화정 말기와 제정 시대 로마가 그랬다. 초기 로마 사람들이 거둔 승리는 모두 알렉산드로스대왕의 승리와 마찬가지로 유사시 조국을 위해 피를 바칠 줄 알았던 용맹한 시민들이 싸운 덕이었다. 그들은 자기 피를 결코 돈 따위에 팔았던 자들이 아니었다. 집정관 마리우스는 북아프리카 누미디아의 왕 유구르타와 전투를 치를 때 처음으로 해방된 노예, 뜨내기들, 용병들을 끌어들여 군단의 명예를 실추했던 자이다. 인민을 행복하게 만들어야 하는 임무를 띤 자들이 인민의 적, 폭군이 되어 직업군인 군단을 만들었다. 겉으로는 외국 군대를 억압하겠다는 목적이었지만 사실은 주민을 억압하기 위한 것이었다. 이 군단을 만들려면 토지에서 경작하던 농민들을 데려와야 했다. 경작할 사람이 부족해지자 물자의 품질이 떨어졌다. 품질을 유지하려고 세금을 새로 부과했고, 그러자 물자의 값이 뛰었다. 처음에 혼란이 생기자 인민들은 불평하기 시작했다. 그들을 억압하려면 군사를 늘려야 했고, 그러자 빈곤이 심화되었다. 실망이 커지자 빈곤으로 인한 결과를 막아 보려 했지만 어쩔 수 없이 실망이 더 깊어지는 것을 바라볼 수밖에 없었다. 다른 한편 몸값에 따라 평가되었던 용병들은 예전에 그들을 보호해 주었던 법이며, 그들이 먹을 빵을 주었던 형제들은 무시하면서, 전락해 버린 그들의 처지는 오히려 자랑스러워했다. 그래서 로마를 수호하는 것보다 카이사르의

심복이 되는 것이 더욱 영예로운 일이라고 생각했다. 그들은 맹목적으로 복종을 다짐하고, 국가의 명령에 따라 동포의 가슴을 겨냥해 단도를 치켜들고 신호만 떨어지면 바로 목을 조를 준비가 되어 있었다. 로마제국을 멸망으로 이끌었던 한 가지 원인이 바로 이것임을 알기란 정말 쉬운 일이리라.

포병대와 축성築城술이 고안되면서 오늘날 유럽의 군주치고 자기 자리를 보전하기 위해 직업군인 군단을 만들지 않는 이가 없게 되었다. 동기야 더욱 적법한 것이 되었지만 그 결과는 위험하지 않을까 걱정스럽다. 군대와 주둔지를 만들려면 농촌에서 남자들을 빼올 수밖에 없지 않은가. 병력을 유지하려면 인민을 억압하지 않을 수 없다. 최근에 유럽 지역에서 이런 위험천만한 직업군인 군단 창설이 가속화되고 있기에 곧 유럽 인구 감소와 유럽 인민들의 몰락이 훤히 내다보인다.

어떻건 이렇게 마련된 제도들이 공유지가 국가의 주요 수입원이 되는 실질적 경제 체계를 필연적으로 무너뜨리며, 보조금과 조세[81]라는 유감스러운 방편만을 남기게 된다는 점을

---

81) "조세les impots수입이라는 것은 본성상 대부분이 그 수입을 거두는 손으로 들어가기 마련이므로 인민은 절약해서 부자가 되는 대신 가난해지고 만다. 그러므로 항상 좋은 점보다는 나쁜 점이 더 많이 생긴다."

"영국은 오랫동안 부자들의 지갑에서 돈을 빌려오고 가난한 자들의 지갑에서 조세를 걷었으니 결국 부채를 조세로 갚다가 파산에 처하게 되었다"(『정치 단편들』, OC III, p. 526).

"세수가 훨씬 줄어들 것이 분명하더라도, 세금 징수는 국가가 직접 하도록 맡겨 두자. 세금을 징수하는 일을 직업으로 만들지 말도록 하자. 세금 징수를 청부하는 것과 같은 부조리가 생길 것이니 말이다. 제정

보지 않으면 안 된다. 나는 이 점에 대해 말하고자 한다.

여기서 사회계약의 기초는 소유권이며, 사회계약이 체결되는 첫 번째 조건은 각자 자신이 가진 것을 평온히 누릴 수 있는 상태를 유지하는 것임을 다시 한번 상기해 보자. 각자 동일한 계약을 체결했으니 이로써 적어도 암묵적으로나마 공공의 필요를 마련하기 위해 분담금을 내야 한다는 점이 사실이다. 그런데 이런 약속이 근본법에 해가 될 수 없고, 납세자들이 이런 필요가 분명하다는 점을 안다고 가정할 때, 분담금이 적법한 것이 되려면 개별의지에 따라서가 아니라, 자발적으로 내야 한다는 점을 알 수 있다. 마치 시민 각자의 동의가 필요했고, 연맹의 정신에는 직접적으로 반反하는 일이겠지만 시민 각자 자기 좋은 만큼만 분담해야 했던 것처럼 말이다. 그러니 분담금은 일반의지를 따르고, 다수결을 따르고, 과세기준을 정할 때 자의적인 것이 전혀 개입하지 않도록 비례세율표를 따라야 한다.

조세의 책정이 인민의 동의 혹은 인민의 대표들의 동의가 있어야만 가능하다는 이 진리는 일반적으로 정치법 분야에 명성이 상당한 철학자들과 법학자들이 인정하는 것이다. 여기서 보댕도 빼놓을 수 없다. 어떤 사람들이 겉보기에 완전히 반대의 원리를 수립한 것이 사실이라고 해도, 그들이 그런 원

제도를 가장 해롭게 만드는 것은 징세 청부인을 고용하는 일이다. 어떤 대가를 치르더라도 국가 안에 세리稅吏가 있어서는 안 된다"(『코르시카 헌법 구상』, OC III, p. 934).

리를 주장하게 했던 개별적인 동기가 무엇인지 이해하기란 쉬운 일일뿐더러 여기에 하도 조건을 달고 하도 제약을 가져다 붙여서 결국은 처음 그대로로 귀결하게 된다. 인민이 거부할 수 있는가 혹은 주권자가 요구해서는 안 되는가의 문제는 법적으로는 상관없는 일이고, 여기서 힘이 문제가 된다면 적법한지 아닌지 검토하는 일은 불필요하다.

인민에게 징수하는 조세는 다음의 두 가지이다. 하나는 물세物稅로 물건에 징수하는 것이고, 다른 하나는 인세人稅로 머릿수에 따라 납부하는 것이다. 이 둘을 조세나 출연出捐으로 부르는데, 인민이 자기가 낼 돈의 액수를 직접 정할 때 이를 출연으로, 인민이 모든 생산물에 부과된 세금을 낼 때 이를 조세라고 한다. 『법의 정신』에서는 머릿수에 따라 내는 세금은 예속 상태에 더 적합하고, 물세는 자유에 더 적합하다고 했다.[82] 머릿수에 따라 할당액이 똑같이 매겨진다면 이 지적은 전혀 문제될 것이 없다. 이렇게 세금을 똑같이 내는 것처럼 비례에 맞지 않는 것이 없을 것이다. 그리고 자유의 정신은 무엇보다 비례를 정확히 지키는 데 있다. 그런데 머릿수에 따라 내는 세금은 개별자들의 재산에 정확히 비례한다. 이런 점에서 프랑스에서 인두세人頭稅, capitation라고 부르는 세금은 물세이면서 인세가 된다. 이 세금이 가장 공정하고, 그러니

---

82) "머릿수에 따라 납부하는 세금은 노예 상태에 더 자연스럽고, 상품에 과하는 조세는 자유 상태에 더 자연스러운데, 그것은 상품에 과하는 조세가 사람에게 더 간접적인 방식으로 제시되기 때문이다"(몽테스키외, 『법의 정신』, 13권 14장, Œuvres complètes, t. II, p. 467).

자유로운 사람들에게 가장 적합하다.[83] 우선 이 비례를 지키는 일은 대단히 쉬워 보인다. 이 비례에 대한 정보는 각자 사회에서 갖는 신분과 비례하므로 항상 공개되어 있기 때문이다. 그런데 탐욕, 명망, 사기를 통해 이를 분명히 피해 갈 수 있다는 사실은 제쳐 두고라도, 산정할 때 모든 요소를 일일이 고려하기란 어려운 일이다. 첫 번째로, 양$_量$적 관계를 고려해야 한다. 이 관계에 따르면 다른 조건이 똑같을 때 어떤 이보다 재산이 열 배가 많은 사람은 그 사람보다 열 배 더 많은 세금을 내야 한다. 두 번째로, 용도의 관계, 다시 말하면 없어서는 안 되는 것과 그 초과분을 구분해야 한다. 꼭 필요한 것밖에 갖지 못한 사람에게 세금을 거둬서는 안 된다. 초과분을 가진 사람에게 부여되는 세금은 필요한 경우, 그에게 꼭 필요한 부분을 제외한 초과분까지 부과될 수 있다.[84] 이 경

83) 루소는 『정치경제론』 초고의 해당 부분에서 "물자와 상품에 가해지는 조세 기준이 다양한 조건에서 균형적으로 분배되기란 어렵다. 가난한 사람들이 비례적으로 더욱 상당한 소비를 하게 되는 물자가 있으며, 거의 항상 이러한 물자에 조세를 물리는 것을 선호하기 때문이다"를 생략했다.

　　『백과사전』에 실린 에드메 프랑수아 말레Edmé-François Mallet 신부의 「인두세」capitation 항목을 보면 이는 "모든 부르주아나 도시의 거주민들이 그들의 신분과 능력에 비례하여 납입하는 세금"이라고 정의되어 있다. 타유세la taille는 "농민이나 농촌의 거주민들에게 거두는 세금"으로 귀족은 이 세금을 납부할 의무가 면제되었으므로 인두세와 다르다. 말레 신부는 인두세를 "노동, 산업, 비용, 지위에 비례하여 모든 사람에게 징수되는 조세"로 설명하며, "프랑스에서는 왕족을 비롯한 누구도 이 세금에서 면제되지 않는다"(ENC t. II, p. 632)는 점을 덧붙였다.

우 초과분을 가진 사람은 자기 신분을 고려해 본다면 그것이 신분이 낮은 사람에게는 초과분이 되더라도, 제게는 꼭 필요한 것이 된다고 말할 것이다. 그런데 그의 말은 거짓이다. 정부 요인도 다리가 둘이고 소를 치는 사람도 똑같다. 정부 요인도 배[腹]가 하나고 소를 치는 사람도 똑같다. 더욱이 그가 제게 꼭 필요하다고 주장하는 것이 그의 신분에 전혀 필요한 것이 아니다. 그 사람이 가상嘉尙한 이유로 이를 포기할 수 있었다면 더 큰 존경을 받게 될 것이다. 인민은 국가에 돈이 부족할 때 자기 마차를 팔고 걸어서 각의閣議에 참석하는 장관에게 머리를 숙일 것이다. 셋째, 법은 누구에게도 엄청난 돈을 낭비하도록 규정하지 않으며, 예법은 법에 반反하는 이유가 되지 않는다.

세 번째 관계는 전혀 고려되는 일이 없지만 언제나 제일 먼저 고려해야 하는 것으로, 각자 사회 연맹에서 찾고자 하는 유용성의 관계이다. 이 관계를 통해 가진 자의 엄청난 재산이 엄격히 보호되지만 가난한 자는 그것으로 제 손으로 지은 오두막집을 누릴 권리나 간신히 얻을까 말까이다. 그렇다

---

84) "아테네에서는 시민을 네 계급으로 나누었다. 액체 상태 과일이나 말린 과일 500포대를 얻는 사람은 나라에 1달란트를 바쳤다. 300포대를 얻는 자는 반 달란트를 지불해야 했으며, 200포대를 얻는 사람은 10므나, 즉 1달란트의 6분의 1을 지불하고, 제4계급 사람들은 전혀 지불하지 않았다. 이 과세가 비례에 의한 것은 아니었지만 그래도 공정했다. 즉, 재산의 비례가 아니라 필요의 비례에 따른 것이었다"(몽테스키외, 『법의 정신』, 13권 7장, *Œuvres complètes*, t. II, p. 462).

면 사회의 모든 이득은 모두 강자와 가진 자를 위한 것이 되는 것 아닌가?[85] 돈이 되는 일은 죄다 그들이 맡고 있지 않던가? 면제받고 감면받는 사람들은 죄다 그들이 아니던가? 공적 권위는 전부 그들에게 유리하게 수행되지 않던가? 사회에서 존경을 받는 사람이 채권자들의 돈을 떼먹거나 다른 사기를 치면서도 처벌받는 일이 없을 것임을 확신하지 않는가? 그자가 마구 매질을 하고 폭력을 행사하고 살인에 암살의 죄까지 서슴지 않고 저지른다 해도, 다들 그런 일들을 수습해 주니 반년이 지나면 그런 일[86]이 문제라도 되던가? 반면에 그자가 도둑을 맞기라도 한다면 즉시 경찰이 전부 달려들고 무고한 자들을 용의자로 몰아 불행에 처하게 한다. 그자가 치안이 좋지 않은 지역이라도 지나게 된다면 전부 무리를 지어 호위한다. 가마를 타고 가다 굴대라도 부러지면 그를 구하러 전부 달려든다. 문밖에서 무슨 소리가 들려도 그가 한마디만 하면 모두 입을 다문다. 군중이 몰려 지나가기 불편하다면 그는 그저 손짓 한 번 해준다. 그러면 모두 알아서 비켜선다. 짐수레꾼 하나가 그가 가는 길을 지나간다면 그의 하인들은 당장에라도 그자를 죽일 수도 있다. 한량 같은 놈이 수행원을 데리

---

85) "그렇다면 ……"부터 같은 문단의 "…… 다름없다고 생각한다"까지는 루소의 『대화』(OC I, pp. 922, 923; 장 자크 루소, 『루소, 장 자크를 심판하다 : 대화』, 진인혜 옮김, 책세상, 2012, 335, 336쪽)에 다소 수정을 거쳐 수록된다. 『대화』의 이 부분은 프랑스인이 루소에게 자신이 읽은 루소의 저작을 발췌하여 소개하는 부분이다.

86) 『대화』에서는 "일시적인 소란"으로 고쳤다.

고 가다가 길이라도 막히면 일하러 걸어가고 있는 50명의 정직한 행인을 모조리 마차로 치어 버릴 것이다. 이런 배려를 받고도 그는 돈 한 푼 치르지 않는다. 부의 대가가 아닌 부자의 권리니까 말이다. 그렇지만 가난한 자의 모습은 정말 얼마나 다른가! 인류가 그의 덕을 입을수록 사회는 그에게 문을 닫아건다. 그를 당연히 맞아야 하는데도 그에게 열린 문이 하나 없다. 간혹 정당한 재판을 받는 일은 있지만, 그것은 부자가 사면을 받는 것보다 더 힘든 일이다. 부역에 나가고 병역 추첨을 할 때마다 그는 언제나 봉이다. 제가 져야 하는 부담은 물론 그의 부유한 이웃이 면제받도록 하는 일까지 맡는다. 그에게 별것 아닌 사고라도 일어나면 그 즉시 전부 그를 떠나 버린다. 그의 초라한 짐수레가 뒤집어지기라도 한다면 누가 와서 도와주기라도 할까? 새파랗게 어린 공작의 행차를 모시는 무례한 사람들이 쏟아 내는 모욕을 피하기라도 한다면 차라리 다행이라 하겠다. 한마디로 말해서 정작 무상구제 사업이 필요할 때는 그 대신 비용을 치를 능력이 없다는 이유로 혜택을 못 받는다. 그자가 불행히도 정직한 마음을 가진 사람이고, 사랑스러운 딸이 있고, 권세 있는 이웃이 옆에 산다면 나는 그는 벌써 끝장난 사람이나 다름없다고 생각한다.

다른 점에 주목해 보자. 이 역시 중요성이 덜하지 않다. 가진 자가 잃을 때보다 가난한 사람들이 잃을 때가 복구하기가 더 어렵고, 취득의 어려움은 언제나 필요에 비례하여 증가한다는 점이다. 무로써는 아무것도 만들 수 없다. 이는 자연학에서나 사회현상에서나 똑같이 진리이다. 종잣돈이 돈을 낳는다. 1피스톨을 처음으로 손에 넣는 일이 100만 피스톨을 두 번째로 손에 넣는 일보다 어려울 때가 있다. 이것이 전부가 아니다. 가난한 사람이 조세로 납부한 모든 것은 그에게서는 완전히 사라져 버린 것이지만, 그것은 가진 자의 손에 남거나 가진 자의 손에 돌아가게 된다. 조세수입은 조만간 통치에 참여하는 사람들이나 그들과 가까운 사람들에게 흘러간다. 그런 사람들은 분담금을 내면서도 조세를 증가시키는 것으로 상당한 이익을 보게 된다.

두 신분이 체결하는 사회계약을 다음 몇 마디로 요약해 보자. 나는 부자이고 당신은 가난하니 당신에게는 내가 필요하다. 그러니 우리 둘이 합의를 하자. 당신에게 내게 봉사하는 명예를 주겠다. 그 조건으로 내가 당신에게 수고스럽게 명령을 내려야 할 테니 얼마 되지 않는 당신의 소유물을 내게 넘기라.

이 모든 내용을 신중히 결합해 보면 세금을 공정하고 실질적으로 균등하게 분담케 하려면 과세 기준을 납세자의 재산에 비례해서뿐만 아니라 납세자들의 신분과 잉여 재산의 복비複比, raison composée에 따라 세워야 한다는 점을 알게 된다. 이런 연산은 상당히 중요하고 상당히 까다롭다. 정직한 사람들로서, 수학을 제대로 공부한 수많은 서기들이 매일 이런 계산을 하고 있다. 플라톤이나 몽테스키외와 같은 사람들이 그런 일을 맡게 되었다면 불안에 떨면서 그들에게 지식과 청렴함을 내려 주십사 기도를 할 것이다.

인세로 인해 발생하는 또 다른 불편은 그것이 과하게 느껴지고 가혹하게 징수된다는 데 있다. 이 때문에 이 세금에는 미수금未收金이 많을 수밖에 없다. 소유 재산보다는 사람을 납세자 명부와 추적에서 따돌리기가 더 쉬운 까닭이다.

　다른 모든 조세들 가운데 토지에 대한 정액 지대 혹은 토지세는 인민에게 조금이라도 불편이 생길까보다는 생산량과 징수의 확실성을 더 많이 고려한 나라에서 가장 큰 이득을 가져오는 조세라고 간주되었다. 심지어 농민을 게으르지 않게 하려면 세금을 부과해야 하고, 내야 할 세금이 없다면 아무 일도 하지 않을 것이라고 말하는 사람들도 있었다. 그러나 세상의 어떤 인민을 돌아본대도 이런 우스꽝스러운 원칙은 경험상 부정된다. 네덜란드와 영국에서는 경작자의 세금 부담이 거의 없다시피 하고, 특히 중국에서는 세금이 전혀 없는데 이들 나라만큼 토지 경작이 잘 이루어진 곳이 없다. 반대로 토지에서 소출이 늘수록 세금 부담이 늘어나는 곳이라면 어디나 토지는 황무지로 남거나, 생존에 필요한 꼭 그만큼만 개간된다. 고생의 결실을 잃는 사람이라면 아무것도 하지 않는 것이 이득이고, 노동에 벌금을 물리는 것은 나태를 없애는 참으로 이상한 방법이다.

　토지나 밀에 세금을 매기면, 더욱이 대단히 무거운 세금을 매기게 되면 끔찍한 두 가지 불편이 초래된다. 그런 세금을 매긴 나라에서는 결국 국민이 떠나게 되어, 전부 무너지고 만다.

　첫 번째 불편은 화폐가 유통되지 않는다는 점에서 기인한다. 상업과 산업은 농촌의 돈을 전부 수도로 끌어오니 말이다. 경작자의 필요와 밀의 가격이 상호 균형을 이뤄야 하지만 이 균형이 조세로 인해 무너지게 되므로 돈은 끊임없이 들어오지만 절대로 다시 나가는 일은 없게 된다. 그래서 도시가 부유해질수록 농촌은 더욱 빈곤해진다. 토지세로 거둬들이는 수입은 군주나 금융업자의 손에 들어갔다가 기술자와 상인의 손으로 옮겨 간다. 그러니 이 수입의 가장 적은 부분만 손에 넣게 되는 경작자는 세금은 똑같이 내면서도 수입은 점점 줄어들게 되니 결국 돈이 바닥나기 마련이다. 동맥 없이 정맥밖에 없는 사람이나 동맥이 심장 가까이로만 흐르고 마는 사람이 도대체 어떻게 살아갈 수 있겠는가? 장 샤르댕의 보고에 따르면 페르시아에서 왕이 물자에 물리는 세금 역시 물자로 치른다고 한다. 헤로도토스는 예전에 다리우스가 들어오기 전까지 이런 관례가 페르시아에 있었음을 알려 주었는데 이런 것으로 내가 위에서 말한 문제를 예방할 수 있다. 그런데 페르시아의 지방 장관, 국장, 관원, 창고 담당 직원들이 다른 곳에서와 마찬가지인 사람들이라면 내가 생각하기에 국왕은 이 수입의 가장 적은 부분도 만질 수 없을 것이며, 밀은 창고에서 썩어 갈 것이며, 창고에 불이 나 전부 타버릴 것이다.

두 번째 불편은 외면상의 이득에서 기인한다. 그 이득이 우리가 알아차리기도 전에 결국 악의 심화를 초래한다. 밀이 생산되는 고장에서 밀은 조세 때문에 값이 오르는 물자가 아니며, 밀이 절대적으로 필요한 것이기는 하지만 가격이 오르지 않으면 유통량은 감소한다. 이 때문에 밀이 계속 싼 값을 유지하는데도 수많은 사람이 기아로 죽어 가고, 경작자는 그렇다고 판매가에 세금을 붙여 팔 수 없으니 혼자 부담할 수밖에 없다. 토지세를 세금 상승분 때문에 가격이 오를 때, 이를 상인보다는 구매자가 부담해야 하는 모든 상품에 붙는 세금이라고 생각해서는 안 된다는 점을 명심해야 한다. 이 세금은 아무리 무겁다고 한들 기꺼이 부담되며, 상인이 상품을 구매한 만큼만 지불된다. 상인은 판매에 비례하여 구매하므로 개별자에게 마음대로 가격을 매긴다. 그런데 경작자는 밀을 팔건, 팔지 않건 자기가 경작한 토지에 임대 기간이 종료될 때마다 지대地代를 내지 않을 수 없으므로, 자기 좋을 대로 물자에 값을 매길 수 있을 때까지 마냥 기다릴 수는 없지 않은가? 경작자가 밀을 팔지 않고도 생계를 유지할 수 있대도 토지세를 내려면 밀을 팔지 않을 수 없다. 그래서 간혹 엄청난 조세 부담 때문에 밀이 형편없는 가격대를 유지하기도 한다.

또한 상업과 산업의 재원은 많은 돈을 돌게 함으로써 토지세를 감당할 수 있게 만들어 주는 것이 아니라 더욱 부담스럽게 만들어 줄 뿐임에 주목해 보시기 바란다. 나는 아주 명백한 것을 강조하려는 것이 아니다. 한 국가에 돈이 엄청나게 많거나 아주 적다면 외국에 국가의 신용을 높이거나 낮추겠지만, 그 돈은 얼마가 되든 시민들의 실질적인 재산을 늘려 주지 못하고, 시민들을 다소라도 부자로 만드는 것도 아니다. 나는 다음의 두 가지 점에 주목해 보고자 한다. 첫째, 국가에 물자가 남아돌아, 이를 외국에 팔아 많은 돈이 생긴다면 몰라도, 이 풍요는 교역을 하는 도시들이 갖게 되고 상대적으로 농민은 더욱 가난해진다. 둘째, 돈이 많아질수록 모든 물자의 가격이 상승하므로 이에 비례하여 조세도 증가하고 그 결과 경작자는 더 많은 자산을 갖지 못한 채 세금만 더 많이 부담하게 된다.

토지세는 실질적으로 토지의 소출에 붙는 세금이라는 점에 반드시 주목해야 하겠다. 그러나 밀을 사는 구매자에게 세금을 내게 하는 것만큼 위험한 것이 없다는 점에 누가 동의

하지 않겠는가. 그러니 이 세금을 경작자가 내는 경우는 그보다 백배 더 나쁜 일이라는 것을 정말 어떻게 모를 수가 있겠는가? 이는 국가의 존속을 그 뿌리까지 위협하는 것이 아니겠는가? 이는 가능한 한 곧바로 국가에서 사람들을 내쫓으려는 일이며, 결국 국가를 무너뜨리는 일이 아닌가? 국가에 사람들이 없는 것보다 더 나쁜 일이 있기나 한가?

진정한 정치가라면 과세 기준을 정할 때 재정 문제 이상을 바라보고, 부담스러운 세금 부담을 유용한 통치 규정으로 바꾸고, 그런 제도들이 세수를 늘릴 목적보다는 국가의 부를 증대하는 것을 목적으로 설립된 것은 아니었는지 인민이 의심을 품게끔 할 의무가 있다.

나라에 필요한 것은 아니지만 주민이 갖고 싶어 하는 외국 상품을 수입할 때, 국가가 충분히 생산하지 못하지만 외국인들은 꼭 필요로 하는 명산물을 수출할 때, 불필요하고 비용만 많이 드는 기예 생산물을 제작할 때, 순전한 장식품들과 통상 사치품으로 분류되는 상품들을 도시로 반입할 때 세금을 붙이면 목적을 이중으로 달성하게 된다. 이런 조세를 통해 빈곤이 경감되고 부에 과세할 수 있게 되므로, 재산의 불평등이 심화되고, 노동자들과 하인들이 불필요하게 증가하여 이들이 부자들에게 예속되고, 도시에서 무위도식하는 사람들이 증가하고, 농촌이 공동화空洞化되는 것을 방지할 수 있다.

상품 가격과 그 상품에 붙은 세금 사이에 적절한 비율을 부과하는 것도 중요하다. 그래야 개별자들이 엄청난 이득을 노리고 탐욕을 부려 부정을 저지르는 일을 막을 수 있다. 아울러 은닉하기 절대 쉽지 않은 상품들을 선호하게 되면 쉽게 밀수가 이루어지는 것을 막을 수 있다. 마지막으로 조세는 세금이 붙은 물건을 판매하는 사람이 아니라 이를 사용하는 사람이 부담하는 것이 적합하다. 그렇지 않고 판매자가 엄청난 세금을 부담한다면 부정을 저지르고자 하는 유혹은 더 커지고 그 수단도 더 많아질 것이다. 이는 통상 중국에서 볼 수 있는 관례이다. 중국처럼 조세가 높은 나라가 없지만 중국처럼 조세 징수가 가장 잘되는 나라도 없다. 상인에게는 세금이 없고 구매자만 세금을 내지만 불평이나 분란이 일어나는 법이 없다. 쌀과 밀과 같은 생활필수품에는 세금이 완전히 면제되므로 인민은 세금에 짓눌리는 일이 없고 조세 부담은 유복한 사람들만 지면 된다. 더욱이 이렇게 주의를 기울이는 이유는 밀수가 걱정되어서라기보다 정부가 개별자들이 적법하지 않은 이익을 취하려는 유혹에 빠지지 않도록 해야 하기 때문이다. 그렇지 않다면 그런 유혹에 빠진 개별자들은 나쁜 시민들이 될 테고 그런 다음에 부정직한 사람이 되는 것은 한순간이다.

제복制服, 마차, 유리창, 샹들리에, 가구, 천[布]과 금 장식물, 대저택의 정원과 안마당, 모든 종류의 스펙터클, 한직閑職에 높은 세금을 매겨야 한다. 희극 광대, 가수, 익살 광대처럼, 한마디로 보는 사람의 눈이나 자극하는 사치, 여흥, 무위無位의 대상이 되는 것에도 마찬가지이다. 그런 것이 눈에 띄지 않기가 어려운 것은 그것의 유일한 용도가 보이는 것이고, 보이지 않았다면 아무런 쓸모가 없을 것이기 때문이다. 그런 물건들이 마음대로 정해지면 어쩌나 걱정할 필요가 없다. 그 물건들의 존재 이유는 그것이 절대적으로 필요한 것이 아니라는 데 있기 때문이다. 한번 사치에 맛을 들인 뒤 이를 포기할 수 있으리라고 생각한다면 그것은 사람을 정말 잘 모르고 하는 생각이다. 사람들은 차라리 살아가는 데 꼭 필요한 것을 백번 거부할 것이고 부끄러운 것보다는 차라리 굶어 죽겠다고 할 것이다. 호사스럽게 보이고자 하는 허영심이 상품 가격과 여기 붙은 세금에서 이득을 얻게 된다면 비용이 증가한다 해도 이는 이 비용을 치러야 할 새로운 이유가 될 뿐이다. 부자들이 생길수록 그들은 가난한 자들과 차별되어 보이고자 할 것이다. 그러니 국가는 이런 차별 짓기보다 더 안정적이고 부담이 덜한 수입원을 어디서 찾을 수 있겠는가.

같은 이유로 이 산업이 재정을 살찌우고 경작자들의 짐을 덜어 주어 농업에 활력을 불어넣고 한 국가에 실질적인 힘을 마련해 주는 중산층에게 부지불식간에 모든 재산이 집중되게끔 해줄 경제 질서로 인해 피해를 입는 일은 없을 것이다. 나는 세금을 매김으로써 유행이 더 빨리 사라지게 하는 데 공헌할 수 있으리라는 점을 인정한다. 하지만 국고에 전혀 손해를 입히지 않고서도 노동자가 이득을 볼 만한 다른 유행으로 대체해야 가능한 일일 것이다. 한마디로 말해서 통치의 정신이 부의 초과분에 끊임없이 세금을 부과하는 데 있다고 가정해 본다면, 다음 두 가지 결과 중 하나가 생길 것이다. 가진 자들은 초과 지출을 삼가고 유용한 지출만을 하게 되어, 이 지출이 국가에 이득으로 돌아가게 되니, 그러면 과세표준을 세우는 것만으로도 더없이 훌륭한 사치 금지법의 효과를 볼 수 있게 될 것이다. 개별자들의 지출이 줄면 국가의 지출도 틀림없이 감소하게 되고, 이런 식으로 국고는 수입은 줄어도 지출은 그보다 훨씬 더 줄게 될 것이다. 다른 한편 가진 자들이 낭비를 줄이지 않을 수도 있을 텐데, 그렇게 되면 국고는 수익을 통해 국가의 실질적 필요를 충족할 자금을 확보할 것이다. 첫 번째 경우에 국고는 지출을 줄여 부를 확보하고, 두 번째 경우에 개별자들의 불필요한 지출을 통해 부를 확보하게 된다.

이 모든 내용에 정치법 주제에 관한 한 가지 중요한 구분을 추가해 보자. 스스로 모든 것을 자급하려는 정부라면 당연히 주의를 기울여 이를 구분할 것이다. 나는 앞서 인세人稅와, 필수품에 과세한 조세가 직접적으로 소유권에 해가 되므로 그 결과, 인민이나 인민의 대표자들의 특별한 동의가 이루어지지 않을 경우, 정치사회의 실질적인 토대인 소유권이 위험천만한 결과를 초래할 수 있다고 말한 바 있다. 그런데 스스로 사용을 자제할 만한 상품에 붙는 세금은 이와 동일하지 않다. 이 경우 개별자가 꼭 세금을 부담할 의무는 없는 것이므로, 세금 납부는 자발적으로 이루어진 것이라고 볼 수 있기 때문이다. 그래서 납세자 각자의 개별적인 동의만으로도 전체의 동의를 대신하게 되고, 어떤 점에서는 전체의 동의를 전제하게 된다. 누구라도 기꺼이 세금을 내려는 사람에게만 과세가 이루어진다면 어떤 인민이 여기에 저항할 것인가? 내게 확실해 보이는 것은 법으로 금지된 것도 아니고, 풍속을 거스르는 것도 아니면서 정부가 금지할 수 있는 모든 것을 세금을 내는 조건으로 허용할 수 있다는 점이다. 예를 들어 정부가 사륜 포장마차의 사용을 금지할 수 있다면 당연히 그것에 세금을 부과할 수 있다. 이는 이런 사치를 중지시키지는 않으면서 그런 사용을 나무랄 수 있는 유용하고 현명한 방법이라고 하겠다. 그때 세금을 일종의 벌금으로 생각할 수 있고 그 수익으로 벌금이 처벌하는 폐단을 벌충하게 된다.

보댕이 '사기꾼들'이라고 했던 사람들,[87] 즉 세금을 매기거나 고안해 내는 사람들은 가진 자들의 계급에 속했으므로 자기들을 희생해서 그들처럼 부자가 아닌 사람들을 너그럽게 봐주고 가난한 사람들의 짐을 덜어 주는 일을 알아서 맡는 일은 없으리라고 내게 반박하는 사람이 있을지 모르겠다. 그런데 그런 생각을 해서는 안 된다. 나라마다 주권자가 인민을 통치하도록 위임한 사람들이 원래 인민의 적敵일 수밖에 없다면 그 사람들이 인민을 행복하게 해주기 위해 해야 할 일을 애써 찾을 이유가 무엇이겠는가.[88]

---

87) "새로운 세금을 부과하고 만들어 낸 사람들은 이 세금 때문에 목숨을 잃었다. 예를 들면 국왕 테오데베르트에게 백성들에게 새로운 보조금을 부과하자고 조언을 하여 트레브스 도읍에서 백성들로부터 돌에 맞아 죽은 파르테니우스나 프로클레레스, 잔인하게 처형당해 죽은 우리 당대의 협잡꾼 조르주 프레송, 총독을 지냈으나 국외 추방을 당한 스웨덴의 국왕 헨리, 젊은 디오니시우스의 필리스투스 등이다. 신분을 잃은 사람도 있고, 목숨을 잃은 군주들도 있다. 리디아의 국왕 아카에우스는 보조금을 받으려 했다가 신하들에 의해서 다리는 산 쪽으로 머리는 강 쪽으로 하면서 매달려 죽었다. 프랑스의 국왕 테오도릭은 왕관을 잃었다. 역사에는 다른 사례들도 많다. 왜냐하면 국가에서 변화, 반란, 멸망은 과도한 부담금이나 세금 때문에 가장 빈번하게 일어났기 때문이다"(장 보댕, 『국가에 관한 6권의 책 6』, 2장, 98, 99쪽).

88) 루소는 『정치경제론』 초고에서 마지막 부분에 다른 결론을 준비했다가 삭제했다. 삭제된 부분은 다음과 같다. "나는 이 항목을 마치면서 한마디만 더 하겠다. 일반 경제 전체는 올바른 관리의 결과이자 증거라는 마지막 목적과 관련된다. 인류의 일반선과 관련된 이 목적은 번영의 필연적인 결과인 인민의 증가이다. 한 국가가 제대로 통치되는지 그렇지 않은지 알고 싶다면 주민의 수가 느는지 주는지 살펴보시기 바란다. 더욱이 모든 사정이 동일하다면 여러 사정을 감안해서 더 많은 수의 주민들을 먹이고 보존하는 국가가 가장 훌륭한 국가임이 분명하다. 우리는 가축 수의 증가를 보고 목동의 보살핌의 정도를 올바르게 판단하는 것이다"(『정치 단편들』, OC III, p. 527).

사회계약론 초고
혹은 공화국 형태에 관한 시론[1]
(제네바 수고)

1) 루소는 이 제목을 여러 번 고쳤다. 처음에는 "국가 구성에 관한 시론" Essai sur la constitution de l'Etat으로 썼다가 이를 지우고 "정치체 형성에 관한 시론"Essai sur la formation du corps politique으로 바꿨다. 그 뒤에는 '정치체' 대신 '국가'를 넣어 "국가 형성에 대한 시론"Essai sur la formation de l'Etat으로 고쳤다가, 최종적으로는 "공화국 형태에 관한 시론"Essai sur la forme de la République이라는 제목을 선택했다. 요컨대 루소는 이 시기에 '정치체', '국가', '공화국'의 용어 사이에서 갈등했던 것으로 보인다.

1권
사회체의 기본 개념들

1장
본 저작의 주제

    수많은 저명한 저자들이 정부의 원칙과 시민법[2]의 규정을 다뤘으니 벌써 논의가 다 끝났을 본 주제를 논해 봤자 유용

---

2) 앙투안 가스파르 부셰 다르지스는 「시민법」droit civil 항목에서 "각각 의 인민에게 특수한 권리로, 모든 국민에게 공통된 자연법droit naturel과 만민법droit des gens과 구분된다"고 썼다(Antoine-Gaspard Boucher d'Argis, ENC V, p. 123). 그는 「시민」 항목에서도 시민법을 "각각의 국가 혹은 도시의 개별법"이라고 규정한다(ENC III, p. 496).

    여기서 '법'으로 옮긴 droit의 의미에 관해서는 장-자크 뷔를라마키 의 다음 언급을 참조하자. "법Droit이란 말은 원래 의미로 '지도하다' diriger라는 동사에서 온 것이다. 이 말은 가장 짧은 길을 통해 어떤 목 적에 이르도록 하는 것을 의미한다. 그래서 법이라는 말은 다른 모든 사 람들이 참조하는 가장 일반적인 의미로 지도하는 모든 것, 혹은 올바 로 지도된 모든 것을 뜻한다. 이렇게 본다면 검토해야 할 첫 번째 점은 인간이 자신의 행위와 관련해서 올바른 방향과 규칙을 가질 수 있는가 이다. 이를 성공적으로 수행하려면 사태를 그 기원에서 취하고, 인간 의 본성과 체질로 거슬러 올라가, 인간 행동의 원칙이 무엇인지, 인간 에게 고유한 상태는 어떤 것인지 밝혀야 한다. ……"(Jean-Jacques Burla- maqui, *Principes du droit naturel*, Genève, Barillot & le fils, 1747, pp. 2, 3).

할 것도 없다. 하지만 주제의 본성부터 더 훌륭히 규정해 놓았다면 훨씬 합의에 잘 이를 수 있고, 사회체의 가장 훌륭한 관계도 훨씬 더 명확히 세울 수 있지 않을까. 내가 본 저작에서 해보고자 한 것이 이것이다. 따라서 여기에서 문제는 사회체의 관리가 아니라 그것의 구성이다.[3] 나는 그것을 움직이게 하는 것이 아니라 생명이 있는 존재로 만드는 것이다.[4] 나는 사회체가 어떤 동력과 부속으로 이루어졌는지 기술記述하고, 이를 있어야 할 자리에 배치했다. 기계[5]를 움직일 수 있

---

3) 사회체의 "성립"son établissement이라고 썼다가 이를 "구성"sa constitution 으로 고쳤다. 이 논의가 사회체의 '관리'의 문제를 다룬 『정치경제론』의 주제와는 다른 방식으로 전개되리라는 점을 확인할 수 있다.

4) 루소는 "나는 사회체가 무엇을 하느냐가 아니라 그것이 무엇이냐를 말한다"라고 썼다가 위처럼 고쳤다.

5) 루소가 국가를 유기체corps organisé로 본다는 해석이 있고, 기계처럼 본다는 해석도 있다. 로베르 드라테는 찰스 에드윈 본은 루소가 『사회계약론』에서 국가를 살아 있는 유기체organisme vivant 혹은 사회적 유기체에 비유한다는 점을 강조했고(『정치경제론』 본 번역본의 각주 33번 참조) 르네 위베르는 여기서 언급된 기계machine라는 말이 "사회학적 메커니즘에 딱 들어맞는다"(René Hubert, *Rousseau et l'Encyclopédie*, Paris, Librairie Universitaire, 1928, p. 63)고 말했다고 지적한다.
　　그러나 이 용어들을 어느 쪽이든 현대적인 의미로 해석할 수는 없다. 『백과사전』 1권의 「동물의 영혼」 항목을 쓴 클로드 이봉Claude Yvon 신부는 "동물이라는 기계la machine에서 우리는 대단히 현명하고 신의 뜻에 맞는 한 가지 목적을 발견해야 한다. …… 그것은 비물질적인 원리와 하나가 되어, 행동의 도구와 지각의 근원이 되는 것이다. 유기체를 구성하는 경이로운 운동의 동기로서 용수철들의 결합은 바로 이런 목적의 통일성과 관련되어 있다"(ENC I, p. 347). 유기체를 그 자체로 통일성l'unité을 이루는 존재, 즉 물질과 영혼(생명)이 전체로서의 개체

는 상태[6]에 두는 것이다. 그 기계의 운동을 조정하는 것은 나보다 현명한 다른 사람들의 몫이다.

2장
인류라는 일반 사회에 대해[7]

안에 포함된 존재로 이해할 때, 이를 '기계'와 반대되는 의미로 볼 수는 없다.

6) 루소는 처음에 구체적으로 '운동하다'se mouvoir라는 동사를 썼다가 이를 지우고 '움직이다'aller로 고쳤다. 아마 다음 문장에 나오는 "운동"les mouvements이라는 단어와 겹치기 때문이었던 것 같다.

7) 이 장은 원래 "자연법과 일반 사회에 관하여"라는 제목을 달았다가 수정되었다. 부셰 다르지스는 『백과사전』 5권에 실린 「자연법 혹은 자연권」Droit de la nature ou droit naturel 항목에서 흐로티위스를 자연권 체계를 최초로 세운 인물로 간주한다. "저 유명한 흐로티위스는 3권으로 구성된 『전쟁과 평화의 법』에서 자연권 체계를 세웠던 첫 번째 인물이다." 흐로티위스에 따르면 "자연법은 우리에게 어떤 행위가 도덕적으로 정직하거나 정직하지 않은 행위임을 알게 해주는 올바른 이성의 어떤 원칙들로 이루어진다. 이성적이고 사교적인raisonnable & sociale 본성에 따라 그 행동이 적합한가 적합하지 않은가를 판단할 수 있는 것이다. 따라서 자연을 창조한 신은 어떤 행동은 명령하고 어떤 행동은 금지한 것이다."

역시 『백과사전』 5권에 실린 디드로의 「자연법」 항목이 『정치경제론』과 『사회계약론 초고』에서 여러 차례 인용된다. 드라테는 루소가 디드로의 「자연법」 항목의 내용에 동의하는지 아니면 그 항목의 내용을 비판하고 있는지에 대한 다양한 의견을 제시한 뒤, 『사회계약론 초고』의 1권 2장이 디드로의 항목에 대한 루소의 체계적인 반박임을 밝혀냈다.

정치제도가 무엇 때문에 필요하게 되었는지 연구하는 것으로 시작해 보자.[8]

인간의 힘은 그의 자연적인 필요와 최초의 상태에 딱 맞춰져 있으므로 이 상태가 조금이라도 변하고 그의 필요가 조금이라도 증가하면 자기와 같은 사람들[9]의 도움이 필수적이게 되고, 마침내 그의 욕망이 자연 전체를 포괄한다면 인류 전체가 협력해도 이를 충족하기 어렵다. 그래서 우리를 악惡하게 만드는 원인이 또한 우리를 노예로 만들며, 그것이 우리를 타락시켜 굴종케 한다. 우리가 약한 존재라는 생각은 우리의 본성보다는 우리의 탐욕에서 온다. 정념이 우리를 갈라놓는 만큼 필요가 우리를 가깝게 만든다. 우리와 같은 사람들과 적이 될수록 우리가 그들 없이 살아가기란 더 어려워진다.[10] 일반 사회의 첫 번째 관계들이 이와 같으며, 보편적인 선행善行[11]의 기초가 이와 같다. 선행의 필요성이 인정되면 그

---

8) 루소는 "고립되어 살아가는 인간은 대단히 약한 존재거나 적어도 ……" 라고 다음 문단을 시작했지만 이를 삭제했다(『정치 단편들』, OC III, p. 481).

9) ses semblables은 '본성과 특징이 같은'의 뜻을 가진 형용사 semblable 이 실사實辭로 쓰인 것이다. 이 말이 실사로 쓰일 때는 반드시 소유 형용사를 동반한다(『아카데미 프랑세즈 사전』, 1762). 본 번역본에서는 이 말을 '자기와 같은 사람'으로 옮기겠다. 『인간 불평등 기원론』에서 루소는 "이 원시 상태에서 원숭이나 늑대가 그들과 같은 다른 원숭이나 늑대를 필요로 하는 것처럼 인간이 다른 인간을 필요로 하리라고 생각할 수 없다"(장 자크 루소, 『인간 불평등 기원론』, 이충훈 옮김, 도서출판 b, 2020, 78쪽)고 썼다.

10) 이는 홉스에 대한 암시이다.

감정은 사라지는 것 같고, 누구나 그런 감정을 함양할 필요 없이 그 결실만 따가고자 한다. 본성의 동일성에 대해 말하자면,[12] 그 결과는 형편없는 것이다. 이 점에서 그 동일성의 효과란 전혀 없다. 그 동일성이 사람들을 서로 하나로 묶어 주지만 그만큼 분쟁도 일으키고, 사람들을 사이좋게 살아가게

11) 푸펜도르프는 홉스를 반박하면서 인간에게 보편적 선행La bienveillance universelle의 감정이 있다고 확신한다. "이 보편적인 선행의 토대와 동기는 같은 본성과의 일치, 혹은 인류애뿐이다. 자연은 …… 모든 인간들 사이에 확실히 일반적인 우정을 세워 두었다. 엄청난 범죄를 저질러 스스로 형편없는 자가 되지 않는 한 그 누구도 배제되어서는 안 되는 것이다. 창조주의 빛나는 지혜의 결과, 자연법은 인간 본성에 정확히 비례해 있으므로, 자연법을 준수한다는 것은 언제나 인간에게 이득을 가져오며, 결과적으로 각자는 저 만인의 우정을 느끼게 된다. ……" (Samuel Pufendorf, *Le Droit de la nature et des gens*, t. I, 2권 3장 §18, trad. Jean Barbeyrac, Bâle, Emanuel Thourneisen, 1732, p. 200).

12) 『에밀』 4권에 따르면 "인간을 사회적으로 만드는 것은 인간의 나약함이며, 우리 마음을 인류애로 이끌고 가는 것은 우리들이 공유하는 비참함이다. 우리가 인간이 아니라면 우리는 전혀 인간애에 대한 의무가 없을 것이다. 애착이란 모두 부족함의 표시다. 우리 각자가 다른 사람들을 전혀 필요로 하지 않는다면, 그들과 함께 어울리려는 생각은 거의 하지 않을 것이다. 이와 같이 우리의 나약함 자체에서 우리의 덧없는 행복이 생겨나는 것이다. …… 결과적으로 우리가 우리와 같은 존재인 인간들에게 애착을 갖는 것은 그들의 즐거움을 느껴서라기보다는 그들의 고통을 느끼기 때문이다. 왜냐하면 거기서 인간의 본성이 동일하다는 것, 그리고 그들이 우리에게 틀림없이 애착을 가질 것이라는 사실이 훨씬 더 잘 드러나기 때문이다. 우리에게 공통되는 욕구는 우리를 이해관계로 결합시키지만, 우리에게 공통되는 비참함은 우리를 애정으로 결합시킨다"(장 자크 루소, 『에밀 또는 교육론 2』, 이용철·문경자 옮김, 한길사, 2007, 36쪽).

하고 합의에 이르도록 하지만 그만큼 경쟁과 질투를 일으키기는 일도 종종 있기 때문이다.[13]

13) 루소는 푸펜도르프와 뷔를라마키와 달리 인간이 자연적으로 약弱한 존재라고 보지 않는다. 푸펜도르프는 인간은 그와 같은 사람들의 도움 없이 살아갈 수 없는 존재로 규정한다. "인간은 자기 보존에 대단히 애착하는 동물이다. 그렇지만 스스로는 초라하고 보잘것없다. 자기와 같은 존재들의 도움이 없이는 자기 보존이 불가능하지만 그들에게 선을 베풀고 선을 받아들일 수는 있다. 그러나 다른 한편 그가 사악하고, 무례하고, 쉽게 성을 내고, 금세 해를 끼치고, 이를 위해 충분한 힘으로 무장하여, 사회적이지 못하고, 자기와 같은 존재들과 우호적인 관계를 누리고 싶지도 않을 경우 그는 살아남을 수 없고, 지상에서 자기 상태에 적합한 재산을 누릴 수도 없을 것이다"(Samuel Pufendorf, *Le Droit de la nature et des gens*, t. I, 2권 3장 §15, p. 194). 뷔를라마키도 『자연법의 원리』에서 "인간은 태어났을 때 신체는 물론 영혼도 약하고 무능력하기까지 하다. 어린 시절의 유약한 상태는 동물들 이상으로 인간에게 더욱 오래 지속된다. 수많은 필요가 그를 포위하고 사방에서 그를 압박한다. 힘도 힘이지만 지식도 없는 인간은 자신의 필요를 마련할 수 없다. 그러므로 그는 다른 사람들의 도움을 특히 필요로 한다. 이것이 신의 섭리가 아버지들과 어머니들에게 자연스러운 애정 혹은 본능을 갖춰 주었던 이유이다"(Jean-Jacques Burlamaqui, *Principes du droit naturel*, 4장 §7, Genève, Barillot & le fils, 1747, p. 60)라고 말했다.
　　루소에 따르면 약한 인간들이 사회를 구성해 안전을 도모한 것이 아니라, 자연상태에서 필요가 증가했기 때문에 사회를 만들지 않을 수 없게 된 것이다. 자연상태에서 서로 흩어져 살아가던 인간이 보편적인 인류애며, 보편적인 선행의 마음을 가질 리 없다. 이런 감정은 이미 사회 속에 살아가는 인간이 갖는 것이며, 그것도 자연의 목소리가 가르쳐주는 감정이 아니라, 자신의 '이익'intérêt을 위해 타인의 도움을 바라는 이기적인 감정이다. 루소는 인간에게 사회를 만들어 함께 살아가려는 욕구sociabilité가 있다고 주장하는 흐로티위스, 푸펜도르프, 뷔를라마키는 물론, 여기서 특히 「자연법」 항목에서 디드로가 밝힌 입장을 문제 삼는다.

사물의 이런 새로운 질서로부터 제한도, 규칙도, 일관성도 없는 수많은 관계들이 생기며, 사람들은 이런 관계들을 끊임없이 변화시켜 성격을 바꿔 놓는다. 한 사람이 이들 관계를 공고히 하고자 할 때 그에게 100명이 맞서 그 관계들을 없애 버리고자 한다. 자연상태에서 한 사람에 관계된 삶이 계속 흘러가는 수많은 다른 관계들에 좌우되므로 그 사람은 자기 인생의 서로 다른 두 순간 사이에서 자신이 동일한 사람인지 결코 확신할 수 없게 된다. 그때 평화와 행복이라는 것도 그저 섬광에 불과하고, 이 모든 변동의 결과인 비참[14] 외에는 어떤

14) "나는 이런 상태에서 살고 있는 사람만큼 불행한 이들이 없었다는 주장들을 한다는 것을 알고 있다. 나는 이미 증명했다고 생각하는데 그 상태의 사람이 수많은 세기가 흐른 후에야 욕망을 갖고 또 그 욕망을 벗어날 기회를 가질 수 있었던 것이 사실이라면 이는 자연을 비난해야 할 일이지 자연이 그렇게 만들어 놓은 사람을 비난할 일은 아니다. 하지만 내가 이 '불행한'이라는 말을 제대로 이해한다면, 그 말은 아무런 의미도 없는 말이거나 기껏해야 고통스러운 내핍耐乏, 마음이나 신체의 고통을 뜻하는 말에 불과하다. 그런데 마음이 평화롭고 신체가 건강한 한 자유로운 존재가 도대체 어떤 불행을 겪을 수 있는 것인지 누가 내게 설명 좀 해주기를 바란다. 문명화된 생활과 자연적인 생활 중에 그런 생활을 영위하는 사람들을 지긋지긋하게 만들어 놓는 생활이 도대체 어떤 것인지 묻고 싶다. 우리 주변에는 자신의 삶을 불평하는 사람들뿐이지 않던가? 그들 가운데 어떤 이들은 삶을 포기하기까지 한다. 이런 모순을 해결하려면 신과 인간의 법을 결합하는 것으로 충분하다. 나는 여러분이 자유로운 야만인이 삶을 불평해서 목숨을 끊을 생각을 했다는 말을 들어 본 적이 있는지 묻고 싶다. 그러니 오만을 좀 내려놓고 어느 쪽이 더 불행한 상태인지 판단해 보시라"(장 자크 루소, 『인간 불평등 기원론』, 79쪽).

것도 영원하지 않다. 비록 그가 품은 감정과 관념이 질서에 대한 사랑과 미덕이라는 숭고한 개념에 이르기까지 드높여진 대도, 그로 하여금 선도 악도, 정직한 사람도 악인도 분간하지 못하게 하는 사물의 상태에서는, 그가 자신의 원리들을 분명하게 적용하는 것이 불가능할 것이다.

그러니 우리의 상호적인 필요에 의해 탄생한 일반 사회는 빈곤에 빠진 인간에게 효과적인 도움을 주지 못한다. 아니면 어쨌든 이미 지나치게 큰 힘을 가진 사람에게 새로운 힘을 더해 줄 뿐이다. 반면 무리에서 길을 잃고, 질식하고, 짓눌린 약자는 몸을 피할 어떤 은신처도, 약한 자신을 지탱해 줄 어떤 버팀대도 찾지 못해, 결국 이 기만적인 결합의 희생자로 죽음을 맞는다.

{사람들이 자발적으로 관계를 맺어 서로 결합하도록 이끄는 동기들 가운데 그 어떤 것도 이들을 결합에 이르게 하지 않으며, 공동의 지복을 목표로 삼아 모두가 그것에서 자신의 지복을 얻게 하기는커녕, 한 사람의 행복이 다른 사람의 불행을 만든다는 점을 일단 확신하고, 사람들이 서로 가까워지는 것이 그들 모두를 일반선善을 향하게 하는 것이 아니라 그것과 멀어지기 때문임을 깨닫게 될 때, 그런 상태가 비록 계속될 수 있다고 해도, 각자 자기 이익만을 고려하고, 자신의 성벽性癖만을 따르고, 자기 정념의 목소리만을 듣는 사람들에게 그 상태는 빈곤과 범죄의 원천에 불과할 뿐임을 알아야 한다.}[15]

그럴 때 다정다감한 자연의 목소리도 더는 우리에게 틀림없는 길잡이가 되지 못하며, 자연이 우리에게 마련해 주었던 자족l'indépendance도 더는 바람직한 상태가 되지 못한다. 평화와 무구無垢가 우리가 그 감미로움을 맛보기도 전에 영원히 우리에게서 벗어나 버렸다. 저 황금시대의 행복한 삶은 최초의 시대에 살았던 사람들은 우둔해서 느낄 수 없었고, 후대에 개화된 사람들에게는 지나간 것이니, 인류에게 그런 행복한 삶은 언제나 낯선 상태였다. 즐길 수 있었던 때에는 그런 행복한 삶이 있는 줄도 몰랐고, 알 수 있게 되었다 해도 이미 그런 삶을 상실해 버렸으니 말이다.

더욱이 저 완전한 자족과 규칙 없는 자유가 고대의 무구함과 분리되지 않은 채 남았을지라도 언제나 우리가 가진 탁월한 능력을 개발하는 데 장애가 되는 본질적인 악, 즉 전체를 구성하는 부분들 사이의 관계의 부재가 있음 직했다. 지구에 살아가던 사람들에게는 교류란 것이 없다시피 했을 것이고, 아무런 관계도 없는 사람들이 지구의 어느 지점에서 스쳐 지나갔을 뿐이리라. 어떤 것으로도 결합되지 않은 채 몇몇 지점에서 접촉했을 것이다. 각자는 타인들 가운데서 고립된 채 살아가고, 각자 자기 외에는 아무도 생각하지 않았으리라. 그랬으니 우리의 지성이 확장되기란 요원한 일이었을 것이고, 아무것도 느끼지 않고 살고, 어떤 삶도 살아 보지 않고 죽을 것이다. 우리의 모든 행복이란 비참을 겪지 않는 데 있었을 것이다. 그럴 때 우리 마음에는 선이란 것이 없을 것이고, 우리 행동에는 도덕이란 것이 없을 것이다. 그러니 영혼이 느낄 수

---

15) 중괄호 안의 내용은 원고에서 줄을 그어 삭제한 부분이다.

있는 가장 달콤한 감정인 미덕의 사랑이란 것을 한 번도 맛보지 않았을 것이다.

{'인류'라는 말을 들으면 머릿속에 순전히 집합적인 개념만 떠오른다는 점이 확실하다. 그 개념은 그 인류를 구성하는 개인들이 실제로 결합해 있다는 점을 전제하지 않는다. 원한다면 여기에 다음의 전제를 추가해 보자. 인류를 한 명의 사회인personne morale[16]이라고 생각해 보자. 그 존재에 개체성을 부여하고 그 존재를 하나로 구성하는 공동의 존재 감정과 함께 전체와 관련된 일반적인 목적을 달성하기 위해 각 부분을 움직이게끔 하는 보편적인 동력을 갖는다. 이 공동의 감정이 인류의 감정이고, 자연법이 기계 전체를 움직이는 능동적인 원리라고 생각해 보자. 그다음에 사람이 자기와 같은 사람들

---

16) 드 조쿠르는 『백과사전』의 「국가」Etat 항목에서 키케로가 "공동의 합의로 따르게 된 공동의 법률과 이익을 통해 함께 결합한 사람들의 무리"Multitudo, juris consensu, & utilitatis communione sociata라고 했던 정의가 국가의 현대적 정의보다 낫다고 판단한다. 드 조쿠르에 따르면 국가는 "주권자가 머리이고, 개별자들이 수족인 사회인으로 간주할 수 있다. 결과적으로 이 사회인에 적합한 어떤 행위들, 시민 각자의 권리와는 구분되는 권리를 부여하게 된다. 이렇게 부여된 권리는 각각의 시민도 다수의 시민도 뺏을 수 없다"(ENC VI, p. 19)고 썼다. 김영욱은 이 표현을 '가상인격'으로 옮기고, 선택한 번역어에 대해 상세한 주석을 붙였다(『사회계약론』, 김영욱 옮김, 191, 198, 199쪽 참조). 본 번역본에서는 자연인personne physique과 대립하는 사회인으로 옮기는 것으로 그쳤다. 홉스가 그의 기계론적 유물론의 맥락에서 설명하는 자연인을 푸펜도르프는 사회적 존재un être moral의 개념으로 대체한다. 자연에서 태어난 그대로의 인간이 아니라, 인위적으로 연합을 이룬 개별자들이 하나의 인격으로 결합한 존재인 것이다.

과 관계를 맺게 되면서 그의 체질에 어떤 변화가 생기는지 관찰해 보도록 하자. 그러면 우리가 전제했던 것과는 반대로 사회가 발전할수록 사적 이익이 깨어나서 마음속을 비추던 인류애는 희미해지며, 차라리 이성의 법이라 불리는 편이 더 타당할 자연법의 개념들은 정념이 먼저 확장되어 자연법의 가르침을 완전히 무력화시키고 나서야 비로소 확장되기 시작한다는 점을 알게 될 것이다.[17] 이른바 사회계약이 자연의 가르침에 따른 것이라는 주장이 완전한 공상에 불과하다는 사실을 이를 통해 알 수 있다. 사회계약을 가능케 하는 조건들은 계속 알려지지 않은 채이거나 실행 불가능한 것이고, 그래서 그 조건들을 무시하거나 위반하지 않을 수 없으니 말이다.

일반 사회가 철학자들의 체계와는 다른 곳에 존재했다면, 내가 앞에서 말했던 것처럼 그 사회는 구성원들로서의 개별 존재들이 갖는 자질과는 다른, 자기만의 자질을 갖춘 사회적 존재un Être moral일 것인데, 이는 화학적 결합물composés chymiques이 그것을 구성하는 혼합물mixtes 중 어떤 것에서도 자신의 속성을 가져오지 않는 것과 다름없다고 볼 수도 있다.[18]

---

17) 루소가 "체계적인 자연권"과 고유하게 말해서 감정에 기초한 자연권을 대립시키는 대목(『사회계약론 초고』, 2권 4장)을 참조.

18) 루소는 『화학 강요』에서 "화학의 대상은 자연물을 이를 구성하는 물질적 원소로 나누고, 이 원소들을 결합하여 다시 처음의 자연물을 다시 만들고, 새로운 물질을 요소로 나누고, 이 물질적 요소를 재결합하여 최초의 요소를 다시 만들고, 이들을 조합하여 새로운 물질을 만들

자연이 인간이라면 누구에게나 가르쳐주고, 인간의 상호 의사소통의 최초의 도구일 보편 언어가 있을 것이다. 즉, 일종의 공통된 감각중추[19] 같은 것이 모든 부분들을 이어 줄 것이다. 공공선이나 공공의 악은 개별적인 선 혹은 개별적인 악이 결집[20]된 총합일 뿐만 아니라, 이들을 결합하는 관계liaison 속에

어 내는 것이므로, 첫째, 이들 원소가 무엇인지 알기 위해서는 혼합물corps mixtes과 복합물corps composés에서 결합되어 있던 원소를 분리하는 방법이 무엇인지 찾아내고, 둘째, 이들 요소를 포함하는 물질에서 그 요소를 따로따로 각자 양量에 따라 분리해야 한다"(Jean-Jacques Rousseau, *Institutions chimiques*, éd. Bernadette Bensaude-Vincent, Bruno Bernardi, Paris, Fayard, 1999, p. 11)고 썼다.

19) "철학자들은 이 부분이 두뇌를 구성하는 한 부분이라고 말하며, 여기에 영혼의 자리를 마련하는 철학자들도 있는데 의견이 갈린다"(『아카데미 프랑세즈 사전』, 1762).

20) 루소는 결집agrégation과 연합체association를 엄격히 구분한다. 김영욱은 화학의 개념을 빌려 agrégation을 응집으로, association을 회합으로 번역했다. 좋은 번역어이기는 하지만 루소가 독일 화학자 게오르크 에른스트 슈탈Georg Ernst Stahl의 개념을 차용한 것으로 보이는 첫 번째 단어는 상대적으로 쉽게 분리될 수 있는 원소들의 집합을 뜻하므로 좀 더 느슨한 관계임을 강조하고 싶어 이 글에서는 부득이 결집으로 옮겼다. 『사회계약론』의 1권 5장에서 루소는 "흩어져 살던 사람들des hommes épars이 차례차례 한 사람의 노예가 된다면 그 수가 아무리 많다고 해도 내게는 주인과 노예들로만 보일 뿐 인민과 수장으로는 보이지 않는다. 그것은 말하자면 결집이지 연합체association는 아니다. 거기에는 공익도 정치체도 없기 때문이다. 비록 그 사람이 세상의 절반을 노예로 만들었다 해도 그는 여전히 한 개인에 불과하다"고 썼다. 결집은 어원상 무리[群], troupe를 뜻하는 라틴어 *grex*에서 온 말이다. 이 말에는 동물이 무리를 지어 생활한다는 의미가 있으며, 이들을 이끌고 지휘하는 주인을 전제한다. 결집 생활로서의 집합체와 연합체는 명백히 구분된다. 집

존재하는 것이므로, 그것은 그 총합보다 더 클 것이다. 공공의 행복이 개별자들의 행복 위에 수립되는 것이 아니라, 공공의 행복으로부터 개별자들의 행복이 생겨날 것이다.)[21]

자족 상태에서 우리가 이성적으로 판단해 우리 자신의 이익을 바라보고 공공선에 협력한다는 것은 거짓이다.[22] 개별 이익에 일반선善이 합치될 수 있기는커녕 사물의 자연적 질서에 따라 그것들은 서로 상반된다. 그때 사회의 법은 누구나 타인들에게 채우려고 하지만 자신만은 차고 싶지 않은 족쇄이다. 자족적인 사람이 현자의 타박을 받고서는 이렇게 말한다. "인류 한가운데에서 나는 너무도 불안하고 너무도 혼란하다고 느낀다. 아니, 내가 불행하든지, 내가 다른 사람들을 불행에 몰아넣든지 둘 중 하나일 수밖에 없다. 나보다 더 소중한 사람이 어디 있겠는가."[23] 그러면서 이렇게 덧붙일 수 있

합체에서 주인이 사라지면 개체들은 쉽게 흩어져 버리지만, 연합체에서는 지도자가 없어도 개체들의 결속에는 아무런 영향이 없다. 연합체를 구성하는 개체들은 서로 공고히 결합되어 있어, 화학적 결합체처럼 그 결합을 근본적으로 분리하게 만드는 다른 조건이 없다면 늘 한결같이 결속을 유지하게 된다. 이상의 논의는 이충훈, 「루소와 화학」, 『프랑스사 연구』 28호, 2013년, 76, 77쪽 참조.

21) 중괄호 안의 내용은 원고에서 줄을 그어 삭제한 부분이다.

22) 루소는 이 문장 앞에 "각자 자신을 억제하는 강제력을 통해서나 자기 자신의 이익을 바라봐야만 공공선에 참여할 수 있음이 확실하다"고 썼다가 지웠다.

23) 루소는 이 문장을 디드로의 「자연법」 항목 3절에서 인용했다. 『사회계약론 초고』 본 번역본의 각주 32번 참조. 그러나 뒤이어 큰따옴표로 묶인 언급은 디드로의 것이 아니라 루소 자신의 것이다.

다. "내 이익과 타인의 이익을 화해시키려 해봤자 헛일이다. 당신이 내게 사회의 법의 장점에 대해 말했던 모든 것이 훌륭한 것일 수 있다. 내가 다른 사람들을 위해 양심적으로 법을 준수하는 동시에, 다른 사람들도 나를 위해 법을 준수하리라고 내가 확신했다고 하자. 그런데 그 점에 대해서 당신은 내게 확실히 보증할 수 있는가? 가장 강한 자들이 내게 주고자 하는 고통에 내가 고스란히 노출되어 있는데, 내가 이를 약한 자들에게 보상받을 수도 없음을 알게 될 때 내 상황은 더 나빠질 수 있는 것이 아닌가? 어떤 부당한 기도가 있대도 그에 맞선 보증을 내게 마련해 주든지, 아니면 내가 기회가 왔을 때 그런 부당한 일을 삼가리라고 기대하지 마시라. 당신이 내가 자연법이 부과한 의무를 거부한다면 동시에 자연법이 마련해 준 권리도 누릴 수 없고, 내가 폭력을 쓴다면 사람들이 내게 쓰고자 하는 폭력도 용인된다고 말해 봤자 소용없다. 내가 온건한 태도를 취할 때 어떻게 내가 폭력으로부터 보호받을 수 있을지 알 수 없기 때문에 나는 폭력을 써야 한다는 데 기꺼이 동의한다. 더욱이 내가 약자들과 싸워 얻은 전리품을 강자들과 나누면서 그들과 내 이익을 나눈대도 그것은 내 사정이다. 내가 얻게 될 이득, 나를 지켜 주게 될 안전을 놓고 봤을 때 그것이 정의를 지키는 것보다 나을 것이다." 자족적으로 살아가는 개화된 사람이 이런 식으로 추론하리라는 증거는 사회의 행동 방침을 저 혼자에게 맞추는 주권 사회가 어디서나 그런 식으로 추론한다는 점에서 찾을 수 있다.

종교를 끌어들여 도덕을 돕고자 하고, 신의 의지를 즉각 개입시켜 인간들의 사회를 결속하고자 하는 것이 아니라면 위와 같은 주장에 대해 어떤 확고한 대답을 할 것인가? 그런데 지혜의 신에서 비롯하는 숭고한 개념들, 신이 우리더러 지키라고 한 형제애라는 다정한 법, 신이 우리에게 원하는 진정한 신앙으로서 순수한 영혼들의 사회적 미덕 같은 것은 언제나 대중의 이해를 벗어난다. 그들은 언제나 자기들을 닮은 미치광이 신들을 갖게 될 것이고 그 신들에게 몇 가지 편의를 바치고선, 수만 가지 파괴적이고 끔찍한 정념에 탐닉하는 것으로 그들의 신에게 경의를 표할 것이다. 철학과 법으로 저 폭발적인 광신을 막아서지 못했고, 신들의 목소리를 인간의 더 큰 목소리로 압도하지 않았다면, 지구는 온통 피로 물들고 인류는 이내 멸절하고 말았을 것이다.

사실 위대한 존재와 자연법 개념들이 누구의 마음에나 갖춰져 있는 것이라면 위대한 존재든 자연법이든 이를 일부러 가르치는 일은 정말 불필요한 노력이다.[24] 우리가 이미 알고

---

24) "그러므로 저의 견해는 이렇습니다. 자연의 수중에서 나온 상태 그대로의 발달도 교육도 계발도 없는 인간 정신은 스스로 신에 대한 숭고한 관념에 도달할 수 없지만 우리 정신이 계발되어 감에 따라 그 관념이 우리에게 생겨난다는 것, 생각하고 성찰한 모든 사람의 눈앞에서는 신이 그의 피조물들 속에 모습을 드러낸다는 것, 신은 자연 풍경 속에서 식견 있는 사람들에게 모습을 드러낸다는 것. 통찰력 있는 눈을 가진 사람이라면 그 자연 풍경 속에서 눈을 감지 않는 한 신을 보지 않을 수 없다는 것, 무신론 철학자들은 누구나 악의 있는 추론가들이라는 것, 또는 그들의 오만이 맹목적이라는 것, 그러나 소박하고 진실할지라도 어리석고 무지한 그런 사람들이나 잘못된 생각도 없고 악덕도 없는 그런 정신은 본의 아닌 무지로 인해 자신의 창조주에게 거슬러 올라가지 못해 신이 무엇인지 이해하지 못한다는 것입니다"(장 자크 루소,

있는 것을 또 한 차례 배우는 것인데, 흔히들 가르쳤던 방식으로는 그 사실을 더 잘 잊어버리게 만들기 십상이다. 그 개념들이 존재하지 않았다면, 신이 그 개념들을 마련해 주지 않았던 모든 사람은 그것을 알 수가 없다. 이를 위해 특별한 교육이 필요해졌을 때 즉시 개개의 인민은 자기들에게 유일하게 올바른 개념임이 증명되는 자기만의 개념을 갖게 된다. 그로 인해 화합과 평화보다는 학살과 살육이 더욱 빈번하게 일어나게 된다.

그러니 다양한 종교들이 제시하는 성스러운 계율들은 제

『보몽에게 보내는 편지 / 도덕에 관한 편지 / 프랑키에르에게 보내는 편지』, 김중현 옮김, 책세상, 2014, 51쪽).

신의 관념에 해당하는 것은 자연법의 관념에도 해당된다. 그러므로 이는 '태어날 때 갖고 태어난' 관념이 아니다. 로크와 콩디야크의 가르침을 따르는 루소는 데카르트주의가 내세우는 본유관념을 거부한다. 그러나 그 결과 루소가 자연법의 관념을 거부하는 것은 아니다. 그는 단지 그것은 '획득된' 관념이고 인간에게는 그 관념을 획득하기 위한 지성이 필요하다는 것이다. 그러므로 자연법은 로크가 생각하는 것처럼 자연상태의 법이 아니다. 인간이 자신의 이성을 계발하고, 인간이 위대한 존재로서의 신과 자연법의 개념들을 이해할 수 있게 되는 곳은 사회상태이다. 그러나 '체계적인 자연권'이 없기 때문에 자연상태에서는 "이성보다 먼저 존재하는" 원칙들을 갖는 자연권이 있다. 루소는 자연권의 반대자가 아니다. 그래서 본이 루소를 "자연법 관념의 백지상태"를 만들었다고 찬양하는 것은 잘못된 일이다. 이 문제에 대한 보다 깊은 논의를 위해서는 R. Derathé, *Jean-Jacques Rousseau et la science politique de son temps*, pp. 155 sq.; Franz Haymann, *La loi naturelle dans la philosophie politique de Jean-Jacques Rousseau*, Annales de J.-J. Rousseau, t. XXX, 1943~1945, pp. 65~109 참조.

쳐 두도록 하자. 그 계율을 실천하면 방지할 수도 있었을 범죄를 그 계율을 잘못 실천함으로써 일으키는 것이다. 신학자가 다루어 인류에 큰 손해를 끼치게 했던 문제는 철학자에게 맡겨 검토케 하자.

그렇지만 철학자는 나를 이번에는 인류 앞에 회부할 것이다. 인류의 유일한 정념은 모든 이의 최대선이니 오직 결정권은 인류에게만 주어져 있기 때문이다. 그 철학자는 개인이 인간, 시민, 신민, 아버지, 자식으로서 갖는 경계가 어디이며, 살아야 할 때가 언제이고 죽어야 할 때가 언제인지 알기 위해서는 일반의지에 물어야 한다고 내게 말하리라.[25] 반면 우리

---

25) 디드로는 「자연법」 항목에서 다음과 같이 썼다.

§6. 그런데 우리가 정의와 부정의의 본성을 결정하는 권리를 개인에게서 빼앗았다면 저 엄청난 문제를 어디에서 제기할 것인가? 도대체 어디에서인가? 바로 인류 앞에서이다. 그 본성을 결정할 수 있는 것은 오직 인류뿐이다. 모든 사람이 선을 누리는 것이야말로 인류가 가질 수 있는 유일한 정념이기 때문이다. 개별의지는 믿을 수 없다. 개별의지는 선할 수도 악할 수도 있다. 그렇지만 일반의지는 항상 선하다. 일반의지는 과거에도 속일 수 없었고 미래에도 속일 수 없을 것이다. 동물이 우리 인류와 동등하다시피 했다면, 동물과 우리 인간이 교류할 수 있는 확실한 수단이 있었다면, 동물이 우리 인간에게 그들의 생각과 감정을 명백히 전달할 수 있었다면, 한마디로 말해서 동물들이 총회에서 투표할 수 있었다면 동물에게 도움을 청해야 했을 것이다. 그렇다면 자연법의 원인이 스스로 변론하는 자리는 더는 인류 앞에서가 아니라 동물 앞에서일 것이다. 그러나 동물과 인간은 불변하고 영원한 경계로써 구분되어 있다. 여기서 문제가 되는 것은 오로지 인류에게만 속한 관념과 지식이다. 그 관념과 지식에서 인간의 존엄이 나오며 그것이 인간의 존엄의 구성 요소이다. §7.

의 자족적인 사람은 이렇게 말할 것이다. "고백컨대, 내가 참
조할 수 있는 규칙이 그런 것인 줄 잘 알겠습니다. 그렇지만
제가 그 규칙을 따라야 하는 이유는 아직 모르겠습니다. 제게
중요한 것은 정의가 무엇인지 아는 것이 아니라, 제가 정의
로울 때 무슨 이득을 얻게 될지 아는 것입니다." 사실 각 개
인에게 일반의지는 정념이 침묵할 때dans le silence des passions,
그 개인이 자기와 같은 사람에게 요구할 수 있는 것이 무엇인
지, 자기와 같은 사람이 그 개인에게 요구할 수 있는 것이 무
엇인지 추론하는 지성의 순수 작용임은 누구도 부정할 수 없
을 것이다.[26] 하지만 그렇게 자기를 제 자신과 분리할 수 있

개인이 자신이 어디까지 인간이고, 시민이고, 신민이고, 아버지이고, 아
이인지, 살고 죽어야 할 때가 언제인지 알기 위해서는 오직 일반의지에
물어야 한다. 모든 의무의 한계를 정하는 것이 바로 일반의지이다. 여러
분에게는 더없이 성스러운 자연법이 있으며 이 점에 대해서만큼은 인류
전체가 덤벼도 여러분이 물리칠 수 있다. 여러분의 사유와 여러분의 욕
망의 본성을 여러분에게 일깨워 주게 될 것이 바로 일반의지이다. 여러
분이 동의하게 될 모든 것, 여러분이 깊이 생각하게 될 모든 것은 그것이
일반적이고 공통된 이득을 따른다면 선하고, 위대하고, 고상하고, 숭고
하다. 여러분이 여러분과 같은 모든 존재에게 여러분의 행복과 여러분과
같은 존재들의 행복을 위해 요청하는 것만이 인류에게 본질적인 특징이
다. 여러분이 인류를 벗어났을 때라도, 여러분이 여전히 인류 가운데 남
아 있을 때라도 여러분은 여러분과 같은 모든 존재들과 일치한다는 점을
뚜렷이 느낄 것이다. 이렇게 일치한다는 점을 여러분은 결코 잊어서는
안 된다. 그렇지 않다면 여러분은 선이며, 정의며, 인류애며, 미덕이라는
것이 여러분의 지성 속에서 흔들리는 것을 보게 될 것이다. 자주 이렇게들
말씀하시기 바란다. "나는 인간이며, 나는 인류의 자연법과는 다른 진정으
로 양도할 수 없는 자연법을 갖고 있지 않다"(ENC t. V, p. 116).

는 사람이 도대체 어디에 있겠는가. 자기 자신의 보존을 위한 노력이 자연이 가르쳐준 제일 원칙일 때, 인류 일반도 그

26) 디드로는 「자연법」 항목에서 다음과 같이 썼다.

§9. 그러므로 여러분이 앞에서 언급된 사항을 주의 깊게 숙고한다면 다음과 같은 사항을 확신하게 될 것이다. 1. 오직 자신의 개별의지의 목소리만을 듣는 자는 인류의 적이다. 2. 일반의지는 각 개인이 정념이 침묵할 때dans le silence des passions 인간이 자기와 같은 존재에게 요구할 수 있는 것과 자기와 같은 사람이 자기에게 요구할 수 있는 것에 대해 추론하는 지성의 순수한 행위에 존재한다. 3. 인류의 일반의지와 공통의 욕망을 이렇게 고려하는 것이 같은 사회에서 한 개별자가 다른 개별자와 맺는 행동의 규칙과, 한 개별자가 자신이 구성원으로 있는 사회와 맺는 행동의 규칙과, 자신이 구성원으로 있는 사회와 다른 모든 사회들이 맺는 행동의 규칙이다. 4. 일반의지에의 복종은 모든 사회들을 맺는 끈이며, 범죄를 통해 구성된 사회 역시 예외가 아니다. 슬프도다! 미덕은 너무도 아름다운 것이라 도둑들도 자기들의 소굴 깊은 곳에 가져다 둔 미덕의 이미지를 존중하는 것이다. 5. 법은 한 사람이 아니라 만인을 위해 만들어졌다. 다른 식으로 말하자면 이렇게 혼자 살아가는 자는 우리가 5절에서 억눌렀던 폭력적인 추론가를 닮은 것이리라. 6. 두 의지 중 하나가 일반적이고 다른 하나는 개별적이므로 일반의지는 결코 오류를 범하는 일이 없고 인류의 행복을 위해서 입법의 힘이 어느 의지에 속하는 거며, 존엄한 존재들이 그들의 개별의지로 일반의지의 권위와 무오류성을 결합할 때 그들을 얼마나 숭배해야 하는지 알기란 어려운 일이 아니다. 7. 종들의 개념을 영속적인 흐름 속에서 가정한다고 해도 자연법의 본성은 변하지 않을 것이다. 그 이유는 자연법의 본성이 항상 일반의지와 종 전체의 공동의 욕망과 관계되어 있을 것이기 때문이다. 8. 공정성과 정의의 관계는 원인과 결과의 관계와 같고, 정의는 공정성이 표명된 것과 다른 것이 아니다. 9. 이 모든 결과들은 추론하는 사람에게 명백한 것이고, 추론하고자 하지 않는 자는 인간의 특질을 거부하는 것이므로 타락한 존재로 다루어져야 마땅하다(ENC t. V, p. 116).

렇게 바라보도록 강제할 수 있는가? 그래서 자기와 그가 이루는 개별적인 구성과 관계를 맺어야 할 의무가 있음을 모르는데 그 의무를 스스로 부과할 수 있을까? 앞에 제시한 반박은 여전히 그대로 남아 있지 않은가? 어떻게 개별이익이 자기가 일반의지를 따르도록 요청하는 것인지 다시 생각해 봐야 하지 않겠는가?

더욱이 이런 식으로 관념을 일반화하는 기술이 인간 지성이 수행하는 가장 어려운 훈련이고 가장 뒤늦게 이루어지는 훈련[27]이므로, 일반 대중이라면 이런 추론 방식을 통해 자신의 행동 규칙을 끌어낼 수 있게 될까? 어떤 개별 행위에 대해 일반의지를 참조해야 할 때, 선의를 가진 사람이라도 얼마나 여러 번 규칙과 적용을 잘못 판단하는 것이며, 법에 복종하고 있다고 생각하면서 자신의 성향만을 따를 뿐인 걸까? 그러니 오류에 빠지지 않기 위해서는 어떻게 해야 할 것인가? 내면의 목소리에 귀를 기울여야 할까? 하지만 흔히들 말하듯 이 목소리는 사회 속에서, 사회의 법을 따라 습관적으로 판단하고 감각하다 보니 형성되었을 뿐이라고들 한다. 그러니 내면의 목

---

27) 루소는 『신엘로이즈』의 주인공 생 프뢰가 에드워드 경에게 보내는 5부 세 번째 편지에서 "지식을 자랑하는 모든 부모들이 공통적으로 저지르는 오류는 자기의 아이들이 태어날 때부터 이성적이라고 생각하고 그들이 말하는 법을 배우기 전에도 어른들에게 하는 것처럼 그들에게 말한다는 것입니다. 이성은 아이들을 가르치기 위해 사용하는 도구입니다. 다른 도구들이 이성의 도구를 도와하는 데 사용되고, 인간에게 고유한 모든 교육 중에서 사람이 가장 늦게 획득하고 가장 어렵사리 획득하는 것이 이성 자체"라고 말한다.

소리로 법을 제정할 수 없는 것이다. 그리고 마음속에 양심보다 더 강력하게 말하고, 양심의 소심한 목소리를 짓눌러 버리기에, 결국 철학자들로 하여금 그런 목소리란 존재하지 않는다고 주장하게 하는 그런 정념들이 전혀 생기지 않아야 할 것이다. 성문법成文法의 원칙들이며, 모든 인민의 사회적인 활동이며, 인류의 적들조차 갖는 암묵적인 관습들을 살펴봐야 할까?[28] 그런대도 최초의 난점은 언제나 되돌아온다. 우리가 사회질서를 상상해 본다 해도 결국 그것도 우리 사이에 이미 세워진 사회질서에서 끌어올 수밖에 없다. 개별 사회들을 보고서야 일반 사회를 생각해 낼 수 있고, 소小공화국들이 수립된 것을 보고 나서야 대大공화국을 세울 생각을 할 수 있고, 우리는 먼저 시민이고 난 다음에야 정말로 인간이 되기 시작한다. 이를 통해 이른바 세계시민이라는 사람들을 어떻게 생각해야 하는지 알게 된다. 그들은 자기들이 조국을 사랑하는 증거를 인류를 사랑한다는 점에서 찾으므로 아무도 사랑하지 않을 권리를 얻으려고 만인을 사랑한다고 자부하는 사람

---

28) 디드로는 「자연법」 항목에서 다음과 같이 썼다.

§8. 그러나 여러분은 내게 이렇게 말할 것이다. 일반의지의 장소를 어디에서 찾을 수 있는 거며, 어디에서 일반의지를 확인할 수 있느냐고 말이다. …… [일반의지는] 모든 개화된 국민들의 성문법의 원칙에서 찾을 수 있다. 야만적이고 원시적인 민족들의 사회적 행동에서 찾을 수 있다. 인류의 적들이 서로 갖고 있는 묵계에서 찾을 수 있다. 분개와 원한에서도 찾을 수 있다. 자연은 사회법과 공공의 복수를 모르는 동물에게까지 이 두 정념을 마련해 놓아 그것을 대신하게 했다(ENC t. V, p. 116).

들이다.[29]

이 점에 대해 우리가 추론을 통해 알게 된 것은 사실을 통해 완벽히 입증된다. 상고시대로 조금만 거슬러 올라가 보기

---

29) 『백과사전』의 「세계시민」 항목은 이 단어를 다음과 같이 설명한다.

> 간혹 이 단어를 정해진 거처가 없는 사람이나 세상 어디에서도 외국인이 아닌 사람을 가리키는 말로 농담처럼 쓰곤 한다. 이 단어는 세계κόσμος라는 말과 도시πόλις라는 말에서 왔다. 어디 출신이냐고 묻자 '나는 세계시민, 곧 세상의 시민이요'라고 했다던 고대의 한 철학자처럼, '나는 나보다 내 가족이 더 좋고, 내 가족보다 내 조국이 더 좋고, 내 조국보다 인류가 더 좋소'라던 어떤 이가 있었다(ENC t. IV, p. 297).

루소는 이런 '세계시민'에 부정적이다. 그는 『에밀』 1권에서 "부분적인 사회란 모두 유대 관계가 긴밀하고 단결력이 강해지면 규모가 큰 사회에서 이탈하기 마련이다. 애국자들은 모두 외국인에게 냉혹하다. 외국인들은 단지 인간일 뿐 그들이 보기에는 아무것도 아니기 때문이다. 이런 부정적 측면은 불가피하지만 대수롭지는 않다. 중요한 것은 우리와 더불어 사는 사람들에게 친절하게 대하는 것이다. 스파르타인은 나라 밖에서는 야심만만하고 인색하며 편파적이었다. 그러나 그들의 성벽 안에서는 무욕과 공정과 화합이 넘쳐 났다. 주위 사람들에게는 의무를 다하지 않으면서 그것을 멀리 책속에서 찾으려 드는 세계시민들을 경계하라. 그런 철학자는 자기의 이웃을 사랑하지 않아도 되기 위해 타타르인을 사랑한다"(장 자크 루소, 『에밀 또는 교육론 1』, 이용철·문경자 옮김, 한길사, 2007, 62쪽)라고 썼다. 한편 『인간 불평등 기원론』에서는 "원래 사람과 사람 사이에서 발휘되었던 그런 동정심의 힘은 이 사회 저 사회를 거치면서 거의 다 사라졌으니, 인민들을 갈랐던 상상의 경계를 뛰어넘어, 그 모든 인민을 창시했던 지고한 존재의 모범을 따라 선행을 베풀어 전 인류를 포용한 범세계적인 몇몇 위대한 영혼들에게나 간신히 남아 있을 뿐이다"(장 자크 루소, 『인간 불평등 기원론』, 128쪽)라고 쓰기도 했다.

만 한다면 고결하기까지 한 자연법이며, 모든 인간들이 갖는 다는 형제애며 하는 생각이 널리 퍼진 것은 대단히 늦은 일이고, 발전 속도도 완만했으니, 이런 관념을 충분히 일반화했던 곳은 기독교 세계뿐이었음을 쉽게 알 수 있다. 유스티니아누스 법전만 보더라도 많은 점에서 적으로 선언된 자들은 물론, 로마제국의 신민이 아닌 모든 자에게 고대의 폭력이 허용되었음을 볼 수 있다. 그랬으니 로마인들의 인류애는 그들이 지배하고 있던 곳 너머로 확장되지 못했다.

실제로 흐로티위스가 주목한 대로[30] 고대인들은 외국인들,

---

30) "그 당시는 선전포고 없이 외국인들을 도둑질하고 약탈하는 것이 허용되었던 것 같다. 이로부터 투키디데스가 지적했듯이 외국인들에게 강도요, 해적이요 묻는대도 그들은 놀라지 않았다. 호메로스에서도 마찬가지로 이런 사례를 발견할 수 있다. 그리고 솔론의 고대 법률에 '약탈을 위해 연합한' 사람들의 공동체가 언급되기도 했다. 유스티니아누스의 지적에 따르면 타르퀴니우스 시대까지 해적이라는 직업은 대단히 영예로운 것이었다고 한다. 또 로마법을 보면 우정, 환대의 권리, 연합의 관계를 전혀 맺지 않은 민족들을 적으로 간주할 수는 없지만, '로마인들'에게 속한 어떤 것이 이들 민족 중 어떤 나라에 존재하거나 반대로 이들 중 어떤 민족에 속한 무엇이 '로마인들'이 지배하는 땅에 존재한다면, 각자는 상호적으로 자기 나라에 있는 외국인들의 재산을 마음대로 할 수 있고, 그래서 이 때문에 자유로운 사람이 노예 상태에 빠지게 된다. 포스틸리미니법이 적용될 수 있는 경우들 가운데 한 가지가 이런 상황이다. 코린토스 사람들은 투키디데스가 그들에게 했던 연설에서 코르시레 사람들이 펠로폰네소스전쟁 이전에 실제로 아테네 사람들의 적이 아니라, 그들과 평화도 휴전도 맺지 않았다는 점을 보여 주었다. 살루스티우스는 무어인들의 왕 보쿠스에 대해 말하면서 로마 사람들은 그와 전쟁을 치르지도 평화를 맺지도 않았다고 말했다. 아리스토텔레스는 야만인들을 상습적으로 약탈하는 사람들을 찬양했다. 라틴

특히 야만인들을 대상으로 도둑질하고, 약탈하고, 학대하여, 노예로까지 만들 수 있다고 오랫동안 생각했다. 그랬으니 처음 본 사람들에게 혹시 강도나 해적은 아닌지 물어도 기분 상해하지 않았다. 당시에 그런 일에 종사하는 것은 비열한 일은 커녕 영예로운 일로 여겨졌다. 헤라클레스와 테세우스와 같은 초기 영웅들도 강도들과 싸웠지만 그 영웅들도 결국 강도 짓을 계속했다. 그리스 사람들은 전쟁 중이지 않은 민족들 사이에서 체결하는 조약을 평화조약이라는 이름으로 불렀다. 여러 옛 민족들, 특히 라틴 사람들에게 외국인이라는 말과 적이라는 말은 동의어였다. 특히 라틴 사람들이 그랬다. 키케로는 "외국인hosts이라는 말은 사실 우리 선조들의 시대에는 이방인peregrinus으로 불렸던 사람들이다"Hostis enim apud majores nostros dicebaturm quem nunc peregrinum dicimus[31]라고 했다. 그러므로 홉

어에서 '적'을 가리키기 위해 사용하는 이 말 자체는 처음에는 외국인만을 뜻하는 말이었다"(Hugo Grotius, *Droit de la guerre et de la paix*, 1권 15장 §5, trad. Barbeyrac, t. I, Bâle, Emanuel Thourneisen, 1746, pp. 476, 477).

31) 키케로, 『의무론』*De officiis*, 1권 12장(마르쿠스 툴리우스 키케로, 『키케로의 의무론』, 허승일 옮김, 서광사, 2006, 40쪽). 바르베락이 흐로티위스 텍스트에 붙인 주석에서 빌려온 인용문인데, 루소는 dicebatur 앞의 is를 빠뜨렸다. 키케로의 인용문의 앞뒤를 읽어 보자. "참으로 나는 본래의 명칭이 싸우는 적perduellis이었던 것이 외래 손님hostis으로 불린 사실에 주목하는데, 이 말은 표현을 부드럽게 하여 거친 것을 완화한 것이다. '외국인hostis이라는 말은 사실 우리 선조들의 시대에는 이방인peregrinus이라고 불렸던 사람들이다.' 이것은 12표법에 나와 있는 '또는 외국인hostis과 재판하는 날로 정해진 하루'라는 규정과 그리고 또 '외국인hostis과의 거래에서 소유권은 영원히 불가양도의 상태에 있다'라는 규정에

스의 오류는 독립적이고 사회성을 갖게 된 사람들에게 전쟁
상태를 설정한 것이 아니라, 이런 자연상태를 종(種)이 가진 것
으로 전제했다는 것, 그리고 악의 결과인 이 상태를 악의 원인
으로 제시했다는 데 있다.

　　그러나 사람들 사이에 자연적이고 일반적인 사회란 없다
고 해도, 사람들이 사회를 이루어 살아가게 되었을 때 불행하
고 악해진다고 해도, 자연상태에서 자유롭게 살아가는 동시에
사회상태의 필요를 따르는 사람들에게 정의와 평등의 법이
란 것이 아무런 가치가 없다고 해도, 우리가 미덕도 행복도
없는 존재이고, 하늘도 인간 종이 속수무책으로 타락하도록
방치해 버렸다고 생각해서는 안 된다. 악 자체에서 그것을 치
유할 약을 얻도록 노력하도록 하자. 새로운 연합을 만듦으로
써, 일반적인 연합이 갖는 오류를 가능하다면 고쳐 보도록 하
자. 우리와 격렬히 토론하는 대화 상대자[32] 스스로 그것의 성

서도 입증된다. 전쟁이 일어나면, 네가 대항해서 싸워야 할 자를 그토록
부드럽게 부르는 것보다 더 부드러운 명칭이 어디 있겠는가? 그렇지만
오랜 세월이 흘러 이제 그 명칭은 더욱 거칠게 되었는데, 구체적으로 말
해, 외국인의 의미에서 본래의 의미로 되돌아가 무기를 들고 대결하는
적으로 되었다"(같은 책, 40, 41쪽).

32) 디드로가 쓴 「자연법」 항목의 2~4절을 읽어 보자.

　　§2. 우리는 초라하고, 논쟁을 일삼고, 불안한 존재로 살아간다. 우리는
정념이 있고 채워야 할 필요가 있다. 우리는 행복하고 싶다. 어느 순간이
라도 부당하고 정념에 사로잡힌 인간은 남이 그에게 하지 말았으면 하는
것을 남에게 가할 수 있다고 생각한다. 이는 그의 마음 깊은 곳에서 울리
는 판단이며 그는 이를 숨길 수 없다. 그는 자신이 얼마나 사악한지 본

공을 판단해야 한다.[33) 그자에게 걸음마를 뗀 기술[34)이 자연에 행한 악이, 완성된 기술을 통해 복원된다는 점을 보여 주도록 하자. 그자가 행복한 상태라고 생각했던 시기가 얼마나

다. 그는 그 점을 고백하거나 자기가 부당하게 차지한 권위를 모두에게 부여해야 한다. §3. 그러나 그토록 강렬한 정념에 고통스러워하는 사람에게 우리는 어떤 비판을 할 수 있을까? 그는 정념을 채우지 못한다면 그의 삶 자체가 번거로운 짐이 되는데 말이다. 타인의 존재를 처분할 권리를 얻기 위해 그들에게 자신의 존재를 내맡기는 자는 누구인가? 그가 이런 과감한 말을 한다면 우리는 그에게 뭐라고 대답해야 하는가? "나는 인류가 공포와 혼란을 준다고 느낀다. 그러나 내가 불행해지거나 내가 다른 사람들을 불행하게 하거나 해야 한다. 내가 나 자신이 소중한 이상으로 나보다 더 소중한 사람은 없다. 누가 이런 편애를 비난할 수 있겠는가? 누구도 자유롭지 않은 것이다. 자연이 목소리가 내게 호의적으로 말할 때 이상으로 그 목소리가 내 안에서 강렬하게 말할 때는 없다. 오, 인간들이여! 내가 도움을 청하는 이, 바로 여러분이다. 벌받는 일도 없고 비밀이 확실히 지켜지리라는 점이 확실했다면 여러분 중에 죽어 가는 순간 인류 대부분을 희생해서라도 자기 삶을 구하려 들지 않을 이가 있는가?" 그렇지만 그는 계속 이렇게 말한다. "나는 공정하고 표리부동하지 않다. 내 행복을 위해 내게 성가신 모든 존재들을 쫓아내야 하는 것처럼 어떤 개인이 나를 성가시게 생각한다면 그가 누구라도 나라는 존재를 쫓아내야 할 것이다. 그것은 이성이 바라[顯]는 바이고, 나는 이를 받아들인다. 나는 내가 타인에게 하고자 하지 않는 희생을 타인에게 요구할 정도로 부당한 사람이 아니다." §4. 먼저 나는 선한 사람과 악한 사람이 시인할 것으로 보이는 한 문제를 깨닫는다. 인간은 그저 동물일 뿐만 아니라, 추론하는 동물이므로 모든 면에서 추론해야 하고, 그 결과 지금 관건이 되는 문제에서는 진리를 발견할 방법이 있고, 진리를 찾고자 하지 않는 사람은 인간의 자격을 거부하는 자이며, 인간 종은 모두 그를 야수와 같이 취급해야 하고, 일단 진리가 발견되었는데 그 진리에 순응하지 않으려는 자는 누구라도 미친 자이거나 도덕적으로 사악한 자이기 때문이다(ENC t. V, pp. 115, 116).

빈곤했는지, 견고하다고 생각했던 추론[35]은 또 얼마나 그릇

33) 디드로는 「자연법」 항목 3절에서 내세운 '격렬한 추론가'에게 다음과 같이 답해야 한다고 썼다. "§5. 그러니 우리의 격렬한 추론가를 제압하기 전에 그에게 어떻게 답변해야 할까? 그의 말 전체는 결국 타인에게 자신의 존재를 내주는 동시에 그가 타인의 존재에 대한 권리를 얻었는지 아는 문제로 귀결한다. 그는 행복하고 싶을 뿐만 아니라, 공정한 자가 되고자 한다. 자신의 공정함을 통해서 악인이라는 딱지를 떼고 싶은 것이다. 그렇지 않으면 그에게 대답하지 않고 그를 제압해야 할 것이다. 그러므로 우리는 그가 저버리는 것이 완벽하게 그의 것이 아닐지라도, 그가 그것을 자신의 뜻대로 처분할 수 있다는 점을 주목하게끔 해야 한다. 그가 타인들에게 제안하는 조건이 그들에게 더욱 이득이 될지라도 그는 타인들이 그 조건을 받아들이게끔 할 수 있는 합법적인 권위가 전혀 없다. ……"

34) 여기서는 통치 기술art de gouverner을 말한다. 마키아벨리와 홉스는 통치 기술을 인위적인 것으로 간주했지만, 푸펜도르프와 흐로티위스는 이 기술을 사회에 유용하게 써보고자 했다.

35) "…… 악 자체에서 그것을 치유할 약을 얻도록 노력하도록 하자. 새로운 연합을 만듦으로써, 일반적인 연합의 내적 오류를 고쳐 보도록 하자. 우리와 격렬히 토론하는 대화 상대자 스스로 우리의 과업을 판단해야 한다. 그자에게 걸음마를 뗀 기술이 자연에 행한 악이, 완성된 기술을 통해 복원된다는 점을 보여 주도록 하자. 그자가 행복한 상태라고 생각했던 시기가 얼마나 비참했는지, 더 잘 합의된 사태들의 구성에서 올바른 행동들의 가치며, 올바르지 못한 행동들의 징벌이며, 정의와 행복의 다정한 일치가 어떻게 이루어지는지 보여 주도록 하자. 새로운 지식으로 그의 이성을 비춰 주고, 새로운 감정으로 그의 마음을 뜨겁게 해보자. 그를 그와 같은 사람들과 결합하여 그 수가 늘어나는 즐거움을 느끼는 법을 가르쳐야 하고, 마지막으로 그가 더 잘 합의된 제 자신의 이득을 위해 공정하고, 선량하고, 온화하고, 덕성스러운, 인간들의 친구가, 우리 시민이 되기에 가장 합당한 친구가 되도록 해야 한다"(『정치 단편들』, OC III, pp. 479, 480).

되었는지 보여 주도록 하자. 선한 행동의 보상, 악한 행동의 처벌, 정의와 행복의 사랑스러운 일치가 사물의 어떤 최상의 상태 안에 있음을 보게 하자. 새로운 지식의 빛으로 그의 이성을 밝히고, 새로운 감정으로 그의 마음을 뜨겁게 달아오르게끔 하자. 그가 자신의 존재와 행복을 그와 같은 사람들과 나눔으로써 배가하도록 만들자. 내가 열의로 인해 이 기획에서 눈이 멀지 않는다면, 저 인류의 적도 강한 마음과 바른 양식을 갖게 되면 결국 증오와 오류를 버리게 되고, 그를 한때 미혹케 했던 이성이 그에게 다시 인류애를 찾아 주고, 그럴듯한 이익보다는 바르게 이해된 이익을 선호할 줄 알게 되고, 선하고, 덕성이 넘치고, 다정다감한 자가 반드시 되리라는 점을 확신하도록 하자. 요컨대 그가 과거에 흉포한 강도였을지라도 이제 그는 올바른 질서 위에 세워진 사회를 지탱하는 더없이 단단한 받침목이 되리라.

3장
기본계약에 대해[36]

　인간은 자유롭게 태어나 어디에서나 쇠사슬에 묶여 있다. 자기가 다른 사람들의 주인이라고 믿는 자가 그들보다 더한 노예로 산다. 이런 변화가 어떻게 일어났을까? 누구도 모른다.[37] 어떻게 하면 이 변화를 정당한 것으로 만들 수 있을까? 이 점에 대해서는 말해 볼 수도 있다.[38] 힘과 다른 것들만을[39] 고려한다면 나는 이렇게 말하겠다. 누군가 인민을[40] 복종하지

---

36) "기본계약pacte fondamental에 따르자면 일반의지만이 개별자들을 강제할 수 있고, 어떤 개별의지가 일반의지에 부합하는지 아닌지는 그것을 인민의 자유로운 투표에 맡겨 본 후에야 확인할 수 있"다(『사회계약론』, 김영욱 옮김, 55쪽). 『사회계약론』과 동일한 부분은 김영욱의 번역을 그대로 가져왔으며, 차이가 있는 부분에는 각주를 달아 표시했다. 이전 부분과 달리 3장은 『사회계약론』 최종판과 거의 유사하다.

37) 『사회계약론』 1권 1장, 김영욱 옮김, 11쪽. 『사회계약론』에서 루소는 "나는 모른다"Je l'ignore고 썼지만, 『사회계약론 초고』(이하 『초고』로도 표기)에서는 "누구도 모른다"On n'en sait rien고 썼다.

38) 역시 『사회계약론』에서는 "이 문제는 내가 풀 수 있다고 생각한다"Je crois pouvoir résoudre cette question였지만, 『초고』에서는 "이 점에 대해서는 말해 볼 수도 있다"Il n'est pas impossible de le dire라고 썼다. 『사회계약론』에서 루소는 '나'Je를 내세웠지만 『초고』에서는 그렇지 않다.

39) "힘과 다른 것들만을"ainsi que les autres이 『사회계약론』에서는 "힘과 힘에서 나오는 결과"로 대체되었다.

40) 『사회계약론』에서 "한 인민을"un peuple이 『초고』에서는 '인민을'le peuple로 되어 있다.

않을 수 없게 해서 그들이 복종하고 있다면, 그 인민은 잘하고 있는 것이다. 그런데 족쇄를 벗을 수 있게 되어 그래서 그 즉시 족쇄를 벗어버린다면, 그들은 훨씬 더 잘하는 것이다. 이 것은 그들에게서 자유를 빼앗아 간 것과 동일한 권리를 통해 자유를 회수하는 것이라, 그들이 자유를 다시 취할 근거가 아주[41] 분명하든지 아니면 그들에게서 자유를 빼앗은 행위가 근거 없는 것이었든지, 둘 중 하나이기 때문이다. 사회질서는 다른 모든 권리의 기초가 되는 신성한 권리다. 그런데 이 권리의 근원은 자연에 있지 않고,[42] 따라서 한 가지 합의[43]에 근거를 둔다. 중요한 것은 이 합의가 무엇이며 어떻게 이루어질 수 있었는지[44] 아는 것이다.

인간의 필요가 그의 능력을 넘어서고, 욕망의 대상이 늘어나고 증가하게 되자, 그는 영원히 불행한 채 살든지, 제 자신을 새롭게 만들어 자기 자신 안에서는 더는 찾을 수 없는 능력을 끌어오든지 해야 한다.[45] 우리의 자기보존에 해가 되는 장애물들의 저항이 너무도 강해서 각 개인이 이를 극복할

---

41) 『사회계약론』에서는 "아주"bien라는 말이 삭제되었다.

42) 『사회계약론』에서는 "이 권리는 자연에서 유래하지 않고"로 고쳤다.

43) 『사회계약론』에서는 "여러 합의들"des conventions로 고쳤다.

44) 역시 『사회계약론』에서는 "그 합의들"ces conventions로 고쳤고, "어떻게 이루어질 수 있었는지"는 삭제했다.

45) 『사회계약론』에서는 생략된 문장이다. 찰스 에드윈 본의 지적처럼 디드로의 「자연법」 항목 3절을 암시하고 있기 때문일 것이다. 디드로가 쓴 위의 항목 3절은 『사회계약론 초고』 본 번역본의 각주 32번에 번역되어 있다.

힘을 압도하게 되자 원시 상태는 더는 존속할 수 없고, 기술이 자연을 돕지 않는다면 인류는 절멸할지도 모른다.[46] 그런데 인간은 새로운 힘을 만들어 낼 수 없고 다만 존재하는 힘들을 합하고 지휘할 수 있을 뿐이다. 따라서 결집을 통해 여러 힘을 모아 저항력을 이겨내고, 하나의 동력으로 힘들을 작동하게 하고, 일치 협력하여 움직이도록 하고, 하나의 목적으로 이끄는 것만이 자신을 보존하기 위한 유일한 수단이다. 이 문제는 결국 국가를 설립하는 것으로 근본적으로 해결된다.

그래서 우리가 이런 조건들을 수집하고, 사회계약에서 그것에 본질적이지 않은 것을 제외한다면 우리는 사회계약이 다음의 말로 환원됨을 알게 될 것이다. "우리 각자는 공동으로 의지, 재산, 힘, 인격을 일반의지의 지도[47] 아래 둔다. 그리고 우리는 단체로서 각 구성원들을 전체의 양도할 수 없는 부분[48]으로 받아들인다."

그 즉시 이 회합행위는 각 계약자의 개별적인 존재 대신에 총회의 투표수와 동수인 구성원으로 이루어진 사회적이

---

46) "······ 인류는 존재 방식을 바꾸지 않으면 소멸할 것이다"(『사회계약론』, 김영욱 옮김, 23쪽). 루소는 '자연을 돕는 기술'을 이후 삭제했다. 『초고』에서는 자연상태의 인간이 더는 그 상태에 머물 수 없는 상황이 도래했으며, 인간은 더는 자연상태의 회복이 아니라, 사회체를 올바르게 형성하고 합리적으로 관리하는 '(통치)기술'에 의존할 수밖에 없게 되었다는 점을 강조한다.

47) 『사회계약론』에서는 "최고 지도"la suprême direction로 고쳤다.

48) 『사회계약론』1권 6장에서는 "전체의 분리 불가능한 부분"(김영욱 옮김, 25쪽)으로 고쳤다. '단체로서 각 구성원'은 '시민'citoyen을 가리킨다.

고 집단적인 단체corps moral et collectif를 생산하며, 공동의 자아는 이 단체에 공식적인 통일성, 생명, 의지를 부여한다.[49] 이렇게 나머지 모든 존재의 결합을 통해 형성되는 이 공적 인격 personne publique을 일반적으로 정치체라는 이름으로 부르는데,[50] 정치체는 이 공적 인격이 수동적일 때는 국가로, 능동적일 때는 주권자로, 그리고 그것을 그와 같은 사람들과 비교할 때는 권력이라고 불린다. 구성원들은, 집단적으로는 인민이라는 이름을 가지며, 개별적으로 지칭될 때는 주권의 권한에 참여하거나 도시를 구성하는 사람이라는 이름의 시민으로, 국가의 법에 종속된 자로서는 신민으로 불린다. 하지만 이들 용어는 정확한 의미로 사용되는 일이 드물고 하나가 다른 하나로 이해되므로, 본 논고에서 의미를 밝혀 줄 필요가 있는 경우에[51] 구별할 수 있으면 된다.

49) 『사회계약론 초고』에서 "공식적인 통일성, 생명, 의지"l'unité formelle, la vie et la volonté라고 쓴 부분이 『사회계약론』 1권 6장에서는 "[이 단체는 이와 같은 회합행위로부터] 통일성, 공동의 자아, 그리고 생명과 의지[를 부여받는다]"(김영욱 옮김, 25쪽)로 수정되었다. 김영욱은 corps moral et collectif를 "집단적 가상단체"로 옮겼다. 이 번역어에 대해서는 김영욱의 주석 42번(198, 199쪽)을 참조.

50) 『사회계약론』, 1권 6장(김영욱 옮김, 25, 26쪽). 이 공적 존재는 "예전에 도시국가라는 이름을 가지고 있었고, 지금은 공화국 또는 정치체라는 이름을 가진다." 정치체 및 사회체라는 표현은 앞서 '전체의 분리 불가능한 시민들'을 추상화한 것이다. 시민들은 느슨하게 결합된 개개인의 집합이 아니라, 시민 각자가 정치체를 대표représenter한다.

51) 『사회계약론』, 1권 6장. "매우 정교하게 사용되는 경우에"(김영욱 옮김, 26쪽).

이런 계약 서식을 통해 우리는 다음을 알게 된다. 최초의 연맹 행위[52]는 공중과 개별자들 사이의 상호적인 약속[53]을 포함한다. 그리고 각 개인은 말하자면 자기 자신과 계약함으로써 어떤 이중의 관계에 결부된다. 즉, 그는 개별자들에 대해서는 주권자의 구성원이며, 주권자에 대해서는 국가의 구성원이다. 그러나 자신과 맺은 약속은 책임질 필요가 없다는 시민법의 원칙을 여기에 적용할 수 없다는 점을 지적해야 한다.[54] 왜냐하면 자기 자신에게 의무를 지는 것과 자신을 부분으로 포함하고 있는 전체에 의무를 지는 것 사이에는 큰 차이가 있기 때문이다. 또한 다음을 지적해야 한다. 공적 심의가 모든 신민에게 주권자에 대한 의무를 부과할 수 있는 것은, 각 신민이 두 가지 상이한 관계 속에 놓여 있기 때문이다. 그런데 반대 이유로 공적 심의는 주권자에게 그 자신에 대한 의무를 부과[55]할 수 없다. 따라서 주권자가 자기 자신에게

---

52) 『사회계약론』 1권 7장에서는 "회합행위"acte d'association(김영욱 옮김, 26쪽)라고 표현되었는데, 『초고』에서는 "연맹"condédération이라고 되어 있다. 『사회계약론』 3권 15장 마지막 부분에 실린 루소의 주석에서 그는 연맹이라는 단어를 사용하면서 이렇게 쓰고 있다. "…… 나는 대외관계를 다루면서 연맹confédération에 대해 논했을 것이다. 이것은 매우 새로운 주제이고, 그 원리는 여전히 확립되어 있지 않다"(김영욱 옮김, 120쪽).

53) 『아카데미 프랑세즈 사전』은 이 단어 engagement을 "원하는 바를 더는 자유롭게 행할 수 없게 하는 약속, 결합, 의무"라고 정의하고 있다.

54) 『사회계약론』(김영욱 옮김, 27쪽)에서는 "…… 는 점을 지적해야 한다"는 표현이 생략되었다.

55) 원고에서 '규정하다'se prescrive라는 말을 지우고 '부과하다's'impose라

법을 부과한다는 것은 정치체의 본성에 어긋난다. 이때 주권자는 유일하고 동일한 관계 속에서만 고려되기에, 자기 자신과 계약하는 개별자의 경우와 같게 된다. 이로써 분명해지는 것은, 인민 단체에게는 어떤 종류의 기본법도 의무가 되지 않으며 의무가 될 수도 없다는 것이다. 이는 단체로서의 인민이 적어도 자신의 본성과 모순되지 않을 때[56] 타인과 어떤 약속도 맺을 수 없음을 뜻하지는 않는다. 이 단체는 외국에 대해서 보자면 단순한 존재이거나 개인이기 때문이다.[57]

많은 사람들이[58] 이렇게 하나의 단체로 결합되면 구성원 중 하나에 상처를 입힌다는 것은 그가 한 부분을 구성하는[59]

는 단어로 바꿨다.

56) 『사회계약론』 1권 7장에서는 "적어도 자신의 본성과 모순되지 않을 때"를 삭제하고 "사회계약을 위반하지 않는 것에 있어서조차"(김영욱 옮김, 27쪽)로 대체했다.

57) 『정치경제론』(본 번역본 9쪽)을 참조. 루소에게 (도시)국가cité와 외국의 구분은 대단히 중요하다. 루소의 『사회계약론』은 최초의 사회계약과 국가의 설립이 '만장일치'로 이루어졌음을 강조한다. 자연상태에서 국가의 설립으로 이행하는 과정에서 만장일치로 이루어진 동의를 인류 전체의 동의로 확장할 수는 없다. 그러나 사회계약에 동의하지 않은 자는 그대로 사회 밖에 남을 것이다. 이렇게 형성된 국가는 하나의 단일체이며, 외국은 항상 이 단일체의 여집합으로서 그 외부에 존재하게 된다. 이런 점에서 루소의 입장은 자연법 사상가들은 물론 디드로와도 맞선다.

58) 『사회계약론』은 여기서 "하지만 정치체 혹은 주권자는 …… 생산하지 못한다"(김영욱 옮김, 27쪽)의 한 문단을 추가하고 있다.

59) "그가 한 부분을 구성하는"은 『사회계약론』에서 삭제되었다(김영욱 옮김, 28쪽 참조).

단체를 공격하는 것과 같고, 단체를 공격하면 구성원들은 그만큼 그 고통을 느끼지 않을 수 없다. 이는 지금 말하고 있는 공동생활 외에도 구성원들을 이루는 부분까지는 주권자의 힘이 아직 미치지 않았고, 구성원들이 이를 안전하게 누리려면 사회의 보호가 필요한 까닭이다.[60] 그러므로 의무와 이익에 의해 두 계약 당사자는 똑같이 서로 도울 의무를 갖게 되므로, 이 두 사람은 이 이중의 관계에서 기인하는 모든 이점을 결합하기 위해 애써야 한다. 하지만 주권자는 오직 자신을 구성하는 개별자들[61]에 의해 형성되므로, 개별자들의 이득에 반$_{反}$하는 이득을 갖지 않고, 그 결과 주권자의 권력Puissance souveraine은 개별자들에게 어떤 보증도 내세울 필요가 없는데, 그것은 단체가 자신의 구성원에게 해를 끼치고자 하는 것은 불가능한 일이기 때문이다. 그렇지만 주권자에 대한 개별자들의 관계는 이와 같지 않다. 공동의 이익을 위한 일이라도 신민들이 약속 엄수를 확보할 수단이 없으면, 주권자는 그들이 약속을 지킬지에 대한 아무런 보장도 받을 수 없다. 실제로 각 개인은 그가 시민으로서 가지는 일반의지와 반대되거나 상이한 개별의지를 인간으로서 가질 수 있다.[62] 그의 존재 양식은 절대적

---

60) "이는 지금 말하고 있는 …… 까닭이다"는 『사회계약론』(김영욱 옮김, 28쪽 참조)에서 삭제되었다.

61) 『사회계약론』 1권 7장(김영욱 옮김, 28쪽)에서는 "신민들"sujets로 바꿔 표현했다.

62) "그의 개별이익은 공동이익과 아주 다른 것을 그에게 속삭일 수 있다"가 『사회계약론』(김영욱 옮김, 28쪽)에 추가된다.

이며 본래 독립적이므로 그는 공동의 목적을 위해 수행해야 하는 의무가 이유 없는 분담금처럼 간주될 수 있으며, 그것을 지불함으로써 자신이 떠맡아야 하는 부담이 그것을 내지 않아 생긴 손실에 의해 다른 사람들이 입는 해보다 더 크게 보일 수 있다. 또한 그는 국가를 구성하는 사회인이 개별적인 인간이 아니라는 이유로 관념적 존재로 간주함으로써, 신민의 의무는 다할 생각도 하지 않은 채 시민의 권리를 누릴 것이다. 이런 불의가 번지면 정치체는 결국 파멸을 맞을 것이다.

그러므로 사회계약이 헛된 서식이 되지 않기 위해, 주권자는 개별자들의 동의와는 별개로 공동의 목적을 위해 개별자들이 약속을 지키겠다는 어떤 보증을 받아야 한다.[63] 통상 이런 보증 가운데 제일 좋은 것이 선서를 하는 것이지만 이는 정치제도institutions politiques에는 적합하지 않다. 선서가 기

---

63) 앞에서 루소는 "주권자의 권력은 개별자에게 어떤 보증도 내세울 필요가 없"다고 썼지만, 이 부분에서 주권자는 개별자들에게 보증을 요구해야 한다고 쓰고 있다. 루소가 말하는 주권자는 그 어떤 경우에도 개인일 수 없다. 개인은 전체의 일부면서 전체(의 의지)와 맞설 수 있기 때문이다. 따라서 루소의 정치체에서 주권자의 외부는 존재하지 않는다. 이것이 '주권자의 권력이 개별자에게 어떤 보증도 내세울 필요가 없다'는 말의 의미이다. 그러나 개별자 각자는 자신의 개별의지를 가질 수 있기 때문에, 주권자는 이 개별의지들의 경합을 억제하고, 개별자들로 하여금 '일반의지'를 갖게끔 요구할 수 있으며, 반드시 그렇게 해야 한다. 그러나 이 논의는 『사회계약론』에서는 모두 삭제되고, 그 대신 "누구든 일반의지에 복종하길 거부하면 단체 전체가 그를 강제로 복종시킨다"(김영욱 옮김, 29쪽)만 남겼다.

초하는 세상의 이치는 정치와는 아주 다른 것이고, 각자는 자신이 품고 있는 내적 원칙에 따라 자기 마음대로 선서를 지켜야 할 의무를 수정할 수 있기 때문이다. 그러므로 보다 실질적인 보증이 필요한데, 이는 사태 자체에서 도출되어야 한다. 그래서 사회계약은[64] 다른 모든 약속들에 효력을 부여할 수 있는 다음과 같은 하나의 약속을 암묵적으로 포함한다. 그것은 누구든 일반의지에 복종하길 거부하면 단체 전체가 그를 강제로 복종시킨다는 것이다. 그런데 여기서 반드시 기억해야 하는 것은 인민은 오직 인민 자신과 계약하며, 주권자로서, 단체를 이룬 인민은 그것을 구성하는 신민으로서의 개별자들과 계약하며, 바로 이 조건이 정치 기계machine politique의 기교와 운동을 만들어 내고, 이 조건만 있으면 약속은 정당하고, 합리적이고 위험하지 않은 것이 된다. 이런 조건이 없는 약속이란 부조리하고, 전제적일 것이며, 엄청난 폐단에 직면할 것이다.[65]

자연상태에서 사회상태[66]로의 이런 이행은 인간에게 매우

---

64) "개별자들의 동의와는 별개로 ……"부터 이 부분까지는 『사회계약론』에서 삭제되었다.

65) 『사회계약론』에서는 "이 조건만으로 시민들의 약속은 정당한 것이 된다"(김영욱 옮김, 29쪽)로 고쳤다. 『초고』에서는 '정당한'légitime, 합리적raisonnable이고, 위험하지 않다sans danger는 수식어들이 덧붙었다. 여기까지가 『사회계약론』 1권 7장의 내용이며, 다음 행부터는 8장의 내용이 이어진다.

66) 『초고』에는 "사회상태"état social로 썼지만 『사회계약론』 1권 8장에서는 "정치상태"état civil로 바뀐다(김영욱 옮김, 29쪽).

주목할 만한 변화를 가져온다. 즉, 행위에서 정의가 본능을 대체하고, 인간 행동은 전에는 없었던 도덕적 관계[67]를 부여받는다. 이때에야 의무의 목소리가 신체적 충동을 대신하고 법이 욕구를 대신하게 되어, 여태껏 오로지 자신만을 고려했던 인간은 이제 자신이 다른 원리를 따라 행동해야만 하고, 자신의 성향의 목소리를 듣기 전에 이성의 충고를 따라야 함을 알게 된다. 이 상태에서 인간은 자연에게서 받았던 여러 이점을 잃게 되지만, 그것을 더 큰 것으로 다시 취하게 된다. 능력이 신장되고 발전하며, 관념이 확장되고, 감정이 고상해진다. 영혼 전체가 고양되니, 이 새로운 조건에서 생겨난 폐단 때문에 그가 처음 조건 이하로 빈번히 추락하는 일이 없는 한 그는 자연상태에서 영원히 벗어나게 된 다행스러운 순간이자, 어리석고 모자란 동물을 지성적인 존재이자 인간으로 만든 그 순간을 끊임없이 찬양할 것이다.

이 저울질 전부를 쉽게 비교할 만한 항목들로 환산해 보자. 사회계약을 통해 인간이 잃는 것은 자연적 자유와, 그에게 필요한[68] 모든 것에 대한 무제한의 권리이다. 그가 얻는 것은 시민의 자유와 그가 소유한 모든 것의 소유권이다. 이 산정算定[69]을 잘못 생각하지 않으려면, 개인의 힘의 범위를 한계로

---

67) 『사회계약론』에서는 "전에는 갖지 못했던 도덕성"la moralité qui leur manquoit으로 바뀐다.

68) 『초고』의 "그에게 필요한 [모든 것]"tout ce qui lui est nécessaire 부분이 삭제되고, 『사회계약론』에서는 "그를 유혹하고 그의 손이 닿는 모든 것"(김영욱 옮김, 30쪽)으로 대체되었다.

하는 자연적 자유와 일반의지로 제한되는 시민의 자유를 올바로 구별해야 하고, 힘의 결과일 뿐이거나 최초 점유자의 힘이나 권리의 결과[70]일 뿐인 점유와 법적인[71] 명의로만 정당화될 수 있는 소유권을 구별해야 한다.

실질 소유권[72]에 대해

공동체가 형성되는 순간 각 구성원은 지금 있는 그대로, 자기가 점유하고 있는[73] 재산을 포함한 자신의 모든 힘과 자기 자신을 공동체에 내준다. 이 행위를 통해 다른 손으로 넘겨진다고 해서 점유가 그 본성을 바꾸어, 그것이 주권자의 수

---

69) 『초고』에는 "산정"estimation이라고 되어 있었는데, 『사회계약론』에서는 이를 "보상"compensation(김영욱 옮김, 30쪽)으로 고쳤다.

70) 원고에서 "가장 강한 자의 권리"를 지우고 "최초 점유자의 힘이나 권리의 결과"로 바꿨다.

71) 『초고』에는 "법적인"juridique이라고 썼지만, 『사회계약론』에서는 "실제적"positif으로 바뀌었다.

72) 실질 소유권domaine réel은 건물을 지을 수 있는 토지 외에도 숲이나 강 등을 모두 포함한다. 명목 소유권domaine fictif에는 등기권, 상속권, 인지세 등이 들어간다. 이 부분은 『사회계약론』 1권의 마지막 장인 9장에 해당한다.

73) '점유하는'occuper이 『사회계약론』에서는 '소유하는'posséder으로 바뀐다.

중에 들어가서 소유권이 되는 것은 아니다. 하지만 국가[74]의 힘이 개별자 각자의[75] 힘에 비해[76] 비교할 수 없을 정도로 큰 것처럼, 공적 소유 또한 사실상 더 강력하며 더 철회시키기 어렵다. 그래도 최소한 외국인에 대해서는 더 정당하다고 할 수 없다. 국가는 그 구성원들에 대해서는 인간에게 알려진 가장 성대한 합의를 통해[77] 국가 구성원들의 재산의 주인이지만, 다른 국가들과의 관계[78]에 대해서는 오직 개별자들로부터 받은 최초 점유자의 권리를 통해서만 재산의 주인이기 때문이다. 이 최초 점유자의 권리는 정복을 통한 권리보다 부당하기가 덜하고 악랄하기도 덜하지만, 올바로 검토해 본다면 그렇다고 더 정당하다고도 볼 수 없는 것이다.[79]

---

74) 『초고』에서는 "국가"l'Etat였다가 『사회계약론』 1권 9장에서는 "도시국가"la Cité(김영욱 옮김, 31쪽)로 대체되었다.

75) 『초고』의 "각자"chaque 부분이 『사회계약론』에서는 삭제되었다.

76) 『사회계약론』에서는 『초고』와 달리 "국가"Etat가 "도시국가"Cité로 바뀌고, '각 개별자'chaque particulier의 힘이 '한 개별자'un particulier의 힘으로 바뀐다.

77) "인간에게 알려진 가장 성대한solennel 합의"라는 『초고』의 표현이 『사회계약론』에서는 "국가 안의 모든 권리의 기초가 되는 사회계약을 통해"(김영욱 옮김, 31쪽)로 대체된다.

78) 『초고』에서는 "다른 국가들les autres états과의 관계"였던 표현이 『사회계약론』에서는 '다른 [외부] 권력les autres Puissances과의 관계'(김영욱 옮김, 31쪽)로 바뀐다.

79) "이 최초 점유자의 권리는 ……"부터 문단 마지막까지 『사회계약론』에서 삭제되는 대신, 최초 점유자의 권리에 대한 상세한 해설이 덧붙는다. 『사회계약론』에서는 "최초 점유자의 권리는 강자의 권리보다는

이로써 서로 연결되고 인접해 있는 개별자들의 땅이 어떻게 공적 영토가 되는지, 그리고 주권이라는 권리가 신민들로부터 그들이 점유하고 있는 영토까지 넓어짐으로써 어떻게 동시에 대인권이자 대물권이 되는지 이해할 수 있다. 이 때문에 소유자들은 더 강력한 의존 상태에 놓이게 되고, 그들의 힘 자체가 충성의 보증이 된다. 고대의 몇몇 군주들은 이 장점을 잘 이해하지 못한 것 같다. 그들은 자기를 국가의 소유주라기보다는 사람들의 수장이라고 생각했던 것 같다. 그래서 그들은 페르시아인의 왕, 스키타이인의 왕, 마케도니아인의 왕이라는 이름으로 불렸다. 하지만 현재의 군주들은 더 능숙하게 프랑스의 왕, 스페인의 왕, 영국의 왕으로 불린다. 그들은 이렇게 영토를 장악하면 그곳에 사는 주민들을 장악할 수 있다고 확신하는 것이다.

이 양도에는 놀라운 점[80]이 있다. 공동체는 개별자들의 재산을 수용하지만 그것을 빼앗는 것은 아니다. 오히려 공동체는 정당한 처분[81]을 보장함으로써, 침탈을 진정한 권리로, 용익用益을 소유권으로 바꾼다. 그러면 개별자들의 명의는 국가의 모든 구성원들에게 인정받고 국가는 최선을 다해 이를 외국이 빼앗지 못하도록 보호한다. 양도는 공동체에도 이득

더 실질적이지만, 소유권이 설립된 후에야 진정한 권리가 된다"(김영욱 옮김, 31쪽)로 바꾼다.

80) 『사회계약론』, 1권 9장, 김영욱 옮김, 33쪽. 『사회계약론』에서는 '놀라움'd'admirable 대신 '특이함'de singulier으로 표현했다.

81) 『사회계약론』에서는 "처분"disposition이 "점유"possession로 바꾼다.

이 되지만 개별자들에게는 훨씬 더 이득이 된다. 그래서 이들은 제공했던 전부를 말하자면 되찾은 것이나 다름없다. 이는 동일한 토지에 대해 주권자와 소유권자가 가졌던 권리를 구분하지 않고서는 이해되지 않는 수수께끼와 같다.[82]

사람들이 아직 아무것도 소유하지 않은 채 결합부터 한다음, 모두에게 충분한 영토를 차지해서 공동으로 사용하거나 나누어 가질 수도 있다. 이 경우 땅을 똑같이 분배할 수도있고 아니면 주권자가 설정한 비율에 따라 나누어 가질 수도있겠다. 그러나 어떤 방식으로 땅을 취득하든, 각 개별자가자신의 토지에 대해 가지는 권리는 언제나 공동체가 모든 토지에 대해 가지는 권리에 종속된다. 그렇지 않다면 사회의결합은 견고하지 않을 것이며, 주권 행사도 실질적인 힘을 갖지 않을 것이다.

나는 모든 사회체계의 기초가 되는 다음 고찰로써 본 장을마치려 한다. 기본계약은 자연적 평등을 파괴하는 것이 아니라, 반대로 자연이 설정한 사람들 사이의 신체적 불평등을 도덕적이고 정당한 평등으로 대체한다. 그리하여 사람들은 힘이나 재능에서는 자연적으로 불평등할 수 있어도, 합의를 통해 권리에서는 모두가 평등하다.

---

[82] 『초고』의 "[동일한 토지에 대해 주권자와 소유권자가 가졌던 권리를 구분하지 않고서는] 이해되지 않는 수수께끼"라는 표현은 『사회계약론』에서 '[……] 권리를 구별함으로써] 쉽게 설명되는 역설'(김영욱 옮김, 33쪽)로 대체된다.

4장
주권은 무엇으로 이루어지며
무엇 때문에 양도할 수 없는가[83]

그러므로 국가는 그것을 지탱할 수 있는 공동의 힘과 그 힘의 방향을 이끌 수 있는 일반의지를 갖는다. 이 둘이 서로 결합해 주권을 이룬다. 이로부터 주권자는 본성상 사회인une personne morale으로, 추상적이고 집단적으로 존재할 뿐이고, 이 말에 결부된 관념과 단순한 개인의 관념은 결합할 수 없음을 알게 된다. 그런데 이 주장이 정치권의 주제에서 가장 중요한 것이니 이를 더 명확히 살펴보도록 하자.[84]

나는 일반의지만이 국가의 설립 목적인 공동선에 따라 국가의 힘을 통솔할 수 있음을 이론의 여지가 없는 원칙[85]으로 제시할 수 있다고 생각한다. 개별이익들의 대립이 시민사회so-

---

83) 이 제목은 『사회계약론』 2권 1장의 제목 "주권은 양도될 수 없다"와 호응한다.

84) 이 첫 문단은 『사회계약론』에서 완전히 사라져 버렸다. 주권을 일반의지가 공동의 힘에 적용된 것으로 정의한 것은 『사회계약론』에서 없어졌다. 일반의지의 효과에 대해서는 여기서 "이론의 여지가 없는 원칙"으로 제시되었는데 이는 독립된 삼단논법으로 증명된다. 『사회계약론』에서 수용된 이 첫 문단의 유일한 관념은 '주권은 집단적 존재일 뿐'이라는 점이다.

85) 『사회계약론』에서는 "앞서 확립한 원리들에서 가장 먼저 도출되며 또한 가장 중요한 귀결"(김영욱 옮김, 35쪽)로 대체되었다.

ciétés civiles의 설립을 필요하게 했다면, 그것을 가능하게 한 것은 개별이익들의 일치다. 이렇게 각기 다른 이익들에 공통으로 속해 있는 것이 사회의 연결을 만들어 낸다. 모든 이익이 일치하는 어떤 지점이 있지 않다면 사회란[86] 존재할 수 없을 것이다. 그런데 의지는 의지意志하는 존재의 이득을 목표로 삼기 마련이다. 개별의지의 목적은 개인의 이익이고, 일반의지의 목적은 공동의 이익이니, 일반의지가 사회체를 움직이는 동기이고, 또 동기가 되어야 한다는 결론을 내릴 수 있다.[87]

　　나는 어떤 개별의지는 일반의지와 고스란히 일치할 수 있지 않을까 하는 생각을 할 수 있으리라는 데[88] 동의한다.[89] 그런 개별의지에 전혀 개의치 않고 공적인 힘force publique의 지휘를 고스란히 맡길 수 없겠지만, 어쩌면 그런 개별의지가 있다고 가정해 보자. 그런데 나는 이 문제의 해결책을 나중에 제시하겠지만[90] 여기서는 이를 미리 말해 두지 않겠다. 이제부터 각자는 일반의지를 어떤 개별의지가 대체할 때 이 의지가 일치하면 중복이 되고, 이 둘이 상충하면 해로워진다는 점

---

86) 『사회계약론』에서는 "어떤 사회도"null société(김영욱 옮김, 35쪽)로 강조되었다.

87) 이 부분은 『사회계약론』에서 "그렇다면 사회는 오직 이 공동이익을 기준으로 통치되어야 한다"(김영욱 옮김, 35쪽)로 고쳤다.

88) 디드로는 「자연법」 항목 9절에서 '개별의지가 일반의지의 권위와 무오류성을 결합하는 존엄한 인간들'을 겨냥하고 있다.

89) 『사회계약론』에서는 "사실 개별의지가 어떤 사안에서 일반의지와 일치하는 것이 불가능하진 않다"(김영욱 옮김, 35쪽)로 고쳤다.

90) 5장을 가리킨다.

을 알아야 한다. 또한 개별의지가 일반의지를 대체한다는 이런 터무니없는 생각은 사물의 본성상 있을 수 없는 일임을 반드시 알아야 한다.[91] 개별이익은 언제나 호불호에 끌리기 마련이고 공적 이익은 평등을 따르기 때문이다.[92]

더욱이 잠시나마 개별의지와 일반의지가 일치하는 순간을 발견하게 된대도, 그 잠시의 순간이 지나서도 이 둘이 계속 일치하고, 둘 사이에 어떤 대립도 생기지 않으리라고 확신할 수는 없을 것이다. 인간 세상의 질서는 수많은 격변에 따라 이리저리 바뀐다. 사유의 방식과 존재의 방식만큼 쉽게 변하는 것이 없으므로, 오늘 원하는 것을 내일도 원하리라는 확신은 경솔한 것이다. 일반의지가 이렇게 표변豹變하는 일이 훨씬 적다면, 그 무엇으로도 개별의지를 옹호할 수 없다.[93] 그래서 사회체[94]는 일단 다음과 같이 말할 수는 있다. 즉, 어떤 사람이 원하는 모든 것을 나도 지금 원하지만, 동일한 사람이 내일 무엇을 원하게 될 거며, 나 역시 지금처럼 그것을 원할지 말할 수 없을 것[95]이라고 말이다. 그런데 국가를 이끌

---

91) 앞 문단 말미의 "그런데 의지는 ……"부터 이 부분까지 『사회계약론』에서 삭제되었다.

92) 『초고』의 "개별이익"과 "공적 이익"은 『사회계약론』에서 각각 "개별의지"와 "일반의지"로 대체되었다(김영욱 옮김, 35쪽).

93) 『사회계약론』에서는 일반의지와 개별의지의 일치 가능성을 부정하면서 "그런 일은 기교가 아닌 우연의 결과일 것"(김영욱 옮김, 36쪽)이라고 단언한다.

94) 『사회계약론』에서는 "주권자"(김영욱 옮김, 36쪽)로 바뀐다.

95) "'어떤 사람이 원하고 있는 것 혹은 적어도 그가 원한다고 말하고 있

어 나가야 하는 일반의지는 과거의 의지가 아니라 현재의 의지이고, 주권의 진정한 성격은 일반의지의 방향과 공적인 힘의 사용 사이에 언제나 시간, 공간, 결과가 있으리라는 데서 찾을 수 있다. 그 일치는 존재할 수도 있는 어떤 다른 의지가 멋대로 공적인 힘을 사용할 수 있게 되자마자 더는 고려의 대상이 될 수 없다. 올바로 통치되는 국가에서 인민의 의지의 행위가 지속되고 있다고 항상 추론할 수 있다는 점은 사실이다. 인민이 자신의 의지의 행위를 정반대의 행위를 통해 폐지하지 않았다는 것이 그 이유이다. 그런데 암묵적으로 현재 동의하고 있다는 사실로 인해 과거의 행위는 계속해서 효력을 갖게 된다. 어떤 것으로 이 동의를 추정할 수 있는지에 대해서는 다음 장에서 논의하겠다.[96]

인간의 구성에서 신체에 대한 마음의 작용이 철학의 수수께끼인 것과 같이, 국가의 구성에서 공적인 힘에 대한 일반의지의 문제가 정치학의 수수께끼이다. 바로 여기가 모든 입법자들이 이해하는 데 실패한 부분이다.[97] 나는 뒤에서 공적

는 것을 나도 지금 원하고 있다'고 말할 수는 있다. 하지만 '이 사람이 내일 원하게 될 것을 나도 원할 것이다'라고 말할 수는 없다"(『사회계약론』, 김영욱 옮김, 36쪽).

96) 이 문단 전체가 『사회계약론』에서는 삭제되었다.

97) 『정치경제론』에서 이미 다뤘듯이, 루소는 영혼과 일반의지의 '유비 관계'를 찰스 에드윈 본의 해석처럼 유기체론을 도입하기 위해 사용한 것이 아니다. '마음과 육체로 구성된 인간에게서 마음이 육체에 어떤 작용을 가하는지의 문제'는 두말할 것 없이 17세기에 르네 데카르트René Descartes와 니콜라 말브랑슈Nicolas Malebranche가 다룬 문제이다. 그러나

인 힘에 일반의지가 작용한 결과를 도출하기 위해 사용할 수 있는 최선의 방법들을 제시해 볼 것이며, 경험을 통해 추론의 타당성이 확립될 경우에만 그 추론을 따를 것이다. 자유로운 존재에게 의지와 행동이 동일하다면, 그리고 그런 자유로운 존재의 의지가 행동을 완수하는 데 얼마만 한 힘이 사용되는지 정확히 측정된다면, 국가는 공공의 힘을 초과하지 않는 범위 내에서, 주권자가 의지하는 모든 것을 그가 의지하는 그대로 충실히 실행할 수 있으리라는 점이 확실하다. 의지가 인간의 신체와 마찬가지로 사회의 신체le corps civil에서도 단순한[98] 행위였고, 행동이 그 동일한 의지가 즉각적으로 발현된

루소는 기계론을 따르는 데카르트에 동의하지 않을 뿐만 아니라, 이 기계론적 유물론을 정치에 직접 적용하는 홉스의 의견도 따를 수 없었다. 따라서 루소는 마음이 육체에 가하는 '놀라운' 작용과 일반의지가 공적인 힘에 가하는 작용을 같은 차원에서 보지 않는다. 마음과 육체로 구성된 한 개인이 이 둘이 서로 분리될 수 없는 단일체l'unité라면, 일반의지와 공적인 힘의 작용은 역시 서로 분리될 수 없는 단일체로서의 정치체를 가리킨다. 양쪽 모두 '단일체'라는 점에서는 같지만 그 규모와 그것이 발휘하는 힘은 이미 비교 자체가 불가한 것이다.

확실히 『정치경제론』과 『사회계약론 초고』를 쓰고 있던 1750년대 중반에 루소는 이런 '유비'가 잘못 해석될 수 있으리라는 점을 의식하고 있었던 것 같다. 『사회계약론 초고』 1권 2장에 등장하는 화학의 비유 역시 인공물로서의 '정치체'와 그 인공적인 결합과 해체의 과정이 물질이 결합되고 해체되는 자연의 과정과 '유비'의 관계를 가질 수 있다고 생각해서 루소는 이를 자세히 다뤘지만, 그가 사용한 '유비'들이 『사회계약론』에서는 모두 삭제되고 있음에 주목할 필요가 있다.

[98] 여기서 쓴 "단순한"simple이라는 형용사는 이중적이거나 모순적이지 않다는 뜻이다.

결과였다면 말이다.

그런데 내가 말하고 있는 관계가 가능한 한 잘 맺어졌더라도, 모든 난점이 사라지는 것은 아니다. 인간이 하는 일은 자연이 하는 일보다 완벽하기가 덜하므로 최종 목적에 직접 이르는 법이 없다. 역학에서도 그렇지만 정치학에서도 어쩔 수 없이 덜 신속하거나 덜 강력하게 대응하게 되는 일도 있고, 힘이나 시간을 낭비하게 되는 일도 있다. 일반의지가 만인의 의지가 되는 일은 없다시피 하고, 공공의 힘은 개별자들이 가진 힘의 총합보다 항상 작기 마련이다. 그래서 국가를 작동하게 하는 태엽에는 기계의 마찰에 해당하는 결과가 있기 마련이어서 이를 가능한 한 최소로 줄이거나, 적어도 전체의 힘이 어느 정도나 되는지 미리 계산하고 추측해 내야 한다. 그래야 가용한 방법들을 우리가 얻고자 하는 결과에 정확히 맞출 수 있다. 하지만 입법자[99]의 학문을 이루는 고된 연구에는 들어가지 말고 시민 상태의 관념을 결정해 보도록 하자.[100]

---

[99] 『사회계약론 초고』 2권 2장에서 루소는 입법자를 "기계를 고안하는 기사"(본 번역본 179쪽)에 비유한다.

[100] 위의 두 문단은 『사회계약론』 2권 1장에는 해당하는 부분이 없지만, 3권 1장과 비슷하다. "모든 자유로운 행위에는 협력하여 그것을 생산하는 두 원인이 있다. 하나는 도덕적인 원인, 즉 행위를 결정하는 의지이고, 다른 하나는 물리적인 원인, 즉 행위를 실행하는 힘이다. 내가 어떤 대상을 향해 걸어갈 때, 첫째로는 내가 거기로 가길 원해야 하며, 둘째로는 내 발이 날 거기로 데리고 가야 한다. 뛰려고 하는 마비 환자나 뛰지 않으려 하는 민첩한 사람이나, 둘 다 제자리에 있을 것이다. 정치체도 같은 운동 원인들을 가진다. 마찬가지로 정치체의 힘과

5장
사회관계의 잘못된 개념들[101]

사람들을 한데 모으는 수만 가지 방법이 있지만 그들을 하나로 결합하는 방법은 단 하나뿐이다. 이런 이유로 나는 본 저작에서 정치사회를 형성하는 한 가지 방법만을 제시하는 것이다. 물론 지금도 정치사회라는 이름을 달고 있는 수도 없이 많은 결집이 존재한다고 하나, 이들 중 같은 방식으로 형성된 것이 없고, 내가 세운 방법에 따라 형성된 것도 없다. 그러나 나는 권리와 이유를 찾는 것이지, 사실을 놓고 논의하는 것은 아니다. 이 규칙들을 따라 대부분의 저자들이 전제하는 시민 연합association civile의 여러 다른 형성 방법들을 어떻게 판단해야 할지 연구해 보도록 하자.

1. 가장의 자연적인 권위가 아이들의 필요가 채워지고 더는 약하지 않게 된 뒤에도 행사되고, 아이들은 계속 가장에게

의지가 구별된다. 의지는 '입법권'이라는 이름으로, 힘은 '행정권'이라는 이름으로 불린다. 정치체에서는 둘의 협력 없이 어떤 것도 일어나지 않으며 일어나서는 안 된다"(김영욱 옮김, 72쪽).

101) 루소는 이 장에서 그의 과거 두 저작 『인간 불평등 기원론』과 『정치경제론』에서 이미 제시하고 반박했던 정치사회의 기원과 형성에 관한 네 가지 가설을 새로 검토한다. 첫 번째는 정치권력이 부권父權에서 왔다는 것이고, 두 번째는 토지 소유, 세 번째는 전쟁에서 패배한 인민과 체결한 복종의 협약, 마지막 네 번째는 어떤 식으로든 한 사람이나 여러 사람의 지배가 계속되면서 정치권력이 확립되었다는 것이다.

복종하면서, 그들이 처음에 필요를 채우고 약했기 때문에 했던 복종이 결국 습관이 붙고 감사하는 마음이 생겨 가장에게 복종하게 되는 것이라고 가정해 보자. 이 점은 쉽게 이해할 수 있는 일이고, 가족을 결속하는 유대 관계를 보기란 어렵지 않다. 그러나 가장이 죽게 되어, 아이 가운데 하나가 자기와 비슷한 나이의 형제들과 심지어 외부인들에 대해서도 가장이 예전에 행사했던 힘을 부당하게 차지한다고 가정해 보자. 이것이야말로 더는 이유도, 근거도 없는 것이다. 나이, 힘, 아버지의 애정에 따른 자연적인 권리며, 아버지에게 감사해야 하는 아들의 의무 같은 모든 것은 새로운 질서에 들어서면 한 번에 사라져 버린다. 형제들이 자기들의 아이를 한 사람의 구속에 복종하도록 할 때 그들은 어리석거나 본성을 벗어난 자들이다. 자연법에 따르면 누구나 자기 아들을 더 좋아할 테니 말이다. 여기에 수장과 구성원들을 결합해 주는 관계와 같은 것이 더는 없다. 힘만이 작용할 뿐, 자연은 아무 말도 하지 않는다.

여러 저자들이 이런 비교를 터무니없이 과장했던 점에 잠시 주목해 보도록 하자. 먼저, 그들의 주장대로 국가와 가족 사이에 상응하는 관계가 있다고 해도, 그로부터 이 두 사회 가운데 하나에 적합한 행동 규칙이 다른 사회에도 적합하다는 결론을 내릴 수는 없을 것이다. 두 사회는 규모 면에서 지나치게 차이가 나므로 동일한 방식으로 관리될 수 없다. 가장 혼자 전체를 조망할 수 있는 가정의 통치와, 수장이 타인의 눈을 통하지 않고서는 무엇 하나 볼 수 없다시피 한 사회의 통치에는 언제나 엄청난 차이가 있다. 이런 면에서 사정이 같아지려면 아버지의 재능, 힘, 능력이 가족의 규모에 비례하여 증가해야 하고, 강력한 군주의 영혼과 평범한 사람의 영혼 사이의 관계가 군주가 소유한 제국의 면적과 한 개인이 소유한 부동산의 면적 사이의 관계와 같아야 할 것이다.

그런데 국가 통치가 그 원리[102]가 달라도 너무 다른 가족 통치와 같을 수가 있겠는가? 아버지는 아이들이 그의 도움 없이 살아갈 수 없는 동안 신체적으로 아이들보다 더 강하기 마련이므로, 아버지의 권위는 자연에 근거한다고 정당하게 생각할 수 있다. 모든 구성원이 자연적으로 평등한 대가족에서 정치적 권위가 섰을 때 그 권위는 순전히 자의적인 것으로 여러 합의들만을 기초로 하고, 행정관은 법이 있어야만 시민에게[103] 명령을 내릴 수 있다. 아버지는 자신이 수행해야 하는 의무를 자연적인 감정과, 그가 도저히 복종하지 않을 수 없는 어조를 통해 알게 된다. 수장들에게는 그런 비슷한 규칙이 없으므로, 그들이 인민에게 지키겠다고 약속했던 것, 인민이 그들더러 지키라고 요구할 수 있는 것만을 지킬 뿐이다. 또 더 중요한 다른 차이도 있다. 아이들은 아버지에게 받은 것만 갖

---

102) 『정치경제론』에서는 "토대"fondement라고 되어 있다(본 번역본 12쪽). 여기서 앞 문단의 "여러 저자들이 이런 비교를 터무니없이 과장했던 점에 ……"부터 세 문단 뒤에 나오는 "…… 자연은 선량한 가장들을 수도 없이 만들었지만"까지는 몇 단어를 제외하고 『정치경제론』(본 번역본 11~19쪽)에서 그대로 가져온 것이다.

103) 『정치경제론』에서는 "다른 이들에게"aux autres라고 되어 있다(본 번역본 13쪽).

게 되므로 소유권은 모두 아버지의 것이거나 아버지에게서 나온 것임이 명백하다. 이와는 정반대로 대가족이 수행하는 관리 전반의 목적이란 그보다 먼저 존재했던 개별 재산을 안정적으로 유지하는 것뿐이다. 집안 전체는 아버지의 세습 재산을 보존하고 증식하는 일에 주로 종사하는데, 그래야 아이들이 빈곤에 빠지는 일 없이 언젠가 재산을 분배해 줄 수 있다. 이와는 달리 종종 크게 오해들을 하지만 군주의 부[104]는 개별자들의 평화와 번영을 유지해 주기 위한 한 가지 수단일 뿐이다. 한마디로 말해서 소가족은 언젠가는 결국 사라지거나 여러 가족이 된다. 대가족은 항상 동일한 상태로 지속되기 위해 만들어졌지만 소가족은 수를 늘리려면 커져야 한다. 대가족은 보존되는 것으로 충분할 뿐만 아니라 대가족이 커지면 유용한 이상으로 해가 된다는 점을 쉽게 증명할 수 있다.

사물의 본성에서 끌어낸 여러 가지 이유로, 가족 내에서 명령해야 할 사람은 아버지이다.[105] 첫째, 아버지와 어머니의

---

104) 『정치경제론』에서는 "국고의 부"la richesse du fisc로 되어 있다(본 번역본 14쪽).

105) "남편과 아내는, 비록 오직 하나의 공통된 관심을 가지고 있긴 하지만 상이한 이해력을 가지고 있기 때문에 때로는 불가피하게 상이한 의지를 가지게 된다. 그렇기 때문에 최종적인 결정권, 곧 지배권이 누군가에게 주어져야 하는데, 그것은 당연히 좀 더 유능하고 힘이 센 남자의 몫으로 떨어진다. …… 남편의 권력은 [생살여탈권에 있지 않으므로] 절대군주의 권력과는 전적으로 거리가 멀"(존 로크, 『통치론』 §82, 강정인·문지영 옮김, 까치, 1996, 80쪽. 첨언은 인용자의 것이다)다. 아울러 로크는 "가족은 그 상하 관계, 직무 및 구성원의 수에서 비록 작은 나라

권위가 같을 수는 없다. 그렇다고 가정의 통치를 제각기 해서는 안 되고 의견이 갈릴 경우 결정을 내릴 수 있는 재결권이 필요하다. 둘째, 여성만이 갖는 불편을 가볍게 생각해 보려고 해도, 이 불편 때문에 여성에게는 활동할 수 없는 기간이 생기게 되므로 이것이 여성을 우위에 놓을 수 없는 충분한 이유가 된다. 두 의견이 팽팽히 균형을 이루고 있을 때 정말 별것 아닌 것[106]으로도 균형은 한쪽으로 기울어질 수 있다. 더욱이 남편은 아내의 행실을 꼼꼼히 조사해야 한다. 남편이 인정하고 먹여 키워야 할 아이들이 정말 자기에게서 나왔는지 다른 사람에게서 나왔는지가 중요한 일이기 때문이다.[107] 여성은 이런 문제로 걱정할 것이 없으니 남편과 동일

와 닮은 점을 많이 가지고 있다 할지라도, 그 구조, 권력 및 목적에서는 나라와 전혀 다르다. 만약 가족을 군주제로, 가부장을 절대군주로 생각해야 한다면, 절대군주제라는 것은 단지 매우 취약하고 단기적인 권력만을 가진 데 불과하게 될 것이다. 왜냐하면 …… 가족의 주인은 가족의 성원들에게 시간과 범위 양면에서 매우 독특하고 상이하게 제한된 권력을 가지고 있음이 분명하기 때문"(같은 책, §86, 82, 83쪽)이라고 주장한다.

106) 『정치경제론』에서는 "지푸라기 하나"une paille로 되어 있다(본 번역본 16쪽).

107) "남녀에 관계되는 의무의 엄격함은 동일하지 않으며, 동일할 수도 없다. …… 상대방에 대해 자식들을 보증하는 쪽은 바로 자연이 아이들을 맡겨 놓은 여성이다. 물론 어느 누구에게도 믿음을 저버리는 것은 허락되지 않는다. 여성에게 맡겨진 준엄한 의무들에 대한 유일한 보상을 자기 아내에게서 빼앗는 부정한 남편은 부당하고 잔인한 남자이다. 그렇지만 부정한 아내는 훨씬 더 심각한 결과를 가져온다. 그녀는 가족을 해체하고 자연의 모든 관계들을 끊어 놓는다. 남자에게 다른 남

한 권리를 가질 수 없다. 셋째, 아이들은 처음에는 필요를 채우기 위해, 나중에는 감사의 마음으로 아버지에게 복종해야 한다. 인생의 반을 살면서 필요한 것을 아버지에게 받은 뒤, 나머지 반은 그에게 필요한 것을 마련해 주면서 살아야 한다. 넷째, 가장은 하인들을 부양하고 하인들은 그 대가로 가장에게 봉사해야 한다. 물론 하인들이 가장의 부양에 더는 만족하지 않을 때 계약은 파기된다. 나는 노예제도에 대해서는 말하지 않는다. 노예제도는 자연에 반하고 그 무엇으로도 노예제도를 용인할 수 없기 때문이다.

정치사회에서는 위의 사항이 전혀 해당되지 않는다. 개별자들이 행복하다는 것으로 수장에게 자연적인 이득이 생기지 않으며, 수장은 개별자들이 빈곤에 처하게 하는 것으로 행복을 얻는 경우가 적지 않다. 왕위[108]가 세습되어야 하는가? 그러면 종종 아이가 사람들에게 명령을 내린다.[*109][110] 선출직

자의 자식들을 안겨 줌으로써 그녀는 남편과 자식들을 속이며 부정에 배신을 곁들인다"(장 자크 루소, 『에밀 또는 교육론 2』, 304쪽).

108) 『정치경제론』에서는 "행정관의 직"magistrature이라고 썼다(본 번역본 17쪽).

*109) [저자의 주] 왕의 성년을 규정한 프랑스 법은 대단히 분별 있는 사람들이 오랜 경험을 따라 국가를 아이가 통치하는 것보다 섭정이 통치할 때 훨씬 더 큰 불행이 생긴다는 점을 인민에게 가르쳤음을 보여 준다.

110) 프랑스에서 왕의 성년은 열네 살로 규정되었다. 예를 들어, 루이 14세(1638~1715)는 선왕 루이 13세가 사망했을 때 네 살 8개월에 불과했기 때문에 모후 안 도트리슈Anne d'Autriche가 섭정을 했다. 이후 프롱드의 난이 발생하여 국정이 혼란에 빠졌으나, 루이 14세가 만 열

이어야 할까? 선출할 경우에는 수만 가지 불편이 불거진다. 둘 중 어느 경우라도 부권이 갖는 장점이 전부 사라진다. 당신에게 수장이 한 명이라면 당신을 사랑할 이유가 전혀 없는 주인의 처분에 따라야 한다. 당신에게 수장이 여럿이라면 그들의 폭정과 분열을 동시에 견뎌 내야 한다. 한마디로 말해서 남용은 불가피하고 전 사회에 걸쳐 나타나는 그것의 결과는 끔찍한 것이다. 사회의 공적 이익과 법은 자연적인 힘[111]이 전혀 없고, 수장과 그의 수족들의 사적 이익과 정념 때문에 무너지고 만다.

가장과 군주[112]가 맡은 역할이 같은 목적을 추구하더라도 그 목적에 이르는 길은 정말 상이하다. 가장과 군주가 수행해야 하는 의무와 그들이 누리는 권리가 정말 다르므로, 이를 혼동한다는 것은 사회의 원리[113]를 정말 잘못 생각하는 일이고 인류를 파멸로 이끄는 끔찍한 오류에 빠지는 일이다. 사실 선한 아버지라면 의무를 충실히 수행하기 위해 자연의 목소리라는 가장 훌륭한 충고에 귀 기울일 수 있다. 그러나 행정

네 살이 되었던 1651년에 성년이 되어 왕위에 오름으로써 국가의 분열도 종식되었다.

111) "자연적인 힘"force naturelle이라는 말을 썼을 때, 이는 사회의 의지와 이를 수행하는 힘은 '인위적인 힘'으로서, 개별자로서의 수장이 갖는 '자연적인 힘'과는 무관하다는 의미이다.

112) 『정치경제론』에서는 "최고 행정관"le premier magistrat이라고 되어 있다 (본 번역본 18쪽).

113) 『정치경제론』에서는 "근본법"les lois fondamentales이라고 되어 있다 (본 번역본 18쪽).

관에게 자연의 목소리는 잘못된 안내자일 뿐이다. 그가 그 충고를 따르면 그의 의무를 계속 벗어나게 되고, 결국 자신은 물론 국가까지 파멸에 이르게 된다. 그러니 신중과 미덕이 그를 잡아 주지 않으면 안 된다. 가장이 꼭 명심해야 할 것은 도덕적으로 타락하지 않도록 조심하고 마음속에서 자연적인 성향이 변질되지 않도록 하는 일이다. 그러나 행정관은 바로 이런 자연적인 성향으로 인해 부패한다. 일을 제대로 하려면 가장은 자기 마음의 목소리만 따르면 되지만, 행정관은 자기 마음의 목소리를 듣는 순간 매국노가 된다. 그는 자신의 이성조차 믿어서는 안 되며 법이라는 공공의 이성만을 따라야 한다. 그래서 자연은 선량한 가장들을 수도 없이 만들었지만, 인간의 지혜로 한 번이라도 선한 왕을 만든 적이 있었는지 나는 모르겠다.[114] 플라톤의 『정치가』를 읽고 왕이 가져야 할 자질을 이해해 보고, 왕의 자질을 가졌다고 할 수 있는 사람을 거명해 볼 수는 있겠다. 그런 사람이 존재했고 그래서 그가 왕좌에 올랐다고 가정하더라도, 이성적으로 생각해서 한 비범한 사람을 따라 사람들을 다스리는 규칙을 제정할 수는 없다. 그러므로 도시국가의 사회적 관계는 가족 관계를 모델로 하거나 가족 관계의 확장으로 형성될 수 없고 그래서도 안 된다는

114) 『정치경제론』에서는 "세상이 존재한 이후로 인간의 지혜로 한 번이라도 자기와 같은 사람들을 통치할 수 있는 열 사람을 만들었는지는 의심스럽다"(본 번역본 19쪽)고 썼다가, "인간의 지혜로 …… 나는 모르겠다"와 같이 고쳤다. 『정치경제론』에서 '자기와 같은 사람들을 통치할 수 있는 사람'은 행정관을 가리키는 말이다.

점이 확실하다.

2. 부자에다 권력도 가진 사람이 엄청난 토지를 소유하여, 그곳에 터전을 마련하고자 했던 사람들에게 법을 지키게끔 하고, 자기가 가진 최고 권위를 인정하고 자기 뜻에 복종해야 그곳에서 살아갈 수 있게 했던 것이라고 가정한다면 나는 이 점에 동의할 수 있다. 그런데 계약 이전에 어떤 과거의 권리가 있었음을 인정하는 계약이 어떻게 권리의 최초의 토대가 될 수 있겠으며, 이런 가혹한 계약 증서에는 토지 소유권과 주민의 자유에 대한 이중의 침탈행위가 있다는 생각을 어떻게 하지 않을 수 있겠는가? 한 개별자가 거대한 영토를 차지하고 그곳에 대한 권리를 전 인류에게서 빼앗는 방법이라곤, 처벌받아 마땅한 침탈행위가 아니라면 무엇이 있는가? 왜냐하면 그것은 자연이 공동의 것으로 준 거주지와 양식을 나머지 사람들에게서 빼앗는 짓이기 때문이다.[115] 최초의 점유자가 그 토지를 필요로 했고 노동을 했기 때문에 그에게 권리를 줄 수 있다고 해보자. 이 권리를 무제한으로 연장할 수 있을까? 공동의 토지에 발을 들이기만 하면 배타적인 소유권을 주장할 수 있는가?*[116] 그곳에 누구도 들어올 수 없도록 다른 사

---

115) 이 부분은 『사회계약론』 1권 9장(김영욱 옮김, 32쪽)에 실린 내용이다.

*116) [저자의 주] 책의 제목이 뭐였는지는 모르겠는데 아마 내 생각에 네덜란드 관찰자가 정말 웃기는 원칙을 발견했었다. 야만인들만 사는 토지는 무주공산으로 봐야 하며, 그곳을 점령하고 주민들을 내모는 일은 정당하며 자연법에 따라 원주민인 야만인들에게 아무런 잘못도 저지르는 것이 아니라는 주장이다.

람들을 전부 쫓아낼 힘을 갖기만 하면 될까? 점유 행위는 어디까지 소유권의 기초가 될 수 있는가? 바스코 누녜스 데 발보아가 카스티야 국왕의 이름으로 해안에 이르러 남방해와 남아메리카 전부를 점유했다는 것만으로, 그가 모든 주민의 권리를 박탈하고 세계 모든 군주들을 그곳에서 배제할 수 있었다는 것인가? 이렇게 발을 들이미는 의미 없는 의례가 반복되었고, 가톨릭의 왕은 집무실에서 순식간에 세상 전체를 가지기만 하면 됐다. 거기에 자신의 제국에서 다른 군주들이 전부터 가지고 있던 부분을 잘라 내는 일 정도가 추가된다.[117]

그러니 그 어떤 토지라 할지라도 최초 점유자의 권리를 인정하기 위해 반드시 필요한 조건은 어떤 것일까? 첫째,[118] 이 토지에 아직 아무도 거주하지 않을 것. 둘째, 오로지 자신의 존속에 필요한 만큼만 점유할 것. 셋째, 공허한 의례가 아니라 노동과 경작을 통해 토지를 점유할 것. 오직 노동과 경작만이 다른 사람이 존중해야 할 소유권의 유일한 표시이다. 사회상태 이전에 한 인간의 권리는 그보다 더 멀리 나아갈 수 없고, 그 나머지는 자연권에 대한 폭력이자 탈취 행위일 뿐이므로 사회권의 토대가 될 수 없다.

그런데 내게 생계를 유지하는 데 필요한 이상의 토지도 없고, 이를 경작할 정도로 충분한 일손도 없을 때, 내가 여기

---

117) 이 부분은 『사회계약론』 1권 9장(김영욱 옮김, 32쪽)에 실린 내용이다.

118) 이 부분부터 "…… 오직 노동과 경작만이"까지는 『사회계약론』 1권 9장(김영욱 옮김, 32쪽)에 수록된다. 루소는 『초고』의 문단 순서를 『사회계약론』에서 바꿔 제시했다.

서 더 양도한다면 내게 남는 것은 내가 필요로 하는 것보다 더 적은 부분뿐일 것이다. 그러므로 내가 생존에 필요한 것을 그대로 갖는다면 무엇을 타인들에게 양도할 수 있는가? 혹은 그들과 내가 어떤 합의를 해야 내 것도 아닌 것을 그들이 소유하도록 할 수 있을까? 이런 합의를 가능케 하는 조건들 때문에 어떤 다른 이의 의지를 전적으로 따를 수밖에 없는 사람들에게는 이 조건들이 부당하고 아무런 가치가 없다는 점이 확실하다. 그런 포기는 인간의 본성과 양립할 수 없을 뿐만 아니라, 자신의 의지에서 모든 자유를 제거하는 것은 자신의 행위에서 모든 도덕성을 제거하는 것이다. 요컨대 한쪽 당사자에게는 절대적인 권한을 규정하고 다른 쪽 당사자에게는 한없는 복종을 규정하는 것은 모순되고 헛된 불가능한 합의다. 어떤 사람이 상대방에게 모든 것을 요구할 수 있는 권리를 가진다면, 그가 상대방에 대한 어떤 의무에도 구애받지 않는다는 것은 명확하지 않은가? 이 조건만 놓고 본다면 다른 어떤 조건과도 모순될 수밖에 없으니 이는 필연적으로 이 행위는 무효가 되지 않겠는가? 어떻게 나의 노예가 나에 대해 권리를 가지겠는가? 그가 가진 모든 것이 내게 속하고 따라서 그의 권리가 나의 권리라면, 그가 내게 갖는 권리란 나 자신에 대한 나의 권리가 될 뿐이니, 결국 아무 뜻도 없는 말이 된다.[119]

---

[119] 이 문장은 『사회계약론』 1권 4장(김영욱 옮김, 18쪽)에 재수록되지만 다소 바뀐 부분이 있다.

3. 교전권交戰權에 따라 승자는 포로를 죽이지 않고 그들을 종신 노예로 만들어 버린다. 분명 승자는 자기 이익을 위해 그렇게 한다. 하지만 그는 교전권에 따라서만 그 권리를 행사하므로, 승자와 패자 사이에는 끊임없는 전쟁상태가 계속된다. 전쟁상태는 개시되었을 때처럼 종식될 때도 자유롭고 자발적인 합의를 거친다. 승자가 패자 전부를 죽이지 않는다고 해보자. 이른바 사면이라는 것도 자유를 대가로 하게 될 때 대단한 것이라고 할 수 없다. 목숨까지 걸고 찾고자 할 것은 자유 외에 다른 것이 없다. 승자에게 포로들이 죽는 것보다는 살아 있는 것이 더 유용하다면 승자가 포로들을 살려주는 것은 자기 이익 때문이지 포로들을 위해서가 아니고, 포로들은 승자에게 복종하지 않을 수 없는 동안에만 그에게 복종하면 된다. 그러나 정복당한 인민은 무력으로 강요된 구속을 벗을 수 있고, 그들의 주인, 다시 말하면 그들의 적을 내쫓을 수 있다. 할 수만 있다면 그렇게 해야 한다. 이제 그 인민이 합법적인 자유를 되찾게 되었으니, 그 인민이 허용하는 폭력이 행사되는 한 계속되는 교전권을 행사하기만 하면 된다. 그런데 어떻게 전쟁상태가 정의와 평화를 추구하는 것만을 목적으로 하는 결합을 규정하는 계약의 기초가 될 수 있는가? 우리 사이에 전쟁이 존속하므로 하나의 단체로 결합하는 것이라고 말하는 것처럼 터무니없는 생각을 도대체 누가 할 수 있는가? 그런데 이른바 포로 살생권이라는 권리가 얼마나 그릇된 것인지는 너무도 잘 알려져 있으므로 문명화된 사람 가운데 저 공상에 불과하고 야만적이기 짝이 없는 권리를 실행하거나 내세우는 사람은 이제 아무도 없을 것이며,

돈을 받았다 해도 그 의견을 감히 지지할 수 있는 궤변론자도 없을 것이다.

그래서 나는 첫째, 승자라 할지라도 패자들이 무기를 내려놓는 순간 그들을 죽음에 몰아넣을 권리가 없으므로 존재하지도 않는 권리를 기초로 그들을 노예로 삼는 일은 있을 수 없고, 둘째, 승자가 이 권리를 갖지만 내세우지는 않을 뿐이라고 해도, 이로부터 귀결하는 것은 시민 상태état civil가 아니라 그저 변화된 전쟁상태에 불과하다고 주장한다.

'전쟁'이라는 말이 공적인 전쟁을 뜻한다면 그보다 앞선 사회들이 있었다고 가정해야 하는데 누구도 이 사회들의 기원을 설명할 수 없다. 전쟁이라는 말을 개인 대 개인의 사적 전쟁으로 이해한다면, 이로써 주인과 노예가 생기는 것은 설명할 수 있어도 이로부터 지도자와 시민들이 생기는 것은 설명할 수 없다. 주인과 노예의 관계로부터 지도자와 시민에 대한 관계를 구별하려면 항상 인민의 단체를 만들 수 있고 구성원들과 수장을 결합해 주는 어떤 사회적 합의를 가정해야 한다.

사실 이것이 시민 상태의 진정한 성격이다. 인민은 수장과는 독립적으로 인민이다. 군주가 죽는다고 해도 신민들 사이에는 그들을 국민 단체corps de nation로 유지해 주는 관계가 여전히 존재한다. 그렇지만 여러분은 폭정의 원리를 살펴본다면 유사한 것이 전혀 없음을 아셔야 한다. 폭군이 죽게 되면 금세 전부 조각조각이 나서 가루가 되어 버린다. 떡갈나무에 불이 붙어 온전히 삼켜 버린 뒤 꺼지고 나면 잿더미로 변하는 것과 같다.[120]

4. 폭력적인 침탈행위라도 시간이 지남에 따라 결국 합법

적인 권력이 되고, 규정만 바꾸면 침탈자도 최고 행정관이
되고, 노예의 무리도 국민 단체를 구성할 수 있다는 점은 수
많은 현학자들이 부끄러워하지도 않고 주장했던 내용으로, 이
것에는 이성의 권위 말고는 다른 권위가 부족하지 않았다.[121]
그러나 시간이 아무리 지났다고 오랫동안 계속된 폭력이 정
당한 정부로 변할 수는 없다. 이와는 반대로 제정신이 아닌
한 인민이 지도자에게 기꺼이 자의적인 권력을 부여했다손
치더라도 그 권력은 여러 세대로 이어질 수 없고, 임의의 권

---

120) 『사회계약론』 1권 5장에 이 비유가 다시 등장한다. "그가 죽으면
그가 사라진 후 제국은 마치 불에 타 잿더미로 분해되어 쓰러진 떡갈
나무처럼 흩어지고se dissoudre 모든 연결을 잃는다épars et sans liaison"(김
영욱 옮김, 22쪽).

121) 흐로티위스는 "우리가 세운 원칙에 따라 몇몇 사람들이 말하는 것을
어떤 의미로는 받아들일 수 있을 것 같다. 신민들은 방법만 찾는다면 항
상 그들의 자유, 다시 말하면 한 인민에게 합당한 자유를 다시 소유할
수 있다고 말이다. 주권의 권위는 힘으로 획득된 것이거나 기꺼이 부여
된 것이다. 전자의 경우에 주권의 권위는 같은 방식으로 잃을 수 있고,
후자의 경우에 사람들은 후회하거나 생각을 바꿀 수 있다. 하지만 주권
이 본래 무력으로 획득된 것일지라도 소유자가 이를 확실히 누릴 수 있
도록 해주는 암묵적인 의지를 통해서야 정당한 것이 될 수 있다"(Hugo
Grotius, *Droit de la guerre et de la paix*, 2권 4장 §14, p. 275)고 썼다.
    이 점과 관련해서 보쉬에도 같은 생각이다. "무력으로 시작된 정복
의 권리는 말하자면 인민의 합의로부터, 그리고 평화로운 소유를 통해
자연적인 공동의 법으로 귀결한다. 미리 전제해 두어야 할 것은 정복에
는 복종한 인민들의 암묵적인 동의가 뒤따른다는 점이다. 이렇게 예의
바른 대접으로써 그들을 복종에 익숙해지게 한다"(Jacques-Bénigne Boss-
uet, *Politique tirée des propres paroles de l'Ecriture Sainte*, 1권 2절, p. 79).

력이 정당화될 수 있는 것은 그 권력이 지속하는 동안뿐임은 의심의 여지가 없다. 미래에 태어나는 아이들이 부모들이 저지른 터무니없는 짓을 승인할 리도 만무하거니와, 아이들이 저지르지도 않았던 잘못 때문에 그 아이들에게 고통을 지울 수도 없기 때문이다.

그러면 다들 이렇게 말하리라는 것을 나도 잘 알고 있다. 존재하지 않은 것은 특질도 갖지 않으므로 앞으로 태어날 아이에게는 아무런 권리도 없다고 말이다. 그래서 부모는 그들 자신과 아이를 위해 자기들의 권리를 거부할 수 있고, 그렇게 되면 아이도 불평할 이유가 없다는 것이다. 그러나 이런 조잡하기 짝이 없는 궤변을 무너뜨리는 데는 아들이 오로지 가장으로부터 갖게 되는 재산 소유권과 같은 권리와, 오직 인간의 자격으로 자연으로부터 갖게 되는 자유와 같은 권리를 구분하는 것으로 충분하다. 이성의 법을 따라 아버지가 유일한 소유자인 첫 번째 종류의 권리를 양도할 수 있고, 제 아이들에게 이 권리를 주지 않을 수도 있다는 점은 의심할 여지가 없다. 그러나 자연이 즉각적으로 하사한 선물과도 같은 자유라는 두 번째 종류의 권리는 이와 같지 않아서, 그 누구도 이 권리를 박탈할 수는 없다. 능력도 출중하고 헌신적이기까지 한 어떤 정복자가 신민들을 설득하여 팔 하나를 자르면 더욱 평화롭고 행복하게 살아갈 수 있다는 점을 받아들이게 할 수 있었다고 생각해 보자. 그렇다 해도 아버지들의 약속을 이행하기 위해 영구적으로 모든 아이들의 팔을 하나씩 자르게끔 할 수 있을까?

폭정을 정당화하고자 사용하는 암묵적인 동의란 것도, 더

없이 긴 침묵을 통해 추정될 수 없다는 점은 쉽게 알 수 있다. 개별자들이 두려움 때문에 공공의 힘을 제멋대로 사용하는 한 사람에 맞서 항의하지 못하기도 하지만, 의지를 오직 단체적으로만 표출할 수 있는 인민이 그 의지를 표명하기 위해 서로 모일 힘을 갖추지도 못했기 때문이다. 반대로 시민이 침묵을 지키는 것만으로도 인정받지 못한 수장을 거부하기에 충분하다. 시민들이 수장에게 권한을 부여하려면 발언해야 하고, 그것도 완전히 자유롭게 발언해야 한다. 더욱이 이 점에 대해 법률가들과, 법률 관련 일을 하고 돈을 받는 사람들이 무슨 주장을 한들, 인민의 자유가 침해받아도 자유를 되찾을 권리가 없고, 그 권리를 되찾고자 시도하는 것이 위험한 일이라는 점을 증명하지 못한다. 자유를 잃은 것보다도 더 큰 악이 있다고 생각한대도 결코 그렇게 해서는 안 된다.

내가 보기에 사회계약을 놓고 벌어진 이런 논쟁은 결국 정말 단순한 문제로 귀결하는 것 같다. 모든 사람이 공동의 유용성 때문이 아니라면 무엇 때문에 기꺼이 사회라는 단체에 결속할 수 있었는가? 그러면 공동의 유용성이 정치사회의 토대가 될 것이다.[122] 이렇게 전제한 뒤, 합법적인 국가와 강요

---

122) 『사회계약론』 2권 1장에서 루소는 "앞서 확립한 원리들에서 가장 먼저 도출되며 또한 가장 중요한 귀결은, 일반의지만이 국가의 설립 목적인 공동선bien commun에 따라 국가의 힘을 통솔할 수 있다는 것이다. 개별이익들의 대립이 사회의 설립을 필요하게 했다면, 그것을 가능하게 한 것은 개별이익들의 일치다. 이렇게 각기 다른 이익들에 공통으로 속해 있는 것이 사회의 연결을 만들어 낸다"(김영욱 옮김, 35쪽)고 적었다.

된 모임attroupemens forcés을 어떻게 구분할 수 있을지 살펴보자. 어느 경우라도 각자 얻고자 하는 대상이나 목적을 고려하지 않는다면 그 무엇으로도 정당화될 수 없다. 사회 형태가 공동선을 따른다면 사회제도의 정수를 따르는 것이고, 수장의 이득만을 목표로 한다면 이는 이성과 인류애의 권리에 비추어 부당한 것이 된다. 공공의 이익이 간혹 폭정과 일치하는 경우가 있다손 쳐도 이런 일시적인 일치로는 이를 원리로 삼지 않는 정부를 정당화하기에는 역부족이다. 흐로티위스가 피지배자를 위해 세워진 권력은 어디에도 없다고 했을 때, 그는 사실의 면에서는 대단히 옳게 본 것이지만, 지금 문제가 되는 것은 권리의 면이다. 흐로티위스가 내세우는 유일한 증거는 정말 기이하다. 그는 노예에게 행사하는 주인의 권력에서 그 증거를 가져온 것인데, 이는 한 사실을 내세워 한 사실을 정당화하고, 노예제도 자체가 폭정보다 덜 불공정하다는 점을 합리화하는 것 같다. 세워야 했던 것은 정확히 노예제도의 권리였다. 문제가 되는 것은 현재 상태가 어떠한가, 복종하지 않을 수 없는 권력은 무엇인가가 아니라, 무엇이 정당하고 무엇을 받아들일 수 있는가, 우리가 인정해야 하는 권력은 무엇인가이다.

6장
주권자와 시민의 상호 권리들

공동이익을 추구하는 것이 연합l'association의 목적이라면 일반의지가 사회체의 행동 규칙이 되어야 함이 분명하다. 이것이 내가 세우고자 했던 근본 원리였다. 이제 일반의지가 개별자들에게 어떤 영향을 주는지, 모든 사람에게 어떻게 드러나는지 살펴보도록 하자.[123]

국가 혹은 도시국가는 구성원들의 결합과 협력을 통해 생명을 얻는 사회인을 이루므로 그것의 가장 앞서고, 또한 가장 중요한 책무는 자기보존이다. 이 책무는 전체에 가장 적합한 방식으로 각 부분을 움직이고 배치하기 위해 보편적이고 강제적인 힘을 필요로 한다. 그래서 자연이 모든 인간에게 사지四肢에 대한 절대적인 힘을 준 것처럼, 사회계약은 정치체에게 구성원들에 대한 절대적인 힘을 부여한다. 이미 말했듯이 일반의지가 지휘하는 이 힘을 주권이라는 이름으로 부른다.

하지만 공적 인격과 함께, 공적 인격을 구성하긴 하나 본래 공적 인격에서 독립된 생명과 존재 방식[124]을 갖는 사적 인격도 고려해야 한다. 이 주제는 논의가 필요하다.

---

123) 이 부분 다음부터 『사회계약론』 2권 4장(김영욱 옮김, 41~45쪽)의 내용이 다소 다른 형태로 이어진다.

124) 『사회계약론』에는 "생명과 자유"로 고쳤다(김영욱 옮김, 41쪽).

무엇보다 주권자가 시민들에게 행사하는 권리와, 주권자가 시민에게서 존중해야 하는 권리를, 시민들이 신민의 자격으로 수행해야 하는 의무 및 인간으로서 누려야 할 자연권과 올바로 구분해야 한다. 각자 사회계약을 통해 자신이 자연적으로 가진 능력, 재산, 자유에서 사회에 중요하게 쓰이는 부분만을 양도한다는 점이 확실하다.[125]

그래서 한 시민이 국가에 제공할 수 있는 봉사를 시민은 국가에 제공해야 하고, 주권자 편에서는 공동체에 불필요한 어떤 족쇄도 신민에게 부과할 수 없다. 자연의 법에서도 그렇지만 이성의 법에서도 원인 없이는 어떤 것도 일어나지 않기 때문이다. 그러나 적합한 것과 필연적인 것, 단순한 의무와 옹색한 권리, 남이 우리에게 요구할 수 있는 것과 우리가 기꺼이 수행해야 할 의무를 혼동해서는 안 된다.[126]

사회체와의 결합을 만들어 내는 약속이 의무가 되는 것은, 그것이 상호적으로 부과되기 때문이다. 그래서 이런 약속들의 본성상, 그것을 완수하면서 타인을 위해 일하는 것은 결국 자신을 위해 일하는 것과 같다. 일반의지는 왜 언제나 곧은가? 왜 모든 사람들이 그들 각각의 행복을 서로 지속적으로 원하게 되는가? 바로 '각각'이라는 말을 자기 얘기로 삼지 않는 이가 없고, 모두를 위해 투표하면서도 자신을 위해 투표한다고

---

[125] "…… 오직 공동체에 중요하게 쓰이는 부분만을 양도한다. 하지만 오직 주권자만이 이 중요성을 판단한다"(『사회계약론』, 김영욱 옮김, 41쪽).
[126] 이 문단의 마지막 문장은 『사회계약론』에서 삭제되었다.

생각하지 않는 이가 없기 때문이다. 이로써 다음이 증명된다. 권리의 평등과 여기서 비롯되는 정의의 관념은, 각자가 다른 사람보다는 자신을 편애하는 인간의 본성에서 유래한다. 또한 일반의지가 진정으로 일반적인 것이 되려면 본질뿐만 아니라 대상에서도 일반적인 것이어야 한다. 그리고 일반의지가 모두에게로 돌아가기 위해서는[127] 모두에게서 나와야 한다. 끝으로 일반의지는 개별적이고 특정한 대상을 향하자마자 본래의 곧음을 상실한다. 그때 우리는 우리가 아닌 것[128]을 판단하게 되어 우리를 인도할 그 어떤 참된 공평함의 원리도 갖지 못하기 때문이다.

실제로, 사전 체결된 일반적 합의에 규정되어 있지 않은 사안에 대해 개별적인 사실이나 권리를 다루게 되면 분쟁이 발생한다. 소송이 일어나서, 개별 당사자들이 한편에 서고 공중이 다른 편에 선다. 하지만 이 소송에는 따를 만한 법도 판결을 내려 줄 판사도 없다. 그러면 일반의지의 엄중한 결정을 따른다는 것은 우스운 일이 될 것이다. 왜냐하면 이때 일반의지는 한쪽 당사자의 결론일 뿐이어서, 상대편에겐 외부의 개별의지가 되고 이로 인해 이 경우에 불의와 오류에 빠지기 쉬운 것처럼 보이기 때문이다. 그래서 개별의지가 일반의지를 대표할 수 없는 것과 마찬가지로, 일반의지도 개별적인

127) 『사회계약론』에서는 "적용되기 위해서는"으로 고쳤다(김영욱 옮김, 42쪽).

128) 『사회계약론』에서는 "우리와 무관한 것"으로 고쳤다(김영욱 옮김, 42쪽).

대상을 마주하면 그 본성이 바뀌어 사람에 대해서도 사실에 대해서도 일반적인 입장에서 판결을 내릴 수 없다. 예를 들어 보자. 아테네 인민은 수장을 임명하거나 해임하기도 했고, 누군가에게는 명예를 부여하고 누군가에게는 처벌을 부과하기도 했으며, 수많은 개별적인 명령으로 온갖 정부행위를 무분별하게 행사하곤 했다. 이때 이 인민은 엄밀한 의미에서 더는 일반의지를 갖지 않았다. 그들은 주권자가 아니라 행정관으로 행동한 것이다.[129]

이상의 내용으로부터 다음을 이해해야 한다. 공공의 의지는 투표수가 아니라 그 표들을 결합하는 공동이익으로 인해 일반적인 것이 된다. 이 제도에서 각자는 자신이 타인에게 부과하는 조건들에 필연적으로 종속되기 때문이다. 이것은 이익과 정의의 경이로운 일치이고, 이 일치 때문에 공동심의는 공평한 성격을 갖게 된다. 이 공평함은 모든 개별적인 사안의 심의에서는 사라지고 없다. 이런 심의에는 판사의 의지와 상대방의 의지[130]를 하나로 만들고 결합하는 공동이익이 없기 때문이다.

어떤 측면을 통해 원리로 거슬러 올라가든 언제나 같은 결론에 이른다. 즉, 사회계약은 모두 같은 조건으로 의무를 지

---

129) 『사회계약론』에는 "이런 얘기가 일반적인 생각과는 상반되는 듯 보일 텐데, 내 생각을 설명하려면 시간이 좀 필요하다"(김영욱 옮김, 43쪽)를 추가했다.

130) 원고에서 "이익"intérest을 지우고 "의지"la volonté로 고쳤으나, 『사회계약론』에서는 이를 다시 따라야 할 원리la règle로 수정했다.

고 모두 같은 이익을 누리는 시민들의 권리의 평등을 확립한다.[131) 따라서 계약의 이런 본성에 의해 모든 주권행위, 다시 말해 일반의지의 모든 참된 행위는 시민 모두에게 똑같이 의무를 지우거나 똑같이 혜택을 준다. 그러므로 주권자는 국가 단체만을 알 뿐, 단체를 구성하는 사람들은 누구도 구별하지 않는다. 그렇다면 주권행위란 엄밀히 말해 무엇인가? 그것은 상급자가 하급자에게 내리는 명령이 아니고, 주인이 노예에게 행사하는 지배가 아니라[132) 단체가 그 구성원 각각과 맺는 합의다. 이 합의는 그 기초가 사회계약이기에 정당하고, 모두에게 공통되기에 공평하며, 오직 모두의 선[133)을 대상으로 가지기에 이롭고, 공적인 힘과 최고권력에 의해 보장되기에 견고하다. 신민들이 오직 이런 합의에 종속되어 있는 한, 그들은 누구에게도 복종하는 것이 아니며 단지 그들 자신의 의지에 복종할 뿐이다. 주권자와 개별자들[134) 양편의 권리가 어디까지인지 묻는 것은, 개별자들은 그들 자신과, 각자는 전체와, 전체는 개별자 각자와 어떤 지점까지 약속할 수 있는지 묻는 것이다.

131) 『사회계약론』에서는 "…… 모두 같은 권리를 누리는 시민들의 평등을 확립한다"(김영욱 옮김, 43쪽)로 고쳤다.

132) 『사회계약론』에서는 "상급자와 하급자 사이의 합의convention가 아니라"(김영욱 옮김, 44쪽)로 수정되었다.

133) 『사회계약론』에서는 "일반선"le bien général(김영욱 옮김, 44쪽)으로 수정되었다.

134) 『사회계약론』에서는 "시민"[들](김영욱 옮김, 44쪽)로 수정되었다.

이로부터 주권이 아무리 절대적이고 신성하고 불가침한 것이더라도 일반적인 합의의 한계를 넘지 않고 넘을 수도 없으며, 모든 사람은 이 합의에 따라 제게 남겨진 재산과 자유를 전적으로 처분할 수 있다는 결론이 도출된다. 따라서 주권자는 어떤 개별자에게 다른 개별자[135]보다 더 큰 부담을 지울 권리가 없다. 그러면 문제는 개별적인 사안이 되어 주권자의 힘이 효력을 상실하기 때문이다.

일단 이런 구별을 받아들이고 생각해 보면, 사회계약에서 개별자들이 어떤 것을 정말 포기하게 된다는 말은 너무나 거짓이다. 실제로는 계약의 결과 개별자들의 상황이 전보다 더 선호할 만한 것이 된다. 그들은 단순한[136] 양도가 아니라, 득이 되는 교환을 하는 것이다. 불확실하고 불안정한 존재 방식이 더 낫고 더 확실한 존재 방식과, 자연적 독립은 시민의[137] 자유와, 타인에게 해를 끼칠 힘은 개인의 안전과, 다른 힘에 압도될 힘은 사회결합에 의해 무적이 되는 권리와 교환된다. 개별자들이 국가에 바친[138] 생명도 국가가 지속적으로 보호한다. 그들이 국가를 방어하기 위해 생명을 위험에 노출하거나 생명을 버릴 때, 그들은 자연상태에서 더 빈번히, 더 큰 위험을 안고 했었을 일을 하는 것이지 않은가? 불가피한 전투에

---

135) 『사회계약론』에서는 "어떤 신민[들]에게 다른 신민"[들](김영욱 옮김, 44쪽)로 수정되었다.

136) 『사회계약론』에는 "단순한"을 삭제했다(김영욱 옮김, 44쪽 참조).

137) 『사회계약론』에는 "시민의"를 삭제했다(김영욱 옮김, 45쪽 참조).

138) 여기서 '헌신하다'dévouer는 '바치다'vouer의 뜻으로 해석할 수 있다.

뛰어들면서 그들은 자신의 생명을 보존하도록 해준 것을 목숨을 걸고 방어할 것이다. 필요하면 모두가 조국을 지키기 위해 싸워야 한다. 이것은 사실이다. 하지만 누구도 자신을 위해 싸울 필요는 없다. 이 또한 사실인 것이다. 우리는 안전을 잃으면 그 즉시 여러 위험을 무릅써야 한다. 그런데 그 위험 가운데 일부를 우리의 안전을 보장하고 있는 것을 위해 무릅쓴다면 이는 득을 보는 것이 아닌가?

7장
실정법의 필요성[139]

139) 처음에 루소는 1권을 본 7장으로 마무리할 의도가 아니었다. 실정법lois positives은 국가의 설립과 활동을 관할할 목적으로 합의한 규칙을 가리킨다. 프랑스어 positif는 라틴어 *ponere*에서 온 말로 세우고 고정시킨다는 뜻이다. 홉스는 『시민론』14장 4절에서 자연법과 실정법을 "신이 자신의 의지를 인간에게 알려주는 두 가지 방식에 따라" 구분한다. 그에 따르면 "자연법은 모든 인간이 타고난 신의 영원한 말씀을 통해, 다시 말해서 인간의 자연 이성을 통해 신이 모든 인간에게 선포한 법"이며 "실정법은 한 인간으로서의 신이 사람들에게 말했던 예언의 말씀을 통해 신이 우리에게 계시한 법률"(토머스 홉스, 『시민론』, 이준호 옮김, 서광사, 2013, 239쪽)이다. 또한 『리바이어던』에서 홉스는 자연법lex natualis을 "인간의 이성이 찾아낸 계율 또는 일반적 원칙"으로 정의하고 "이 자연법에 따라 자신의 생명을 파괴하는 행위나 자신의 생명 보존의 수단을 박탈하는 행위는 금지되며, 또한 자신의 생명 보존에 가장 적합하다고 생각되는 행위를 포기하는 것이 금지된다"(토머스 홉스, 『리바이어던 1』, 14장, 진석용 옮김, 나남, 2008, 176쪽). 반면 "인간은

이상으로 모든 진정한 정치체의 기초가 되는 기본계약에 대한 가장 정확한 관념을 살펴보았다고 생각한다. 이 관념을 올바로 생각하지 못했기 때문에 본 주제를 다뤘던 모든 사람들이 이 기본계약의 본성과는 전혀 상관없는 자의적인 원리에 따라 시민 정부gouvernement civil를 세웠던 것이니 그만큼 더 이 관념들을 자세히 설명하는 일이 중요했다. 이제는 내가 세운 원리에서 모든 정치 체계가 얼마나 도출되며, 그 결과들은 얼마나 자연스럽고 확실한지 살펴보도록 하자. 하지만 그 전에 우리의 체계를 단단히 받치는 토대를 마저 놓아 보도록 하자.

사회의 결합에는 규정된 목적이 있으므로, 결합이 이루어지면 바로 그 목적을 완수해야 한다. 사회계약이라는 약속에 따라 각자 자기가 수행해야 할 일을 의지意志하고자 한다면, 그가 의지해야 하는 일이 무엇인지 알아야 한다. 그런데 의지해야 하는 것은 공공의 선이고, 의지해서는 안 되는 것은

평화를 획득하고 생명을 보존하기 위해 코먼웰스라는 인공인간을 만들었으며, 또한 시민법이라는 인공적 사슬도 만들었다. 그리고 그들 자신의 상호 신의계약에 의해 사슬의 한쪽 끝은 주권을 지니게 된 한 사람 혹은 합의체의 입에 연결하고, 또 한쪽 끝은 그들 자신의 귀에 연결했다"(같은 책, 21장, 282쪽).

몽테스키외는 『법의 정신』 1권에서 자연법과 실정법을 구분하면서 전자를 "모든 법 이전에 존재하는" 법으로, "우리의 마음속에 창조자의 관념을 새겨 주고, 우리를 신에게로 인도하는 그 법"(1권 2장, Œuvres complètes, t. II, p. 235)이 자연법에서 가장 중요한 것이며, "인간이 사회생활을 누리게 되자 …… 일찍이 서로에게 있었던 평등은 끝나고 전쟁이 시작"(3장, 같은 책, p. 236)되는데, 이런 전쟁상태가 인간들 사회에 제정케 하는 일련의 법률이 실정법이다.

공공의 악이다. 그런데 국가의 존재 방식은 이상理想적이고 합의에 기초한 것이므로, 국가의 구성원들은 그들 모두가 자연적으로 갖는 감수성sensibilité이 없다.[140] 구성원들에게 감수성이 있었다면 즉각적으로 반응하여 국가에 유용한 것에는 유쾌한 인상을, 국가에 해로운 것에는 고통스러운 인상을 받게 되었을 것이다. 그러나 국가에 닥칠 악을 예상하지 못해서, 구성원들이 악을 느끼기 시작했을 때는 이미 고칠 때가 지난 경우가 다반사이다. 한참 전에 예상했더라면 피하거나 치료할 수도 있었을 텐데 말이다. 그러니 개별자들은 막상 생기고 난 뒤가 아니라면 볼 수도 느낄 수도 없는 악으로부터 공동체를 어떻게 보호할 것이며, 결과가 나와 봐야 판단할 수 있는 선善을 어떻게 제공할 것인가? 더욱이 자연이 구성원들의 최초의 조건을 끊임없이 상기시킨다 해도 그들이 다른 인위적인 조건을 간과하지 않으리라고 어떻게 확신할 수 있을까? 그 인위적인 조건에서 생기는 장점이 있다 한들 대단히 오랜 시간이 흘러야 뚜렷해지곤 하는 결과들이 나와 봐야 알 수 있는 것이다. 그들이 언제나 일반의지를 따른다고 가정해 보자. 그런데 어떻게 일반의지는 모든 경우에 뚜렷이 드러날 수 있는가? 일반의지는 언제나 명백한가? 개별이익이 일으키는 환상으로 일반의지가 가려지지는 않을까? 인민은 언제나 서로

---

140) 이 부분에서도 루소는 디드로가 쓴 「자연법」 항목의 전제를 문제 삼는다. 개인이 외부의 대상을 지각할 수 있는 감수성과 국가 구성원들로서의 시민이 상호간에 느낄 수 있는 감정은 자연적인 것이 아니라 인위적인 것이다.

모여 일반의지를 표명할 것인가, 아니면 일반의지를 개별의지로 대체하려는 개별자들을 신임할 것인가? 개별자들은 어떻게 일치하여 행동하게 될까? 그들은 어떤 순서로 일을 처리할 거며, 어떤 방식으로 의견의 일치를 볼 거며, 어떻게 공동 작업을 분배할까?

이런 어려움들은[141] 해결이 불가능해 보였지만 인간의 모든 제도 가운데 가장 숭고한 제도가 설립되면서 더 정확히 말하자면 하늘의 계시라도 받은 듯 인민이[142] 불변하는 신의 뜻을 지상에서 모방할 줄 알게 되면서 모두 제거되었다. 도대체 어떤 기상천외한 기술로 인간을 자유롭게 하기 위해 예속하는 방법을 찾아낼 수 있었던 것일까? 국가의 구성원들에게 강요하지도 않고, 그렇다고 의견을 묻지도 않으면서 국가를 위해 그들의 재산, 노동, 생명을 이용하는 방법은 어떻게 찾아냈던 것일까? 그들 자신의 의사에 따라 그들의 의지를 구속하고, 그들의 거부보다는 그들의 동의를 앞세우고, 그들이 원한 적이 없었던 일을 할 경우에는 그들 스스로 처벌하도록 하는 방법을 찾아냈던 것은 또 어떠한가? 도대체 모두 복종하면서도 누구도 명령하지 않도록 하고, 모두가 봉사하면서도 봉사받는 주인이 없도록 하는 것이 어떻게 가능한가? 겉으로 보

141) 이 부분부터 같은 문단의 "…… 자기 자신과 모순에 빠지는 일이 없게끔 가르친다"까지의 내용은 『정치경제론』(본 번역본 38, 39쪽)에서 가져온 것이다.

142) 『정치경제론』(본 번역본 38쪽)에는 "인간이"à l'homme로 되어 있는데 이를 "인민이"au peuple로 대체했다.

기엔 복종하는 것처럼 보이면서도 사실 타인의 자유를 해치지 않는 한에서 모두가 자신의 자유를 고스란히 보존하고 있으니 그만큼 더 자유롭지 않은가? 이런 경이로운 일은 법의 작품이다. 법이 없었다면 인간은 자유로울 수도 정의로울 수도 없었다. 모든 사람들의 의지를 담당하는 법이라는 유익한 기관器官이 있어서 사람들 사이에 자연적인 평등을 권리로 회복한 것이다. 저 신묘한 목소리가 시민 개개인에게 공공의 이성의 원칙들을 규정하고 따를 것을 말하고, 시민 개개인을 그들 각자가 갖는 판단 규범에 따라 행동하고, 자기 자신과 모순에 빠지는 일이 없게끔 가르친다. 법이야말로 정치체를 움직이는 유일한 동기이고, 법 없이 정치체는 능동적일 수도, 감각을 가질 수도 없다. 법 없는 사회는 영혼 없는 육체와 같아서, 존재는 하되 움직일 수는 없다. 각자 일반의지를 따르는 것으로는 충분하지 않다. 일반의지를 따르려면 그것을 알기부터 해야 한다. 이런 이유로 법의 제정이 필요해진 것이다.

법은 엄밀히 말해 시민 연합l'association civile의 조건일 뿐이다.[143] 법에 복종하는 인민이 법의 기안자여야 한다. 연합하는 데 어떤 조건을 따라야 할지 선언하는[144] 사람은 바로 연

---

143) 여기서부터 7장 끝까지의 부분은 약간의 수정을 거쳐 『사회계약론』 2권 6장을 마무리하는 부분에 실린다(김영욱 옮김, 51쪽 이하 참조).

144) 『사회계약론』에서는 "사회의 조건을 정하는"règler les conditions de la société으로 수정된다. 다음 문장에 나오는 "어떤 방식으로 선언하게 될까"의 경우도 역시 '선언하다'déclarer 대신 '규정하다'règler라는 동사로 바꿨다(김영욱 옮김, 51쪽).

합하는 사람들이어야 한다. 하지만 이들은 그 조건들을 어떤 방식으로 선언하게 될까? 모두의 합의를 통해서일까, 갑작스러운 결심을 통해서일까? 정치체는 이런 의지를 표현하는 어떤 기관을 갖추고 있는 걸까? 이 의지를 작성하여 미리 공표하기 위해 필요한 선견지명을 누가 정치체에 주겠는가? 그게 아니라면 정치체는 필요한 경우 어떻게 그 행위들을 표명할 것인가? 대중은 제게 좋은 것이 무언지 모를 때가 다반사이니 무얼 하고자 하는지 모른다. 그런 대중 스스로가 입법체계와 같이 쉽지 않은 기획을[145] 만들어 볼 생각을 하고 실행에 옮기기를 어떻게 바라볼 수 있겠는가? 그 일이 앞을 내다볼 수 있는 능력이며 지혜며 하는 더없이 숭고한 능력을 필요로 하는데 말이다.[146] 인민은 언제나 자연히 선을 바라지만 그렇다고 언제나 선을 이해하는 것은 아니다. 일반의지는 언제나 바르므로,[147] 문제는 일반의지를 개선하는 것이 아니라 필요할 때 그것에 귀 기울이는 일이다. 인민이 대상을 있는 그대로 보게 해야 하고, 때로는 봐야만 하는 방식으로 보게 해야 한다. 인민이 가고자 하는 바른 길을 보여 주어야 하고, 개별의지의 유혹으로부터 인민을 보호해야 한다. 공간과 시간을 가로질러 보게 해야 하고, 쉽게 인지되는 현재 이득의 유혹과 숨겨져 있

---

145) 『사회계약론』에서는 "중대하고 어려운 기획을"(김영욱 옮김, 51쪽)로 강조되었다.

146) 이 문장은 『사회계약론』에서 삭제되었다.

147) 『사회계약론』에서는 여기에 "일반의지를 인도하는 판단이 언제나 밝은 것은 아니다"(김영욱 옮김, 51쪽)를 추가했다.

는 먼 해악의 위험의 경중을 재어 주어야 한다. 개별자들은 좋은 것을 보면서도 거부하고, 공중은 좋은 것을 원하지만 보지 못한다. 양쪽 모두 똑같은 안내자가 필요하다. 개별자들에게는 그들이 자신의 의지를 이성에 합치시키도록 강제해야 하고, 공중에게는 그들이 원하는 것을 인식하는 방법을 가르쳐 주어야 한다. 이렇게 공중의 지식lumières publiques에서 개별자들의 미덕이 생기고, 사회체에서 지성과 의지가 결합되면서 부분들의 정확한 협력, 결국 전체의 가장 큰 힘이 생긴다.[148] 입법자가 필요한 이유가 이것이다.

---

148) 김영욱은 les lumières를 '계몽'으로 옮기고 있다. 그러나 본 번역본에서는 이 용어를 '지식'으로 옮겼다. "이렇게 사회체에서 지성과 의지의 결합을 만들어 내는 것은 공중의 계몽이며, 이 결합으로부터 부분들의 정확한 협력, 결국 전체의 가장 큰 힘이 생겨난다"(『사회계약론』, 김영욱 옮김, 52쪽).

2권
법의 제정

1장
입법의 목적

우리는 사회계약으로 정치체에 생명과 존재를 주었다, 이제 입법을 통해 의지와 운동을 주어야 한다. 왜냐하면 최초의 행위로는 정치체가 형성되고 단결될 뿐, 정치체가 자기보존을 위해 해야 할 일 가운데 어떤 것도 규정되지 않기 때문이다.[149] 입법을 연구하는 학문이란 어떤 것이며, 그 학문의 오의奧義를 이해하는 천재는 어디에 있으며, 이 학문을 용기 있게 실행에 옮기는 자가 반드시 갖추어야 하는 미덕은 어떤 것인가라는 엄청난 주제를 지향한다. 이 연구는 방대하고 난해하기만 해서 제도가 제대로 갖춰진 국가가 나타나는 것을 보고 있다고 자부하는 사람들의 기를 꺾어 놓을 정도이다.[150]

149) 『사회계약론』, 2권 6장, 김영욱 옮김, 48쪽.
150) "입법을 연구하는 학문이란 ……"부터 이 문단 마지막까지는 『사회계약론』에서 삭제되었다(김영욱 옮김, 48쪽 참조).

2장
입법자에 대해

사실 국민에 적합한 최선의 사회규칙을 찾아내려면 우월한 지성이 있어야 할 것이다. 이 지성은 인간의 필요를 속속들이 알지만[151] 그중 어느 것도 겪어 본 적은 없어야 하고, 우리의 본성과 어떤 관계도 없지만 그 본성에 부합하는 모든 것을 바라볼 수 있다.[152] 그의 행복은 우리와는 무관한 일이지만 그는 우리의 행복을 돌봐야 한다. 한마디로 말해서 인류에게 올바른 법을 전하기 위한 신이 필요할지 모른다. 목자가 돌보는 가축보다 우월한 존재인 것처럼 사람들을 이끄는 지도자인 목자는 인민보다 탁월한 존재임에 틀림없다.

플라톤은 통치를 다룬 책에서 그가 찾는 시민이나 왕족을 규정하기 위해 권리에 따라 추론했는데, 필론에 따르면 칼리굴라는 이 추론을 사실에 적용해 세상을 다스리는 주인은 그 외의 다른 사람들보다 본성상 우월하다는 점을 증명했다.[153]

---

151) 『사회계약론』에서는 "모든 정념을 보았으나"(김영욱 옮김, 52쪽)로 바꾸었다.

152) 『사회계약론』에서는 "속속들이 알아야 한다"(김영욱 옮김, 52쪽)로 고쳤다.

153) 루소는 『사회계약론』에서 다음과 같이 다소 수정을 가했다. "통치에 대한 책에서 플라톤은 칼리굴라가 사실의 차원에서 했던 추론을 권리의 차원에서 반복하면서 그가 찾는 시민이나 왕을 정의하려 한다"(『사회계약론』, 2권 7장, 김영욱 옮김, 53쪽).

그런데 위대한 군줏감이 정말로 드물다면 위대한 입법자는 도대체 어떻겠는가? 군주는 입법자가 제안하는 모델을 따르기만 하면 된다. 입법자는 기계를 고안하는 기사Méchanicien와 같고 군주는 기계를 조립하거나 작동시키는 일꾼이라 하겠다. 몽테스키외에 따르면[154] 사회가 생겨날 때 제도를 만드는 것은 공화국의 지도자들이지만, 그런 다음에는 제도가 공화국의 지도자들을 만든다.

한 인민을 교육할 수 있다고 생각하는 사람이라면[155] 말하자면 자신이 인간 본성을 바꿀 능력이 있음을 자각해야 한다. 그는 그 자체로 완전하고 고독한 전체un tout인 각 개인을 더 큰 전체의 부분으로 변형시켜야 한다. 개인은 말하자면 이 더 큰 전체로부터 생명을 부여받아 태어나게 된다. 또한 그는 체질[156]을 강화하기 위해 그것을 손상시켜야[157] 하고, 우리 모두가 자연에서 받은 물질적이고 자족적인physique et indépendante 존재 방식을 정신적이고 부분적인morale et partielle 존재 방식으로 대체해야 한다. 한마디로 말해서 그는 인간에게서 본래의

---

154) 여기서 루소는 몽테스키외의 『로마의 위대함과 쇠퇴에 대한 이유 고찰』의 한 문장을 그대로 인용했다(샤를 드 몽테스키외, 『몽테스키외의 로마의 성공, 로마제국의 실패』, 1장, 김미선 옮김, 사이, 2013, 24쪽).

155) 루소는 『사회계약론』에서 "인민을 설립하려고 시도하는 자는"으로 수정했다(2권 7장, 김영욱 옮김, 53쪽).

156) 원고에서 처음에는 "조건"condition으로 썼다가 지우고 "체질/구성" constitution으로 바꿨다.

157) 『사회계약론』에는 "손상시켜"mutiler를 "변질시켜"altérer(김영욱 옮김, 53쪽)로 바꿨다.

모든 힘을 빼앗고 나서, 그의 것이 아니었을, 타인의 도움 없이는 사용할 수 없는 힘을 마련해 주어야 한다. 그런데 자연적인 힘이 멈추고[158] 소멸될수록, 획득한 힘이 더 크고 지속적일수록, 제도는 그만큼 더 견고하고 완전해진다. 그래서 각 시민이 다른 모든 시민들을 통하지 않고는 어떤 것도 될 수 없고 전체를 통해 획득한 힘이 모든 개인의 자연적인 힘들의 합과 동등하거나 우월하다면 입법은 도달 가능한 최고의 완벽한 수준에 올랐다고 말할 수 있다.

입법자는 모든 면에서 국가의 비범한[159] 사람이다. 입법자

---

158) 여기서 루소는 '자연적인 힘'ces forces naturelles이 '멈추고 사라진다' mortes et aneanties는 표현을 썼는데, 여기서 force morte는 라이프니츠의 개념에 따르면 능동적인 힘vis activa과 대립하는 수동적인 힘vis passiva을 가리키는 것 같다. 라이프니츠에 따르면 "능동적인 힘은 두 가지 종류가 있다. 그것은 모든 물체적 실체 자체 안에 내재하고 있는(왜냐하면 나는 절대적으로 정지하고 있는 물체는 사물의 본성과 조화되지 않는 것으로 간주하기 때문이다) 근원적 힘이거나 또는, 말하자면 근원적 힘의 제한으로부터, 물체 상호 간의 충돌을 통해 다양한 방식으로 산출되는 파생적인 힘"(빌헬름 라이프니츠, 『형이상학 논고』, 윤선구 옮김, 아카넷, 2010, 172, 173쪽)이다. 라이프니츠는 수동적인 힘도 마찬가지로 두 가지 종류, 즉 근원적인 힘과 파생적인 힘이 있다고 말한다. "이 수동적인 근원적 힘을 통하여 한 물체는 다른 물체에 의하여 침투당하지 않게 되고, 그에게 억제력이 부여되며, 동시에, 말하자면 일종의 관성, 즉 운동에 대한 저항을 가져서, 그것을 움직이게 하기 위해서는 그에게 작용하는 물체의 힘이 어느 정도 약화될 수밖에 없게 된다. 이로부터 나중에 다양한 방식으로 수동의 파생적 힘이 제2질료 안에서 나타난다"(같은 책, 175쪽)고 주장했다.

159) 루소는 『사회계약론 초고』와 『사회계약론』에서 모두 "비범한"extra-

는 비범한 재능[160]을 타고난 사람이지만 그가 수행하는 일도 비범하기는 마찬가지다. 그는 행정관도 아니고 주권자도 아니다. 입법자의 일을 통해 공화국이 구성되지만 그것이 공화국의 구성에 포함되지는 않는다. 그것은 어쨌든 개별적이고 신성한[161] 일로서, 인간 세계와는 아무런 공통점도 없다. 인간에게 명령하는 사람이 법에 명령해서는 안 되는 것처럼 법에 명령하는 사람은 인간에게 명령해서는 안 되기 때문이다. 그렇지 않으면 정념에 봉사하기 위해 마련된 법[162]은 그 자신의 불의를 끊임없이 반복하게 되고, 특수한 목적이 개입하여 그가 만든 것의 신성함을 변질시키는 일을 결코 피할 수 없을 것이다.[163] 성문법[164]이 그토록 다양한 것은 그 법을 결정하게

ordinaire이라는 표현을 썼다. 김영욱은 이 단어를 "특수한"으로 옮겼는데, 역자는 루소가 입법자에게 뛰어난 능력과 자질을 부여한다는 점을 강조하여 '비범한'이라는 단어를 선택했다. 이 단어는 처음에만 나오고 다음 두 번은 대명사로 지시되는데, 본 번역본에서는 같은 단어를 반복해서 의미를 강조했다.

160) 『사회계약론』에서는 "재능"talents을 génie로 수정했다. 이 두 단어의 번역에 차이를 두지 않았다(김영욱 옮김, 54쪽).

161) 『사회계약론』에서는 "우월한"suprérieure으로 수정되었다(김영욱 옮김, 54쪽).

162) 『사회계약론』에서는 "정념의 집행자"ministre des passions(김영욱 옮김, 54쪽)로 수정되었다. 『아카데미 프랑세즈 사전』에서는 "어떤 일을 집행하기 위해 봉사하는 자"로, "이런 의미로는 그의 봉사는 오직 도덕적인 일에서 이루어지는 것이다"라는 설명이 있다. 단어의 원래 의미인 "봉사자"serviteur로 옮길 수 있다.

163) 『사회계약론』, 2권 7장, 김영욱 옮김 53, 54쪽. 다음 문장부터 문단

했던 개별적인 동기들이 있었음을 증명해 준다. 그것은 완성되지 않고, 모순된, 방대한 편집물인 셈이며, 우둔한 황제, 타락한 여인, 부패한 행정관이 만들어 낸 작품이라 하겠다. 매번 폭력을 휘두르고자 할 때마다 이를 정당화하기 위한 법이 공포되곤 했다.

자신의 조국에 법을 줄 때 리쿠르고스는 우선 주권[165]부터 내려놓았다. 외국인들에게 법 제정을 맡기는 것은 대부분의 그리스 도시가 택한 관례였다.[166] 로마는 최전성기에 입법권과 주권의 힘을 같은 동일인에게 부여함으로써, 폭정으로 인한 모든 범죄가 제국 내부에서 발생하는 것을 보았고, 자신의 멸망이 다가오고 있음을 알게 되었다.

인민이 동의하지 않는데도 한 개인의 의지가 법이 될 수 있음을 전혀 상상 못 했던 것은 아니었다. 그러나 지도자가 될 수 있는 사람, 공권력과 신망을 함께 아우르는 사람에게 어찌 동의하지 않을 수 있겠는가. 이성적인 사람들은 납득하기 어렵고 힘이 없는 사람들이 의견을 내기란 언감생심이니 신민들

마지막까지는 『사회계약론』에서 삭제되었다.

164) 여기서는 '관습법'droit coutumier과 반대되어 '직접 기록된 법'droit écrit 이라는 뜻이다.

165) 『사회계약론』에서는 "왕위"Royauté로 수정되었다(김영욱 옮김, 54쪽).

166) 『사회계약론』에서는 이 부분에 "근대 이탈리아 공화국들이 자주 이 관습을 모방했으며, 제네바 공화국도 그렇게 하고서 그 덕을 봤다"(김영욱 옮김, 54쪽)가 추가되었으며, 주석을 붙여 제네바의 입법자로서 장 칼뱅Jean Calvin의 역할을 찬양한다.

이 침묵을 강요당했을 때 그것은 암묵적인 동의로 간주되었던 것이어서 호민관의 이름으로 인민의 모든 권리를 부당하게 가로챘던 로마 황제들 때부터 뻔뻔스럽게도 법으로부터 자신의 권위를 끌어낼 뿐인 군주의 의지를 법보다 우선했다. 하지만 우리의 주제는 권리를 다루는 것이지 폐습을 다루는 것이 아니다.[167]

그러므로 법을 기안하는 사람은 어떤 입법권도 가지지 않거나 가져서도 안 되며, 인민은 그 누구도 이 지고한 권리를[168] 포기할 수 없다. 기본계약에 따르자면 일반의지만이 개별자들을 강제할 수 있고, 어떤 개별의지가 일반의지에 부합하는지 아닌지는 그것을 인민의 자유로운 투표에 맡겨 보는 한에서야 확신할 수 있기 때문이다.[169]

누군가 인민 전체가 일단 공식적으로, 자유롭게, 기꺼이 한 사람에게 복종했다면, 그 사람의 의지 전체는 이런 복종에 의

---

167) 『사회계약론』에서는 이 문단을 "하지만 십인위원들도 단독 권한으로 법을 통과시킬 권리를 찬탈하는 일은 없었다. 그들은 인민에게 이렇게 말했다. '우리가 여러분에게 제안하는 것 가운데 어떤 것도 여러분의 동의 없이는 법으로 통과되지 못하오. 로마인들이여, 여러분에게 행복을 가져다줄 법이오, 여러분 자신이 그 법의 저자가 되시오'"(김영욱 옮김, 55쪽)로 고쳤다.

168) 『사회계약론』에서는 "그들이 원한다 하더라도 양도 불가능한incommunicable 이 권리를"로 고쳤다(김영욱 옮김, 55쪽).

169) 『사회계약론』, 2권 7장, 김영욱 옮김, 55쪽. 『사회계약론』에서는 "이미 말한 바이지만 되풀이하는 것이 무익하진 않을 것이다"라는 문장이 추가되었다.

거해, 일반의지의 행위로 추정이 가능하다고 말한다면 그는 궤변을 늘어놓는 것이다. 이 점에 대해서는 내가 이미 답변한 바 있다.[170] 나는 여기에 추가하여, 인민의 자발적이고 추정적인 복종은 언제나 조건이 따르는 일이고, 인민은 군주의 이득이 아니라 자신의 이득을 임무로 삼고, 개별자 각자가 전적으로 복종하겠다고 약속한다면 그것은 모든 사람들의 선善을 위한 것이고, 이런 경우에 군주는 인민과의 약속에 의거하여 약속하는 것이고, 더없이 절대적인 전제정치하에서라도 군주는 신민들이 당장 약속을 거두지 않는 한 자신이 했던 맹세를 위반할 수 없다.[171]

어떤 인민이 너무도 우둔하여 자기에게 명령할 권리만 명시하고, 자기가 복종함으로 해서 얻게 되는 것을 전혀 명시하지 않았다고 해도, 그 권리에는 본성상 여전히 조건이 따른다. 이 진리를 명백히 밝히려면 어떤 대가도 요구하지 않는 약속이 약속의 당사자를 엄격히 구속한다고 주장하는 사람들이 순전히 어떤 대가도 요구하지 않는 약속과 암묵적이기는 해도 명백한 조건을 포함하는 약속을 세심히 구분하고 있음에 주목해야 한다. 뒤의 약속의 경우 그들은 약속의 효력이 함축된 조건의 이행에 달렸음에 동의하기 때문이다. 어떤 사람이 다른 사람에게 하인으로 봉사를 하겠다고 약속할 때 전자는

---

170) 『사회계약론 초고』 1권 5장의 내용.
171) 『사회계약론』에서는 이 문단을 포함해 "…… 사회관계를 끊어 버릴지도 모르는 일이다"(본 번역본 186쪽)로 끝나는 곳까지 총 네 문단이 완전히 삭제되었다.

후자가 그를 먹여 살리리라고 명백히 가정하듯 말이다. 마찬가지로 어떤 인민이 한 명 혹은 여러 명의 수장을 선택하고 그들에게 복종하겠다고 약속할 때 그 인민은 명백히 자기들이 양도한 자유로써 수장들이 인민에게 이득을 마련해 주리라는 것을 가정하는 것이다. 그게 아니라면 이 인민은 제정신이 아니겠고, 그렇다면 약속은 무효가 될 것이다. 나는 이미 앞에서 무력으로 강요된 양도의 경우도 마찬가지로 무효이며, 구속이 지속되는 동안만 무력에 복종할 뿐임을 보여 준 바 있다.

그래서 남는 문제는 모든 조건이 이행될 것인지, 결국 군주의 의지가 일반의지가 될 것이냐 하는 것을 아는 일이다. 그런데 이는 오직 인민만이 판단할 수 있는 문제이다. 법은 어떤 조작을 가한다 해도 결코 변질시킬 수 없는 순수한 금과 같다. 한 번만 조작[172]해 봐도 다시 원래 자연적인 형태로 회복되는 것이다. 더욱이 미래를 바라보고 약속을 한다는 것은 자기 스스로에게 아무런 영향력도 갖지 못하는 의지意志의 본성에 반反하는 것이다. 무얼 하겠다고 약속할 수는 있지만 무얼 의지하겠다는 약속은 할 수 없다. 이미 약속했기 때문에 약속한 것을 수행하는 것과 이전에 약속하지는 않았더라도 그것을 의지하는 것 사이에도 엄청난 차이가 있다. 그런데 오늘의 법은 어제의 일반의지의 행위가 아니라 오늘의 일반의

---

172) 원고에서 '조작'opération이라고 썼다가 '시험'épreuve으로 고쳤다. 앞에서 이미 쓴 단어를 반복하지 않으려고 했던 것 같다. 그러나 의미가 같으므로 모두 조작으로 옮겼다.

지의 행위가 되어야 한다. 우리는 모든 사람이 과거에 의지했던 것이 아니라 모든 사람이 지금 의지하고 있는 것을 하겠다고 약속했던 것이다. 주권자가 주권자로서 결정한 것이 오직 자기에게만 해당하는 일이라면 그는 언제나 자유롭게 결정을 바꿀 수 있기 때문이다. 그러므로 법이 인민의 이름으로 발언한다면 그것은 과거의 인민의 이름으로가 아니라 현재 인민의 이름으로 발언하는 것이다. 법이 수용되었더라도 그 법의 효력이 지속되는 것은 자유롭게 법을 폐지할 수 있는 인민이 법을 폐지하지 않는 동안일 뿐이다. 폐지하지 않았다는 것은 현재 동의하고 있다는 것을 입증하기 때문이다. 이렇게 가정했을 경우 합법적인 군주의 공적 의지가 개별자들을 구속하는 것은 국민 전체가 모여 어떤 구속 없이 반대 의견을 제시할 수 있음에도 아무런 부정도 내색하지 않는 동안일 뿐임이 확실하다.

이렇게 설명하면 일반의지란 정치체[173)가 연속적으로 맺는 관계이므로 과거에 아무리 권위를 가졌던 입법자라고 해도 일반의지를 설득의 방법이 아닌 다른 방법으로 지도할 수 없고, 처음에 모든 사람의 동의로 비준을 받지 못한 것은 그것이 무엇이라도 개별자들에게 명령할 수 없다는 점을 알 수 있다. 그렇지 않다면 만들고자 하는 일의 본질을 실행하는 즉시 무너뜨릴 수 있고, 사회를 단단히 결속한다고 생각하면서 사회관계를 끊어 버릴지도 모르는 일이다.

173) 원고에서 "사회체"라고 썼다가 지우고 "정치체"로 고쳤다.

그래서[174] 나는 입법 작업에 상호 배제하는 것처럼 보이는[175] 두 가지를 동시에 발견한다. 기획은 인간의 힘을 초과하는데, 이 기획을 실행해야 할 권한은 너무나 미약한 것이다.

또 다른 난점도 주목할 만하다. 현학적인 사람들이[176] 흔히 저지르는 잘못인데 대중에게 대중의 언어가 아니라 자신의 언어를 말하는 것이다. 그러니 이해되려야 될 수가 없다. 단 하나의 언어만을 갖는 수많은 종류의 관념이 있어서 이를 인민에게 그대로 옮겨 주기란 불가능하다.[177] 지나치게 일반적인 시각이나 지나치게 관계가 적은 대상들이나 공히 인민의 능력을 벗어난다. 예를 들어[178] 개인마다 자신의 개별적인 행복과는 다른 통치 기획은 보지 않기에[179] 좋은 법이 부과하는 지속

---

174) 이 부분부터는 『사회계약론』 2권 7장(김영욱 옮김, 55쪽)에 약간의 수정을 가해 다시 수록된다.

175) 『사회계약론』에서는 "양립 불가능해 보이는"으로 고쳤다(김영욱 옮김, 55쪽).

176) 『사회계약론 초고』와 『사회계약론』에서는 모두 현자들les sages(김영욱 옮김, 55쪽)로 되어 있지만, 『초고』의 원고에서는 거짓 현자들faux sages로 썼다가 '거짓'을 삭제했다. 여기서는 현자들보다는 현학자들로 옮기는 것이 옳다고 보았다.

177) 『사회계약론』에서는 이 두 문장을 "현자들이 대중에게 대중의 언어가 아니라 그들 자신의 언어를 말하려고 하면, 대중은 알아듣지 못한다. 그런데 인민의 언어로 옮기는 것이 불가능한 수많은 관념들이 있다"(김영욱 옮김, 55쪽)로 수정했다.

178) 『사회계약론』에서는 "예를 들어"(김영욱 옮김, 55쪽)가 삭제되었다.

179) 『초고』에서 "개별적인 행복과는 다른"으로 옮긴 부분은 『사회계약론』에서 "자신의 개별이익에 호응하는 [통치계획이] 아니면"(김영욱 옮김,

적인 규제에서 그가 얻을 이익을 쉽게 인지하지 못한다. 태동하는 인민이 정의의 위대한 규범들과 국가이성의 기본원리를 의식하려면, 결과가 원인이 될 수 있었어야 하고, 제도의 결과인 사회정신이 제도 자체를 앞장서 이끌어야 하며, 법에 의해 변화되어야 할 인간이 법이 있기 전에 그렇게 되어 있어야 한다. 따라서 입법자는 힘도 추론도 사용할 수 없기에, 폭력 없이 이끌고 입증 없이 설득하는 다른 차원의 권위에 필연적으로 의지할 수밖에 없다.

이 때문에 예로부터 국가의 창시자들은 하늘의 개입에 의지하고 그들 자신의 지혜를 신의 영광으로 돌려, 인민이 자연의 법에 복종하듯이 국가의 법에 복종케 하고, 물질적인 단체를 형성할 때나 정신적인 존재를 형성할 때나[180] 똑같은 힘이 적용된다는 걸 깨닫게 됨으로써, 자유롭게 복종하고 온순하게 공적 행복의 굴레를 지게 된다. 입법자는 평범한 사람들의 능력을 넘어서는 이런 숭고한 이성[181]이 신들의 입에서 흘러나오도록 함으로써, 제아무리 신중한[182] 사람이라고 해도 마음을

55쪽)으로, 『초고』에서 "보지 않기에"ne voyant로 옮긴 부분은 『사회계약론』에서 "높이 평가하지 않기에"ne goûtant로 수정되었다.

180) 『사회계약론』에서는 "인간과 도시국가"(김영욱 옮김, 56쪽)로 수정되었다.

181) 『사회계약론 초고』와 『사회계약론』에서 모두 "이런 숭고한 이성"cette raison sublime이라는 표현을 썼다. 김영욱은 이를 "최고 이성의 결정사항"으로 옮겼다.

182) 원고에서는 '지혜'sagesse를 '신중함'prudence으로 고쳤다.

바꿔 놓을 수 없는 자들을 신의 권위에 복종하게 한다.[183) 하지만 신들을 말하게 하는 것도, 신의 말씀을 옮기는 통역자로 자임할 때 사람들이 그렇게 믿도록 하는 것도 모든 사람이 할 수 있는 일이 아니다. 신들의 이름으로 말해진 것들의 위대함을 인간을 넘어서는 확고부동함과 웅변으로 떠받쳐야 한다. 뜨거운 열광에 심오한 지혜와 언제나 한결같은 미덕을 더해야 한다. 한마디로 말해서[184) 입법자의 위대한 영혼은 진정한 기적으로서 그의 사명을 증명한다. 석판에 신탁을 새기거나, 신탁을 매수하거나, 신과 불가해한 교류를 꾸며내거나, 새를 조련하여 귀에 속삭이게 하거나, 인민에게 경외심을 일으키는 여러 조잡한 방식을 찾아내는 일은 아무나 할 수 있다. 이런

183) 『사회계약론』에서는 '이끌다'entraîner로 고쳤다(김영욱 옮김, 56쪽). 그리고 루소는 이 부분에 마키아벨리의 『로마사논고』를 인용하는 주석을 붙였다.

마키아벨리는 "실로 어떤 입법자도 신의 힘을 빌리지 않고는 비상시 법률을 제정하여 인민들로 하여금 받아들이도록 할 수 없다. 또한 많은 좋은 일들이 신중한 사람에게는 명백하지만, 그 자체로는 뚜렷한 증거가 없기 때문에 다른 사람들을 설득하기란 쉽지 않다"(니콜로 마키아벨리, 『로마사논고』, 1권 11장, 강정인·안선재 옮김, 한길사, 2003, 118쪽).

루소는 『로마사논고』에서 이 인용문 직후에 이어지는 "따라서 이러한 어려움을 제거하기 위해 현명한 사람들은 신에 호소한다"는 부분은 포함하지 않았다.

184) "신들의 이름으로 ……"부터 이 부분까지 『사회계약론』에서는 삭제되었다.

것만 아는 자가 제정신이 아닌 사람들 한 무리를 우연히 모을 수도 있을 것이다. 하지만 그는 결코 제국을 세우지는 못할 것이며, 그의 괴상한 사업은 그와 함께 곧 사라질 것이다. 근거 없는 마력이 일시적인 결합은 만들어 낸다. 오직 지혜만이 그것을 지속시킬 수 있다. 아직도 유지되고 있는 유대법과 11세기[185] 동안 세상의 절반을 지배해 온 이스마엘의 자손의 율법[186]은 그 율법을 구술했던 위대한 사람들에 대해 오늘날에도 여전히 시사하는 바가 있다. 오만한 철학이나 맹목적인 당파심으로는 그 위인들이 운 좋은 사기꾼[187]으로 보이겠지만, 진정한 정치가는 그들이 만든 제도를 보며 지속 가능한 입제立制를 관장하는 그 위대하고 강력한 천재에 감탄한다.

위의 사실로부터 워버튼처럼 정치와 종교가 동일한 목적을 가진다고 결론을 내서는 안 된다. 간혹 종교가 정치의 도구 역할을 할 뿐이다. {각자는 정치적 결합의 유용성을 충분히 느끼

185) 『사회계약론』에는 "천년 동안"dix siècles(김영욱 옮김, 57쪽)으로 수정되었다.

186) 아브라함은 아내 사라와의 관계에서 이삭을 보기 전에 아내의 하녀 하갈과의 관계에서 이스마엘을 얻었다. 그러나 하갈이 오만해지자 아브라함은 그녀를 아들과 함께 내쫓는다. 이슬람교에서는 아브라함의 총애를 받은 아들이 이삭이 아니라 이스마엘이며, 아랍인들은 그의 자손이라고 생각한다. 여기서는 이슬람교의 법을 가리킨다.

187) 여기서 사기꾼이란 18세기 초에 저자의 이름을 분명히 밝히지 않고 출판된 『세 명의 사기꾼에 대한 논고 : 모세, 예수, 마호메트』Traité des trois imposteurs: Moïse, Jésus, Mahomet라는 저작의 내용을 암시한다. 이 저작은 저자를 '스피노자의 정신'이라고 표기하고 있다.

므로 어떤 의견들을 항구 불변하게 만들고, 학파와 당파 안에 이를 유지한다.[188] 시민사회établissement civil에서 종교의 공헌도 이에 못지않게 유용한 것으로 도덕적 관계에 선, 악, 생명 자체, 인간사의 모든 사건들과는 무관한 이 힘은 마음 깊은 곳까지 파고드는 내적인 힘을 부여해 준다.

나는 앞에서 사회계약을 체결할 때 맹세가 다소 유용하다는 주장을 했는데, 그것과 이 장에서 개진한 내용이 모순된다고 생각하지 않는다. 우리가 국가에 충성하겠다고 맹세했기 때문에 충성하는 것과, 국가제도가 신성하고 불멸한다 생각하기 때문에 충성하는 것은 정말 다른 것이니 말이다.}[189]

---

188) 『사회계약론』, 2권 7장, 김영욱 옮김, 56, 57쪽. 『사회계약론』의 2권 7장은 여기서 끝난다. 『사회계약론 초고』에서 이 장을 마무리하는 이 부분은 나중에 삭제되었다. 워버튼은 "종교사회는 그 목적에서 시민사회와 독립적인 뚜렷한 차이가 있어서 그 자체로 독립적이고, 그 자체로 지고한 사회이다. 한 사회가 다른 사회에 대해 종속되어 있다는 것은 자연적인 원인이나 사회적인 원인이라는 두 가지 원리에서만 나오기 때문이다. 자연법에 기초한 종속은 사태의 본질이나 발생에서 기인하는 것으로, 본질적으로 문제가 되는 경우에 종속은 있을 수 없다. 이런 종류의 종속은 필연적으로 두 사회에 통합이나 자연적인 결합을 제기할 것이기 때문이다. 그리고 두 사회가 어떤 공동의 목적으로 결합되었을 때에만 이런 통합이 생기게 된다"고 했다(William Warburton, *Dissertations sur l'union de la Religion, de la morale et de la politique*, t. II, Londres Guillaume Darrès, 1742, pp. 250, 251).

189) 중괄호 안의 내용은 원고에서 줄을 그어 삭제한 부분이다.

3장
인민에 대해[190]

나는 이 책에서 적합성convenances이 아니라 권리를 다루고 있지만 올바른 사회제도에 없어서는 안 되는 몇몇 적합성을 잠시 살펴보고 넘어가지 않을 수 없다.[191]

솜씨 좋은[192] 건축가가 건축물을 지어 올리기 전에 지반이 하중荷重을 견딜 수 있는지 관찰하고 측정하는 것처럼, 현명한 법의 제정자는 손에 잡히는 대로 법을 기안하는 것으로 시작하는 것이 아니라[193] 그가 인민에게 줄 법을 인민이 감당할 수 있는지부터 검토한다. 이 점과 관련해 플라톤은 아르카디아 사람들과 키레네 사람들이 부유해서 평등을 감당할 수 없다는 사실을 알고 두 인민에게 법을 주길 거부했다. 반대로 이 점과 관련해 크레타에서는 좋은 법과 나쁜 사람들이 관찰되었다. 왜냐하면 미노스의 규율이 오직 악덕으로 가득 찬 인민만을 대상으로 삼았기 때문이다. 수많은 국민이 지상에서 찬

---

190) 이 장은 대단히 긴데, 『사회계약론』에서는 이 장을 같은 제목을 유지하면서 연속적인 세 개의 장(2권 8~10장)으로 분할했다.

191) 이 문장은 원고의 뒷면에 쓴 것으로 삽입 기호가 없어서 어느 장에 속하는지 알기 어렵다.

192) "솜씨 좋은"habile이라는 수식어는 『사회계약론』에서 삭제된다.

193) 『사회계약론』에서는 "우선 좋은 법을 그것만 생각해서 작성하지 않고"(김영욱 옮김, 57쪽)로 수정되었다.

란하게 빛났으나 그들도 좋은 법을 감당하지 못했고, 심지어 감당할 수 있던 국민들조차 그들이 존속했던 전체 기간에서 아주 짧은 시간만 그럴 수 있었다. 사람과 마찬가지로 인민도 젊은 시절에만 유순하고, 늙을수록 바로잡긴 어렵게 된다. 일단 관습이 확립되고 편견이 뿌리내리면 그것을 고쳐 보려는 계획은 위험하고 헛되다. 인민은 심지어 그들의 병을 없애려고 누가 그것을 건드리는 것조차 참지 못하니, 의사의 모습만 보고도 벌벌 떠는 어리석고 용기 없는 환자와 같다. 폭정에 시달려 비천해진 국민치고 자유를 소중히 여기는 이들이 없고, 자유를 바라는 국민이라고 해도 자유를 감당할 수 없다.[194]

어떤 질병에 걸리게 되면 사람의 정신이 혼란스러워지고 과거의 기억이 사라지는 것처럼, 국가의 존속 기간에도 격렬한 시대가 더러 있다. 이때 개인이 발작 때 겪는 것을 인민은 격변을 통해 겪고, 과거의 공포가 망각의 역할을 하여, 내전으로 황폐화된 국가가 말하자면 잿더미에서 다시 태어나고 죽음의 품에서 나와 젊음의 활기를 되찾는다. 리쿠르고스 시대의 스파르타가 그러했고, 타르퀴니우스가家를 추방한 뒤의 로마가 그러했다. 우리 시대에는 스위스와 네덜란드가 폭군들을 추방하고 나서 그러했다.

하지만 이런 사건들은 드물고, 예외에 속한다. 그렇게 되는 이유가 언제나 예외적인 국가의 특수한 구성에 있기 때문이다.[195] 일반적으로 오랜 노예 생활을 겪고 그런 생활 때문에

194) 이 문단의 마지막 문장은 『사회계약론』에서 삭제되었다.

줄줄이 생겨난 악덕으로 인해 무기력해진 인민들은 조국애는 물론 행복의 감정도 상실한다. 더 나은 상태가 있을 수 없다고 생각하므로 자기가 처한 불행을 달래 보는 것이다. 같은 터에 살더라도 깎아지른 절벽 때문에 만나지 못하고 갈라져 사는 사람들처럼 그들은 한곳에 모여 살기는 하지만 진정으로 결합된 것은 아니다. 그들은 야심이 눈을 가리고, 자기가 선 자리가 아니라 갈망하는 자리만 쳐다보고 있으니 빈곤이 닥쳐도 눈 하나 깜짝하지 않는다.

이런 상태에 처한 인민에게서 건강한 사회제도는 더는 가능하지 않다. 인민의 체질만큼이나 인민의 의지도 타락해 버렸으니 말이다. 더는 잃을 것도 없지만 얻을 것도 없다. 노예 상태로 오래 살아 둔해진 인민은 자기가 모르는 선善은 무시한다. 인민이 격변을 통해 복구되는 것이 아니라, 소요로 인해 파괴되고 족쇄가 끊어져 그 즉시 인민은 흩어지고 더는 존재하지 않게 된다. 그 후로 그 인민에게 필요한 것은 해방자 un liberateur가 아니라 지배자un maître이다.

아직 타락하지 않은 인민도 실체가 아닌 규모에서 생기는 악을 가질 수 있다. 설명해 보겠다.[196)]

---

195) 다음 문장부터 그다음 문단의 "…… 자기가 모르는 선은 무시한다" 부분은 『사회계약론』에서 삭제되고 "이런 예외는 같은 인민에게 두 번 일어나기도 힘들다. 왜냐하면 인민은 야만상태에 있는 동안에는 자유로워질 수 있지만, 정치체의 태엽이 마멸되면 더 이상 그럴 수 없기 때문이다"(『사회계약론』, 2권 8장, 김영욱 옮김, 58, 59쪽)로 대체된다.

196) 이 두 문장은 『사회계약론』에서 삭제되었다. 다음 문단부터 『사회계

자연이 건강한 체형을 지닌 사람의 키에 한계를 부여해 그 것을 넘어서면 거인이나 난쟁이가 되는 것처럼, 최선의 구성 이라는 측면에서 국가가 점할 수 있는 넓이에도 제한이 있다. 그래야 국가가 너무 커서 잘 통치되지 못하는 일도, 너무 작아 서 혼자 힘으로 유지되지 못하는 일도 없을 것이다. 영토를 제한 없이 확장할 때 국력 또한 증가하게 된다는 정복 국가 국민이 가진 원칙처럼 정신 나간 것을 생각하기란 어려운 일 이다. 사람들은 다음과 같이 생각하기 시작했다.[197] 모든 정 치체에는 능가할 수 없는 힘의 '최댓값'이 있어서, 그 힘은 정 치체가 커질수록 반비례하여 작아진다. 하지만 사회결합은 확 장될수록 더 느슨해지기에, 일반적으로 작은 국가가 큰 국가 보다 비교적 더 강하다는 문제는 아직 충분히 합의되지 않은 것 같다.[198]

　　이 규칙을 경험을 통해 이해하려면 역사책을 펼쳐 보기만 하면 되고, 이를 증명하는 수많은 근거를 찾을 수 있다.[199] 우 선, 지렛대가 길면 끝에 있는 것의 무게가 더 나가는 것처럼

약론』 2권 9장의 내용이 시작된다.

197) "영토를 제한 없이 ……"부터 이 부분까지 『사회계약론』에서 삭제되 었다.

198) 『사회계약론』에서 루소는 이 문장을 고쳐 "사회결합은 확장될수록 더 느슨해지기에, 일반적으로 작은 국가가 큰 국가보다 비교적 더 강하 다"고 단정적으로 말한다(『사회계약론』, 2권 9장, 김영욱 옮김, 60쪽).

199) 『사회계약론』에는 "이 규칙은 수많은 근거로 증명된다"(김영욱 옮김, 60쪽)고 간략하게 수정되었다.

행정도 거리가 늘어날수록 더 힘이 든다. 또한 행정은 단계가 늘어날수록 비용이 상승한다. 왜냐하면 인민은 우선 각 도시의 행정 비용을 부담해야 하고, 각 군의 행정 또한 부담해야 하며, 다음으로 각 주, 그리고 나서는 큰 정부, 태수령, 부왕령을 부담해야 하는데, 이 비용은 위로 올라갈수록 언제나 더 커진다. 결국 최상층 행정에 이르면 모든 것이 짓눌리고 만다.[200] 유사시 사용할 재원은 거의 남지 않게 되므로, 그런 재원의 도움을 받아야 할 때가 오면 국가는 항상 몰락 직전에 있는 것이다.[201] 정부의 강력함과 신속함이 감소하면, 이로 인해 법을 지키도록 만들고, 부당한 억압을 금하고, 폐단을 바로잡고, 먼 지역에서 일어날 수 있는 반란 음모를 방지하는 일이 어려워진다. 수장, 조국, 동료시민에 대한 인민의 애정은 감소한다. 수장은 보이지 않고, 조국은 세계와 다를 바 없어 보이며, 동료시민은 대부분 낯선 사람들이기 때문이다. 국민들[202]마다 풍속도 다르고 상반되는 환경[203]에 살며, 같은 정부형태를 감

---

200) 『사회계약론』에는 이 자리에 "그렇게 큰 과부하는 끊임없이 신민들의 진을 뺀다. 신민들은 이런 다양한 층위를 통해 더 잘 통치되기는 커녕, 오히려 위에 단 하나의 단계만 두고 있을 때보다 나쁘게 통치된다. 그러면서"가 삽입되었다(김영욱 옮김, 61쪽).

201) 『사회계약론』에서는 "이것이 다가 아니다"라는 말이 추가되었다(김영욱 옮김, 61쪽).

202) 『사회계약론』에서는 "국민들"les nations 대신 "지방"les provinces(김영욱 옮김, 61쪽)으로 대체되었다.

203) 김영욱은 climat를 "풍토"로 옮겼지만 본 번역본에서는 "환경"을 선택했다. "사람들을 결집시키는 그러한 수단들은 환경climat과 땅의 비옥

당하지도 못하기에, 동일한 법이 모두에게 적합할 수는 없다. 같은 수장 밑에서 지속적으로 교류하며 살면서 서로 왕래하다가,[204] 다른 관습에 속하게 되어, 유산이 자기들의 것인지 확신하지 못하게 된[205] 인민들에게는, 각기 다른 법이 혼란과 분란을 낳을 뿐이다. 최고행정 소재지로 인해 서로 알지도 못하는 수많은 사람들이 한곳에 모여 있으면, 그곳에서는 재능은 사장되고, 미덕은 잊히고, 악덕은 처벌받지 않게 된다. 업무에 짓눌린 수장 혼자서는 아무것도 보지 못[206]한다. 결국 그렇게나 많은 관리들이 멀리서 일반권한을 회피하고 속이려고 하기에, 일반권한을 유지하기 위한 조치들에 모든 공적 업무가 흡수되어 인민의 행복을 위한 업무는 더는 남아 있지 않게 되며, 필요한 경우 인민을 방어하기 위한 업무도 거의 유지되지 못한다. 몸이 자신의 구성에 비해 너무 크면 그 무게에 짓눌리다[207] 죽음에 이르는 것이 이와 같다.

도에 의해 결정된다. …… 따뜻한 환경과 기름지고 비옥한 지역은 가장 먼저 사람들이 정착하여 산 곳이며, 이런 곳에서는 국가는 가장 나중에 형성된다. 그런 곳에서는 서로 돕지 않고도 쉽게 살 수 있어서, 사회를 발생시킬 필요가 더 나중에 나타나기 때문이다"(장 자크 루소, 『언어 기원에 관한 시론』, 주경복·고봉만 옮김, 책세상, 2002, 75쪽).

204) 『사회계약론』에서는 "서로 왕래하고 결혼하다가"(김영욱 옮김, 61쪽)로 고쳤다.

205) 『사회계약론』에서는 "알 수 없게 된"(김영욱 옮김, 61쪽)으로 고쳤다.

206) 『사회계약론』에서는 "못하므로 일부 관리들이 국가를 통치[한다]"가 덧붙었다(김영욱 옮김, 61쪽).

207) 『사회계약론』에서는 "쇠약해지고"가 추가되었다(김영욱 옮김, 62쪽).

다른 한편 국가는 충분한 기반을 마련해야 하는데, 그래야 견고함을 가질 수 있고, 반드시 겪을 수밖에 없는 동요와 그 와중에 자신을 지탱하기 위해 필요한 노력을 견뎌 낼 수 있기 때문이다. 왜냐하면 모든 인민은 일종의 원심력을 가지고 있어서[208] 지속적으로 서로 반발하고 주변에 피해를 입히면서까지 확장되려는 경향이 있기 때문이다. 따라서 약자들은 금세 집어삼켜질 위험에 처하므로, 모든 사람과의 관계가 압력이 사방에서 균등하게 가해지는 일종의 평형상태가 되지 않고서는 자신을 보존하기 어렵다.

이를 통해 확장의 이유와 수축의 이유가 있음을 알게 된다. 두 이유들 사이에서 국가 보존에 가장 이로운 비율을 찾아내는 것은 정치가의 중요한 재능이다. 일반적으로 말하자면, 전자는 외부적이고 상대적인 이유일 뿐이므로 내적이고 절대적인 후자의 이유들에 종속되어야 한다. 우선적으로 추구해야 하는 것은 건강하고 강한 구성이며, 더 믿어야 할 것은 큰 영토가 제공하는 자원이 아니라 좋은 정부에서 생겨나는 활력이다.

더욱이 우리는 국가의 구성 자체에 정복의 필연성이 포함되어 있고, 자신을 유지하기 위해서는 어쩔 수 없이 계속 확장하도록 구성된 국가들을 목격했다. 아마 그들은 이 필연성이 행운이라며 기뻐했겠지만 그런 필연성이 일러 주고 있던 것은 그 국가들의 크기가 한계에 이르면 몰락의 순간을 피할 수

---

208) 원고에 "데카르트의 소용돌이처럼"comme les tourbillons de Descartes을 썼다가 지웠는데, 『사회계약론』에서는 이를 되살렸다(김영욱 옮김, 62쪽).

없을 것이라는 사실이다.[209]

국가가 올바로 통치되기 위해서 국가의 규모, 혹은 더 정확히 말해 보자면, 국가의 영토는 통치자들의 능력에 비례하여 산정되어야 한다. 위대한 천재들이 연속해서 통치를 맡을 수는 없는 일이라서 공동의 역량을 따르지 않을 수 없다. 이런 이유로 이름난 수장이 통치하는 동안 영토가 확장된 국가들이, 그의 뒤를 이어 통치자의 자리에 오를 수밖에 없는 우둔한 이들의 손에 맡겨지자 멸망하게 된 것도 당연하다. 국가가 조금이라도 크다면 이에 따라 군주는 형편없는 사람인 경우가 다반사이다. 반대로 드문 경우이기는 하지만 국가가 수장의 역량에 비해 지나치게 작을 수도 있는데, 이때도 역시 국가가 제대로 통치될 리 없다. 그 경우 수장은 원대한 목적을 따라 야심 찬 계획을 세울 테니 인민의 이득은 잊고, 그가 지나치게 가진 재능을 낭비하기 마련이라, 수장의 재능이 부족할 때처럼 인민이 불행에 처하기란 매한가지가 될 테니 말이다. 군주정monarchie은 제아무리 견실할지라도 이런 불합리한 행정을 갖기 마련인데 특히 수장을 인민이 선출하지 않고, 출생할 때 이미 결정되어 버린 세습군주정인 경우 이런 성격이 두드러진다. 말하자면 왕국은 군주의 역량에 따라 어떤 치세에는 확장되고 또 어떤 치세에는 위축될 것임에 틀림없다.

209) 이상이 『사회계약론』 2권 9장(김영욱 옮김, 61, 62쪽)의 내용이다. 다음의 두 문단은 『사회계약론』에서 삭제되었는데, "더욱이 ……"로 시작되는 두 번째 문단은 『사회계약론』 3권 13장(김영욱 옮김, 113, 114쪽)에 보다 발전된 형태로 재수록된다.

반면에 상원上院의 능력 있는 인재가 보다 확고한 조치를 취한다면 국가의 경계에는 변함이 없을 것이고 이로 인해 행정의 불편도 없을 것이다.[210]

더욱이 사회가 올바로 구성되고 합법적으로 통치되기 위해 필요한 한 가지 근본적인 규칙이 있다면, 필요할 때마다 사회의 구성원 전체를 쉽게 소집할 수 있어야 한다는 것이다. 대의원 제도를 통해 구성된 총회는 단체를 대표할 수도 없고, 주권자처럼 자신의 이름으로 법을 제정하는 데 필요한 권력을 위임받은 것도 아니다.[211] 이렇게 되면 결국 국가는 고작 해야 하나의 도시로 제한되고 말 것이고, 국가에 도시가 여럿이라면 실질적으로 주권은 수도가 갖게 될 것이고, 다른 도시들은 수도에 종속되고 말 테니 이런 체제에서는 폭정과 폐습을 피할 길이 없다.

다음의 사실에 주목해 보자.[212] 정치체를 측정할 수 있는 방식은 두 가지다. 영토의 넓이와 인민의 수가 그것이다. 이 두 측정치 사이에 국가가 실질적으로 가져야 하는 필연적

---

210) 이 문단의 내용은 『사회계약론』 3권 6장(김영욱 옮김, 92쪽)에 다소 수정되어 실렸다.

211) "주권은 양도될 수 없는 것과 같은 이유로 대표될 수 없다. 주권은 본질적으로 일반의지에 있으며, 의지는 결코 대표되지 않는다. 의지는 그 자체이거나, 아니면 다른 것이다. 중간은 없다. 그러므로 인민의 대의원은 인민의 대표자가 아니며, 그럴 수도 없다. 그는 인민의 간사일 뿐이다"(『사회계약론』, 3권 15장, 김영욱 옮김, 117쪽).

212) 이 문장은 『사회계약론』에서는 삭제되었다. 다음부터 『사회계약론』 2권 10장(김영욱 옮김, 63쪽)의 내용이 시작된다.

인[213]) 관계가 있다. 국가[214])를 만드는 것은 사람들이고, 사람들을 먹여 살리는 것은 토지다. 따라서 땅은 거주자를 충분히 부양하고 거주자는 땅이 먹여 살릴 수 있을 만큼 있는 것이 적절한 비율이다. 특정한 수의 인민이 가질 수 있는 힘의 '최댓값'은 바로 이 비율을 통해 발견된다. 토지가 너무 크면 관리 비용이 증가하고, 경작은 부실해지며, 생산물은 남아돈다. 토지가 충분치 않으면 부족분을 메우기 위해 주변 국가들에 기댈 수밖에 없다.[215])

여기서 멈추고 이 중요한 주제가 마련해 주는 고찰을 계속해 본다면 훨씬 더 멀리까지 나아가 볼 수 있을 것이다. 예를 들어 다음의 점이 확실하다.[216]) 땅의 넓이와 사람의 수가 상호 충족되는 고정 비율을 계산할 수는 없다. 토질, 비옥도, 생산물의 성격, 환경의 영향의 차이만큼이나 그곳에 거주하는 사람들의 기질에서 볼 수 있는 차이도 고려해야 하는 까닭이다. 어떤 이들은 토지가 비옥한 곳에서 적게 소비하고, 어떤 이들은 토지가 척박한 곳에서 많이 소비하기도 한다. 더욱이

---

213) 『사회계약론』에서는 "적절한"convenable(김영욱 옮김, 63쪽)으로 대체되었다.

214) 원고에서 "공화국"la République으로 썼다가 "국가"l'Etat로 대체했다.

215) 『사회계약론』에서는 "주변 국가들의 처분에 의존하게 된다"à la discrétion로 고쳤다. 『사회계약론 초고』 원고에서 이 문장 다음에 "[주변 국가들에 기대거나] 식민지들을 건설하게 되어par des colonies 약해질 수밖에 없다"고 썼다가 이를 지웠다.

216) 이 문단의 이곳까지의 부분이 『사회계약론』에서 삭제되었다.

여성들의 최대 혹은 최소 출산력, 지역의 인구 증가 요인과 감소 요인, 입법자의 입법을 통한 인구 증가 기대치까지 고려해야 한다. 그래서 입법자는 보이는 것이 아니라 예견한 것에 근거해 판단하고, 인구의 현재 상태보다는 인구가 자연적으로 도달하게 될 상태에 주의를 기울여야 한다. 마지막으로 그 지역의 특수하고 우연한 요소들로 인해 필요해 보이는 것보다 더 큰 토지를 가져야 하거나 혹은 가질 수 있는 수많은 상황이 있다. 예를 들어 산악 지대에서는 사람들이 넓은 땅에 퍼져서 산다. 이런 곳에서는 숲, 방목지와 같은 자연적 생산 덕분에 노동력이 덜 요구되고, 경험상 이곳의 여성들은 평야 지역에서보다 출산을 많이 하며, 경사지傾斜地가 큰 반면 식물이 성장할 수 있는 유일한 땅인 수평 지대는 협소하기 때문이다. 반대로 바닷가에서는 거의 불모지나 다름없는 암석이나 모래에서도 사람들이 모여 산다. 왜냐하면 어업이 토지 생산을 상당 부분 대신할 수 있고, 해적과 바다의 무법자들[217]을 물리치려면 더 가까이 모여 살아야 하고, 지역에 부담이 되는 거주자들을 교역과 식민지를 운영하는 방식을 통해 더 쉽게 덜어 낼 수 있기 때문이다.[218]

위의 조건들에 하나를 더 추가해야 한다.[219] 이 조건은 결코

---

217) "해적과 바다의 무법자들"les corsaires et coureurs de mer을 『사회계약론』에서는 "해적"les pyrates으로 대체했다(김영욱 옮김, 64쪽).

218) 원고에서는 "먹여 살릴 수 없는 주민들에게 교역과 식민지의 방식으로 양식을 제공하기 위해"로 썼다가 위처럼 대체했다.

219) 『사회계약론』에서는 "한 인민을 설립하려면"이 추가되었다.

다른 조건의 보완물이 아니며, 이 조건이 없으면 나머지 조건들은 쓸모없다. 그것은 사람들이 풍요와 완전한 평화[220]를 누려야 한다는 것이다. 한 국가가 질서를 갖추는 시기는 부대가 대오를 정비할 때처럼 단체가 가장 약하고,[221] 저항력이 가장 떨어져서 가장 쉽게 파괴될 수 있는 때이기 때문이다. 각자 자기 대열만 신경 쓰느라 위험에는 관심을 두지 않는 발효의 순간보다는 차라리 완전한 무질서 상태에서 더 강력히 저항할 수 있을 것이다. 이런 위기의 순간에 전쟁, 기근, 반란이라도 닥치면 그 국가는 당연히 무너지는 것이다. 이런 격동의 시대에도 정부는 자주 들어선다. 하지만 격동기에 국가를 파괴하는 것은 바로 이런 정부다. 찬탈자들은 언제나 이런 혼란의 시기를 유발하거나 냉정한 이성[222]으로는 결코 받아들일 수 없는 파괴적인 법을 공중의 공포를 이용해 통과시킨다. 입법자의 일과 폭군의 일을 구분할 수 있게 해주는 가장 분명한 특징 가운데 하나가 국가 제도가 설립되는 시기[223]이다.

220) 『초고』에서는 "완전한 평화"une profonde paix였으나 『사회계약론』에서는 "평화"la paix로 고쳤다.
221) 『사회계약론』에서는 "가장 약하고"가 삭제되었다.
222) 『사회계약론』에서는 '냉정하게'de sang froid로 고쳤지만, 『초고』에서는 '차가운 양식으로'de sens froid로 되어 있다. 아마 편집자의 오기라고 볼 수 있을 테지만, 이런 예는 『신엘로이즈』의 2부 26번째 편지에서도 보인다. 생 프뢰는 쥘리에게 파리에서 한 부인의 유혹을 받고 "그 유혹이 너무 지나쳐 나는 결국 냉정함de sang froid을 유지할 수 없었"(장 자크 루소, 『신엘로이즈 1』, 김중현 옮김, 책세상, 2012, 407쪽)던 점을 고백한다.
223) 『사회계약론』에서는 "[시기의] 선택"이라는 단어가 추가되었다.

반복이 될 수도 있겠지만[224] 입법자가 한 인민을 수립하는 기획을 시작하기에 앞서 고려해야 할 사항들을 요약해 보도록 하자. 이런 고려 사항이 중요한 것은 시간과 권한을 쓸데없이 낭비하지 않아도 되기 때문이다. 우선, 이미 개화된 인민이 갖추고 있는 제도를 바꾸려고 해서는 안 되고, 더욱이 이미 폐지되었던 제도를 복구하거나 못 쓰게 된 제도를 되살리는 것도 안 된다. 법의 힘은 소금 맛[225] 같은 것이라, 한 번도 활력이라고는 가져 보지 못한 인민에게 활력을 불어넣어 줄 수는 있지만, 그 활력을 이미 잃어버린 인민에게 그것을 돌려줄 수는 없다. 나는 이 원칙이 근본적인 것이라고 본다. 스파르타의 아기스 2세는 리쿠르고스가 세웠던 기강을 다시 잡아 보려고 했고, 마카베오가家는 모세의 신정정치神政政治를 예루살렘에 회복해 보려고 했고, 브루투스는 로마가 과거에 누렸던 자유를 되찾아 주려고 했고, 리엔치도 그랬다.[226] 이들 모두는 영웅들이었고, 리엔치도 그의 인생에 한 번은 그들처럼 영웅이었다. 그들 모두 과업을 수행한 뒤 죽었다.

대단히 큰 모든 대국大國은 기강을 잡을 수가 없고 지나치게 작은 모든 소국은 견실하지 못하다. 간혹 중간쯤 되는 나라가 두 결함을 다 갖는 경우도 있다.

<hr/>

224) "반복이 될 수도 있겠지만 ……"으로 시작하는 이 문단을 포함하여 "…… 그때를 잡아야 한다"로 끝나는 문단까지 네 문단이 『사회계약론』에서 생략되었다.

225) 원고에서 "오직 그 자체에서 나오고 어떤 것으로도 보충이 불가한 소금 맛"이라고 썼다가 "소금 맛"만 남기고 모두 지웠다.

이웃 나라도 고려해야 한다. 그리스의 소국들이 살아남을 수 있었던 것은 다른 소국들로 둘러싸여 있었고, 이 소국들 전체가 공동의 이익을 추구하기 위해 결합하여 한 강력한 국가에 상당하게 되었기 때문이다. 서로 못 잡아먹어서 안달인 두 강대국 사이에 끼어 있다면 참으로 안타까운 일이다. 두 나라의 분쟁에 휘말리지 않고 제일 약한 국가와 도매금으로 묶여 짓밟히지 않기란 정말 어려운 일이다. 어떤 다른 나라 내부에 고립된 국가는 무시해도 좋다. 인구에 비교해 지나치게 큰 국가나 영토와 비교해 지나치게 인구가 많은 국가는 이 균형이 맞지 않는 비율이 일시적인 것이 아니어서, 자연적으로 균형을 이루는 비율로 되돌아갈 수 없는 경우라면 위의 사례들보다 더 나은 상태에 있다고 할 수 없다.

마지막으로 여러 사정을 전부 고려해야 한다. 예를 들어 배를 곯는 인민에게 그들이 지켜야 할 법에 대해 이야기할 수 있겠으며, 광신도들에게 이성을 따르라고 말할 수 있겠는가. 전쟁은 있는 법도 침묵시키게 하니 법의 제정은 꿈도 꿀 수 없다. 그렇지만 기근, 광란, 전쟁이 영원히 계속되지는 않으며,

---

226) "[리엔치]는 신분은 낮았으나 교황이 아비뇽에 가있고 교황청이 폭군의 손에 들어가 있던 동안 고대 로마공화정의 영광을 되살리고자 노력했던 사람이다. 그는 인민의 호민관으로 자처하고 그가 사랑했던 로마인들을 매혹했고, 범죄를 저지른 사람들을 죽음으로 처벌했고, 로마 주변의 대단치 않았던 폭군들을 자신의 법정에 세우고, 질서, 정의, 평화를 다시 세웠[다]"(Montesquieu, *Spicilège*, §566, éd. Louis Desgraves, Robert Laffont, 1991, p. 832). 빌헬름 리하르트 바그너Wilhelm Richard Wagner는 이 인물을 자신의 오페라 〈리엔치〉의 주인공으로 삼았다.

사람도 그렇고 국가도 그렇지만 인생의 한순간에, 인생의 어떤 기간에 이성적으로 행동할 때도 있는 법이니, 그때를 잡아야 한다.

그렇다면 입법 대상이 되기에 적합한 인민은 누구인가? 단 한 번도 법의 족쇄에 속박된 적이 없는 인민이다. 뿌리 깊은 미신도 관습도 갖지 않고, 출신이나 이익의 결합[227]으로 이미 묶여 있는 인민이다. 갑작스러운 침입에 시달리는 것을 두려워하지 않으며 주변 인민들의 다툼에 휩쓸리지 않고 혼자서 그들 각각에 저항할 수 있거나 한 인민을 이용해 다른 인민을 물리칠 수 있는 인민이다. 모든 구성원이 서로 알고 있으며 누구에게도 한 사람이 감당하기 힘든 큰 짐을 지울 필요가 없는 인민이다. 다른 인민들 없이도 살아갈 수 있고 다른 인민들도 그 인민이 없이도 살아갈 수 있는 인민이다.[228] 부유하지도 않고 가난하지도 않고 자립할 수 있는 인민이다. 한마디로 말해서 고대 인민의 확고함과 요즘 인민의 유순함을 겸비한 인민이다. 입법 작업이 어려운 것은, 수립해야 할 것이 아니라 파괴해야 할 것 때문이다. 그리고 성공이 그렇게나 드문 것은 사회의 필요와 자연의 단순성la simplicité de la nature

---

을 결합한 예를 찾기가[229] 불가능하기 때문이다. 위의 모든 조건이 하나로 수렴되기 어렵다는 점은 나도 인정한다. 그렇기 때문에 국가가 잘 구성되는 경우를 쉽게 찾아볼 수 없는 것이다.[230]

4장
법의 본성과 사회정의의 원칙에 대해[231]

선善하고 질서에 부합하는 것은 사물의 본성상 그런 것으로, 인간의 합의와는 전혀 무관하다.

모든 정의는 신에게서 나오고, 신만이 정의의 원천이다. 하지만 우리가 저 높은 곳에서 정의를 받는 방법을 알았다면,

---

229) 김영욱은 이 부분을 "사회의 욕구와 결합되어 있으면서도 단순한 본성을 찾기"로 번역했다(『사회계약론』, 김영욱 옮김, 66쪽).

230) 『사회계약론』에서는 이 문단 이후에 "유럽에도 입법이 가능한 지역이 하나 있다. 코르시카섬이다. 이 선량한 인민이 용맹하고 의연하게 자유를 수복하고 수호한 것을 보면, 그들은 지혜로운 자에게서 자유를 보존하는 법을 배울 만한 자격이 있다. 나는 이 작은 섬이 언젠가 유럽을 놀라게 할 것이라고 예감한다"는 부분을 추가했다(『사회계약론』, 2권 10장, 김영욱 옮김, 66쪽).

231) 이 장은 『사회계약론』에서 삭제되었지만, 일부는 『사회계약론』 2권 6장과 관련되어 있다.

정부도, 법도 필요치 않았을 것이다. 인간에게는 오직 이성에서 나오고 인류의 단순한 권리le simple droit de l'humainité에 기초한[232] 보편적 정의가 있음이 분명하다. 그런데 우리는 그 정의가 상호적이어야 수락할 수 있다. 사태를 인간의 관점에서 고려해 본다면 이 정의의 법은 자연적인 제재制裁가 없다 보니 사람들에게는 아무 효과가 없다. 정의로운 자는 모든 사람에게 법과 정의를 지키지만 그들 누구도 그에게 법과 정의를 지키지 않을 때 이 법으로 악인만 득을 보고 의인은 손해를 볼 것이다. 그러므로 권리에 의무를 결합하고 정의가 그 목적을 달성케 하려면 법과 합의가 필요하다. 모든 것이 공유되는 자연상태에서, 나는 아무것도 약속하지 않은 사람에게 아무런 의무도 지지 않고, 내게 쓸모없는 것만을 타인의 것으로 인정한다.[233]

그런데 법이라는 말이 의미하는 바를 여기서 설명해야겠다. 이 말에 형이상학적이고 모호하기만 한 관념을[234] 갖다 붙이면서 만족하는 한, 자연의 법이라는 것이 무엇인지 알 수는 있겠지만 국가의 법이 무엇인지는 여전히 알 수 없을 것이다.[235]

---

232) 이 부분은 『사회계약론』 2권 6장에 수록된 부분이다. "인류의 단순한 권리에 기초한"은 『사회계약론』에서는 삭제되었다.
233) 『사회계약론』에서는 『초고』의 이 부분 뒤에 "그런데 법에 의해 모든 권리가 규정되어 있는 정치상태는 이와 다르다"(김영욱 옮김, 49쪽)가 추가되었다.
234) 『사회계약론』에서는 "형이상학적 관념만을"(김영욱 옮김, 49쪽)로 고쳤다.

우리는 앞에서 법이란 일반의지의 공적이고 공식적인 행위라고 말했다. 기본계약을 체결함으로써 각자 일반의지를 따르게 되었듯이 법이 자신의 힘을 끌어내는 것은 오직 이 협약에서이다. 그렇지만 본 저작에서 다루고 있는 '법'이라는 말을 그 말의 고유한 의미로 좁혀서 보다 명백한 관념을 제시해 보도록 하자.

법의 내용과 형식이 법의 본성을 구성한다. 법의 형식은 명령하는 자의 권위 안에 들어 있고, 법의 내용은 명령된 사안 속에 들어 있다. 본 장은 이 문제를 다루고자 하는데 법을 연구한 사람들 모두 이 문제를 잘못 이해했던 것 같다.

명령된 사안이 반드시 공공선과 관계될 수밖에 없는 것처럼, 법의 대상은 보편적이어야 하고 법을 규정하는 의지도 보편적이어야 한다는 결론이 도출된다. 바로 이런 이중적인 보편성이 법의 진정한 성격을 이룬다. 사실 어떤 개별 대상이 다양한 개인들과 다양한 관계를 맺을 때 각자 그 대상을 의지意志하게 되므로, 이 개별 대상에 대한 완전히 하나인 일반의지는 존재하지 않는다.[236]

여기서 같은 것을 가리키는 '보편성'이니 '일반성'이니 하는 말은 어떤 의미인가? 추상화 작용을 통해 고려된 유類, genre, 혹은 문제가 되는 전체에 부합하는 유라고 하겠고, 전체는 그

235) 『사회계약론』, 2권 6장, 김영욱 옮김, 48, 49쪽. 『사회계약론』에서는 약간의 수정을 거쳤다.
236) 원고에서 이 뒤에 "그러나 이 점은 많은 설명이 필요하다. 다른 방식으로 설명해 보도록 하자"고 썼다가 지웠다.

부분들과의 관계를 통해서만 전체이다. 바로 이 때문에 한 인민 전체의 일반의지가 그 인민의 구성원이 아닌 개별 외국인에게는 일반의지가 아니게 된다. 그런데 한 인민이 어떤 개별 대상을 고려하는 순간, 그 대상이 인민의 구성원 가운데 하나일지라도 전체와 부분 사이에는 분리된 두 개의 존재를 이루는 관계가 생기게 된다. 하나는 부분이고, 다른 하나는 이 부분을 제외한 전체가 된다. 그런데 한 부분을 뺀 전체는 전체가 아니며, 이런 관계가 지속되는 한 전체란 더는 없고, 불균등한 두 부분만 있을 뿐이다.[237]

반대로 인민 전체가 인민 전체에게 명령할 때 인민은 자기 자신만을 고려한다. 이때 어떤 관계가 형성된다면, 그 관계는 전체의 어떤 분할도 없는, 한 관점에서 본 대상 전부와 다른 관점에서 본 대상 전부 사이의 관계이다. 이때 명령이 가해지는 대상[238]은 명령하는 의지처럼 일반적이다. 이 행위를 나는 법이라고 한다.[239]

내가 법의 대상이 언제나 일반적이라고 말한다면, 법은 단체로서의 신민들[240]을 고려하고 행동들을 그것의 종류나

---

237) "실제로, 개별적인 대상은 국가 안에 있든지 아니면 국가 밖에 있다. 그것이 국가 밖에 있다면, 대상과 무관한 의지가 그 대상에 대해 일반적일 수는 없다. 대상이 국가 안에 있다면, 그것은 국가의 부분이 된다. 그러면 전체와 부분 사이에는 이것들을 별개의 두 존재로 만드는 관계가 형성된다"(『사회계약론』, 2권 6장, 김영욱 옮김, 49쪽).

238) 『사회계약론』에서는 "대상"objet을 "주제"matière로 수정했다.

239) 『사회계약론』, 2권 6장, 김영욱 옮김, 49, 50쪽.

유형에 따라 고려할 뿐, 개별적인 인간이나 유일하고 개인적인 행동을 고려하는 법은 없다는 뜻이다.[241] 따라서 법은 어떤 특권의 설치를 규정할 수는 있어도 특권의 수혜자를 지명할 수는 없다. 법은 시민을 여러 계층으로 나누고, 계층에 따라 권리를 부여받을 자격을 할당할 수 있더라도, 이런저런 사람들을 특정하여[242] 계층에 등록시킬 수는 없다. 법은 왕정과 세습 승계를 제정할 수 있지만, 특정 왕을 선출할 수도, 왕가를 지명할 수도 없다. 한마디로 말해서 개별적인 대상에 결부된 모든 기능은 결코 입법권에 속하는 것이 아니다. {그리고 이것이 왜 법이 소급 효력을 가질 수 없는가 하는 한 가지 이유가 된다. 법은 아직 누구의 행위도 아니기에 법이 공포되고 그 행동을 범한 사람들의 의지를 통해서 전혀 개인적이지 않은 일종의 행위들에 대해 명령하는 대신, 개별적인 사실에 대해 명령할 수도 있을 것이기 때문이다.}[243]

이런 생각을 통해 우리는 쉽게[244] 다음을 알 수 있다. 법을 만드는 것이 누구의 일인지 더는 물을 필요가 없으니, 왜냐하면 법은 일반의지의 행위이기 때문이다. 또한 군주가 법

240) 원고에서 "시민들"Citoyens로 썼다가 지우고 "신민들"로 고쳤다.

241) 이 부분은 『사회계약론』에서 "법은 단체로서의 신민과 추상적인 행위를 고려하며, 개인으로서의 어떤 인간이나 개별적인 행위는 결코 고려하지 않는다는 것이다"(2권 6장, 김영욱 옮김, 50쪽)로 다소 수정되었다.

242) 『사회계약론』에서는 "지명하여"nommer로 고쳤다.

243) 중괄호 안의 내용은 원고에서 줄을 그어 삭제한 부분이다.

244) 『사회계약론』에서는 "즉시"à l'instant로 고쳤다.

위에 있는지 물을 필요가 없으니, 왜냐하면 군주는 국가의 구성원이기 때문이다. 또한 정의롭지 않은 법이 있을 수 있는지 물을 필요가 없으니, 왜냐하면 누구도 자기 자신을 부당하게 대하지 않기 때문이다. 또한 어떻게 자유로운 상태로 법에 종속될 수 있는지 물을 필요가 없으니, 왜냐하면 법은 우리가 가진 의지의 기록일 뿐이기 때문이다.

우리는 또한 다음을 알게 된다. 법은 의지의 보편성과 대상의 보편성을 겸비한다. 따라서 어떤 사람이 독단적으로 지시하는 것은 결코 법이 아니며, 주권자일지라도 어떤 개별적인 대상에 대해 내리는 지시는 마찬가지로 법이 아니다. 그것은 법이 아니라 명령décret이고, 주권행위가 아니라 행정행위이다.[245]

이 개념에서 도출되는 가장 큰 장점은 정의와 자연법의 실질적 토대를 명확하게 보여 주는 것이다. 사실 최초의 법이자, 유일하고 진정한 기본법은 즉각적으로 사회계약에서 나오는 것으로 모든 사람이 모든 일에서 모든 사람에게 가장 큰 선善을 선호하는 것이다.

그런데 이 가장 큰 선에 협력하는 행위들 각각에 해당하는 개별법을 명시해야 엄정한 실정법[246]이 구성되는 것이다.

---

245) 원고에서 "나는 이 점을 나중에 설명하겠다"라고 썼다가 지웠다. 다음 문단부터 4장 끝까지는 『사회계약론』에서 모두 삭제되었다.

246) 『백과사전』에서는 엄정한 법droit étroit을 "법이 지나치게 가혹해서 선의에 따라 형평을 고려해서 판결을 내리는 대신 대단히 엄격하게 법을 자구에 따라 적용한 것"이라고 설명한다.

흔히 이 가장 큰 선에 협력한다고 보지만 정작 법으로는 명시되어 있지 않은 모든 것은 예절civilité*247)이요, 자선의 행위를 이룬다. 그리고 우리에게는 불리함에도 이런 행위들을 실천하도록 결심케 하는 습관을 힘 또는 미덕이라고 부른다.

이런 원칙을 우리가 국가로부터 얻은 일반사회라는 관념으로까지 확장해 보시라. 우리는 우리를 구성원으로 하는 사회248) 또는 우리가 살아가고 있는 사회로부터 보호를 받는다. 악을 행할 때 자연스럽게 갖게 되는 반감이 그 악의 피해를 입으면 어쩌나 하는 두려움으로 인해 우리 안에 확고히 자리잡는다면, 그 원칙을 본성, 습관, 이성을 사용함으로써 다른 사람들과 이용할 수 있는데, 이는 동일한 원칙을 우리가 우리 동향인들과 이용하는 것과 대동소이하다. 이런 성향이 행위로 귀결하게 되면 이로부터 엄밀한 의미의 자연법과는 다른 이론적인 자연법의 규칙들이 생겨난다. 엄밀한 의미의 자연법은 진실한 감정에만 근거한 것으로 대단히 모호하여 우리의 자기애l'amour de nous-même가 작용할 때 종종 억압된다.

이렇게 해서 우리 안에 최초로 정의와 부정의라는 뚜렷이 구분되는 관념이 형성된다. 법이 정의에 선행하는 것이지 정의가 법에 선행하는 것은 아니니 말이다. 법이 정의롭지 않을 수 없다면, 그것은 정의가 법의 토대이기 때문이 아니며, 정

---

*247) [저자의 주] 내 생각에 이 말을 프랑스식으로 이해해서는 안 된다는 점을 특별히 알릴 필요는 없다고 본다.

248) 원고에서 "국가"l'Etat로 썼다가 지우고 "사회"la société로 고쳤다.

의가 법의 토대라는 점이 언제나 사실은 아니다. 그것은 우리가 우리 자신에게 해를 가하고자 하는 것이 예외 없이 자연을 거스르는 일이기 때문이다.

　타인이 우리에게 해주기를 바라는 대로 타인에게 행동하라는 가르침은 아름답고 숭고하다. 그런데 이 가르침은 정의의 근거가 되기는커녕 그 자체로도 근거가 부족하다는 것이 분명하지 않은가? 내가 타인이었다면 가졌을 의지에 따라 내가 행동해야 할 뚜렷하고 견고한 이유가 어디에 있단 말인가? 이 가르침이 수많은 예외들에 무력하다는 점은 더욱 자명하다. 다들 이런 예외들을 들어 궤변적인 설명을 늘어놓는 것이다. 한 범죄자에게 형을 선고하는 판사는 그 자신이 범죄자였다면 사면받고자 하지 않겠는가? 다른 이들이 제게 무엇도 허락하지 않기를 바라는 사람이 어디에 있는가? 그렇다고 누가 우리에게 요구할 때마다 전부 받아들여야 하는 것은 아니지 않은가? 소유권 전체의 기초가 되는 '각자에게 각자의 것을'cuique suum이라는 다른 공리의 근거는 무엇인가? 그 공리가 소유권 자체의 근거가 아닌가? 그렇다면 내가 홉스처럼 모든 것은 내게 속한다[49]는 데 동의는 못 하더라도, 적어도 자연상태에서라면 내게 유용해서, 내가 탈취할 수 있는 모든 것을 내 것으로 인정하지 못할 이유도 없지 않은가?

　그러므로 정의와 부정의의 실질적인 원칙은 인간과 인간의 개별적 관계가 아니라 모든 사람의 최고선이라는 보편적이고 근본적인 법에서 찾아야 한다. 이 최초의 법에서 정의의 개별 규칙 모두를 어렵지 않게 끌어낼 수 있다. 그래서 '각자에게 각자의 것을'이라는 말이 가능한 까닭은 개별 소유권과 시민의 자유가 공동체의 기초이기 때문이다. 그래서 '네 이웃이 너 자신이듯 하라'[250]는 말이 가능한 까닭은 전체로 확장된 개별적인 자아가 일반사회의 가장 강력한 끈이고, 국가는 우리의 모든 개별적인 정념이 그 속에서 결합할 때 그 자아가 가질 수 있는 최고 단계의 힘과 생명을 갖추게 되기 때문이다. 한마디로 말해서 정당한 행동toute Action juste의 규칙이 가장 큰 공동의 유용성이지만, 정의의 행동un Acte de justice이 이웃에게 피해를 줄 수 있는 경우는 수만 가지나 된다. 이 점에서는 예외가 없다.

---

249) 홉스는 『시민론』에서 "자연은 어느 누구에게나 모든 것에 대한 권리jus in omnia를 부여했다. 순수한 자연상태에서 또는 사람들이 서로 합의를 맺거나 상호 결속하기 이전의 시기에, 사람은 자기가 원하는 것을 실행하고, 다른 사람에 대해 자기가 적합하다고 생각하는 행동을 하며, 또 자신이 갖고 싶거나 가질 수 있는 것을 소유하고 사용하며 향유하는 것은 정당하다. 그런데 어떤 사람이 바라는 것은 무엇이든 자신이 그것을 원하기 때문에, 또 그것이 자기보존을 위해 실제로 기여하거나 적어도 기여할 것으로 여겨지기 때문에 …… 자신에게 좋게 여겨졌다. …… 자연상태에서 모든 것을 소유하고 어떤 조치든 실행하는 것은 누구에게나 정당하다"(토머스 홉스, 『시민론』, 1장 10절, 44, 45쪽).

250) "너는 네 형제를 마음으로 미워하지 말며 이웃을 인하여 죄를 당치 않도록 그를 반드시 책선하라. 원수를 갚지 말며 동포를 원망하지 말며 이웃 사랑하기를 네 몸과 같이 하라"(「레위기」, 19장 17, 18절).

5장
법의 분류

전체의 질서를 세우거나 공적인 것chose publique[251)]에 가능한 최선의 형태를 부여하기 위해서는 다양한 관계를 고려해야 한다. 첫째, 단체 전체가 자신에게 가하는 작용, 다시 말해 전체와 전체의 관계 혹은 주권자와 국가에 대한 관계가 있다. 이 관계는 매개적인 힘들forces intermédiaires[252)]의 관계로 구성되며, 이에 대해서는 잠시 후에 알게 될 것이다. 이 관계를 규정하는 법의 이름은 정치법이다. 이 법은 또한 기본법이라 부르기도 하는데, 법이 현명하다면 이렇게 부르는 것이 근거 없진 않겠다. 왜냐하면 각 국가의 질서를 바로 세우는 좋은 방식이 하나뿐이라면, 그 방식을 찾아낸 인민은 절대 그 방식을 바꾸지 않을 것[253)]이기 때문이다. 하지만 수립된 질서가 나쁘다면, 왜 좋은 질서를 가로막는 법을 기본적인 것으로 여기겠는가? 더욱이 인민은 여하튼 언제나 법을 바꿀 힘이 있으며, 더할 나위 없이 훌륭한 법도 마찬가지이다. 자기 자신에게 해를 입히는 것이 인민이 원하는 바라면, 누가 인민을 막을 권리를 가지겠는가?

---

251) 여기서는 공화국res publica을 가리킨다.
252) 『사회계약론』 2권 12장에서는 이 표현이 "매개항"termes intermédiaires (김영욱 옮김, 69쪽)으로 바뀐다.
253) 『사회계약론』에서는 "잘 지켜야 할 것"(김영욱 옮김, 69쪽)으로 고쳤다.

두 번째는 구성원들 사이의 관계 혹은 구성원들과 단체 전체가 맺는 관계다. 이 비율은 전자에 대해서는 가능한 한 작아야 하고, 후자에 대해서는 가능한 한 커야 한다. 그래야 각 시민이 다른 모든 시민에 대해서는 완전히 독립적이고, 도시 국가에 대해서는 극단적으로 의존적이게 된다. 이것은 언제나 동일한 수단을 통해 달성된다. 왜냐하면 오직 국가의 힘만이 구성원들의 자유를 만들어 내기 때문이다. 시민법은 이 두 번째 관계에서 나온다.[254]

고대 로마에서는 개별자들에 대해 주권의 행사와 형식을 규정하는 법을 존엄법Lois de Majesté이라고 했다. 호민관의 법적 인격을 신성한 것으로 만들고 면책특권을 부여하는 법이자, 인민의 판결을 원로원에 상소할 수 없도록 막는 법이었기 때문이다.

시민들 각자의 권리와 의무를 규정하는 개별법도 가정의 관계들 및 재산 소유권과 관련되어 있으니 시민법으로 부른다. 이는 올바른 공공질서와 사람들과 사물을 안전히 보존하는 치안의 문제이다.[255]

인간과 법 사이의 세 번째 관계, 즉 불복종과 처벌의 관계를 생각해 볼 수 있다. 이 관계로 인해 형법이 제정된다. 형법은 본질적으로 법의 개별적인 한 종류라기보다는 다른 모든

---

254)『사회계약론』, 2권 12장, 김영욱 옮김, 69, 70쪽.
255) "고대 로마에서는 ……"부터 이 문단까지 두 문단이『사회계약론』에서 삭제되었다.

법을 위한 제재 수단이다.

　이상 세 가지의 법에 모든 법 가운데 가장 중요한 네 번째가 추가된다. 이 법은 대리석이나 동판에 새겨지는 것이 아니라 시민의 마음에 새겨지는 것이다. 바로 이 법이 국가를 진정으로 구성하고, 나날이 새로운 힘을 얻고, 낡아서 사라지는 다른 법에 힘을 불어넣어 주거나 보충하고, 인민이 인민 설립의 정신을 잊지 않게 하고, 권위의 힘을 습관의 힘으로 대체한다. 나는 풍속과 관습[256]에 대해 말하고 있다. 이 부분에 대해 우리 정치가들은 아는 것이 없다. 하지만 다른 모든 법의 성공이 이 부분에 달려 있다. 따라서 위대한 입법자라면 겉으로는 개별 규칙을 다루는 것에 만족하는 것처럼 보여도, 은밀하게 이 부분을 살핀다. 개별 규칙이 궁륭천장의 아치일 뿐이라면, 풍속은 더 천천히 형성되어 결국 종석이 된다.

　이런 여러 종류의 법 중에서 나는 본고에서는 정치법만을 다루도록 하겠다.[257]

256)　『사회계약론』에서는 "풍속, 관습, 특히 여론"(김영욱 옮김, 70쪽)이라고 고쳤다.

257)　『사회계약론』에서는 다음과 같이 수정되었다. "…… 나의 주제와 관련된 유일한 것은 정부형태를 구성하는 정치법이다"(『사회계약론』, 2권 12장, 김영욱 옮김, 70, 71쪽).

6장
다양한 입법체계에 대해

모든 입법체계의 토대[258]가 되어야 하는 것은 모두의 최대선이다. 이 최대선이 정확히 어떤 것인지 생각해 본다면, 그것이 '자유'와 '평등'이라는 두 가지 주요 목적으로 수렴한다는 점을 알게 된다. 자유가 그런 까닭은 개별자 사이의 모든 의존이 그만큼의 힘을 국가단체로부터 빼앗기 때문이며, 평등이 그런 까닭은 평등 없이는 자유가 존속할 수 없기 때문이다.

시민의 자유가 무엇인지에 대해서는 이미 말했다. 평등에 대해 생각해 보자면, 이 말은 권력과 부가 정확히[259] 동일한 정도라는 것을 뜻하지 않는다. 평등이란 어떤 권력도 폭력에 이르지 않고 지위와 법에만 작용할 뿐이며, 부의 측면에서는 어떤 시민도 다른 시민을 살[買] 수 있을 만큼 부유하지 않고, 누구도 자신을 팔아야 할 만큼 가난하지 않다는 것을 의미한다. 이를 위해서 강자들은 재산과 권세를 절제해야 하고 약자는 탐욕과 선망을 절제해야 한다. 그들은(강자들은) 이런 평등은 사변적인 공상이고 실제로는 존재할 수 없다고 말한다. 아

---

258) 『사회계약론』에서는 "목적"la fin (2권 11장, 김영욱 옮김, 66쪽)으로 수정되었다.

259) 『사회계약론』에서는 "절대적으로"absolument(김영욱 옮김, 66쪽)라는 부사로 대체했다.

니 뭐라고? 이 결과[260]를 피할 수 없다고 그것을 규제해서는 안 된다고 결론 내려야 하는가? 사물의 힘이 이 평등을 파기하려는 경향을 띤다. 바로 이런 까닭에 입법의 힘은 언제나 평등을 유지하는 경향을 띠어야 한다.

하지만 모든 훌륭한 제도가 갖는 이런 일반적인 목적들은 각 지역의 현지 상황과 거주자들의 특성에서 생기는 관계에 따라 수정되어야 한다. 이런 관계에 근거해, 그 자체로는 최선이 아닐지라도 적용 대상이 되는 국가에 대해서는 최선인 특별한 입법체계[261]를 각 인민에게 부여해야 한다. 예를 들어 보자. 토양이 척박하고 생산성이 낮거나, 거주자에 비해 지역이 지나치게 좁은가? 산업과 기술에 힘쓴 뒤 거기에서 나오는 생산물을 부족한 물자와 교환해 보시라. 반대로 기름진 평원과 비옥한 경사지를 차지하고 있는가? 수확이 좋은 토지는 있는데 거주자가 없는가? 농업에[262] 모든 정성을 쏟고 기술은 추방하시라. 기술은 국가의 거주자들을 영토의 몇몇 지점에 집중하고 나머지에서는 감소할 우려가 있다. 균형이 잘 이루어졌을 때 인구는 도시보다 농촌에 더 많기 마련이다.[263]

---

260) 『사회계약론』에서는 "아니 뭐라고?"가 생략되고, "이 결과"l'effet가 "폐단"l'abus으로 수정되었다(김영욱 옮김, 66쪽).

261) 『사회계약론』에서는 "특수한 제도체계"un système particulier d'institution(김영욱 옮김, 67쪽)로 고쳤다.

262) 『사회계약론』에서는 "인구를 증가시키는 [농업]"(김영욱 옮김, 67, 68쪽)을 추가했다.

263) 이 문장은 『사회계약론』에서 삭제되었다.

널찍이 펼쳐지고 안락한 해안에서 살고 있는가? 바다 가득 배를 띄우고 교역과 항해술을 육성하시라. 바다를 낀 연안이 넘기 힘든 바위산으로 둘러싸여 있는가? 그대로 야만인으로 남아 물고기를 잡아먹고 사시면 된다. 더 평온하게, 확실히 더 행복하게 사시게 될 것이다. 한마디로 말해서 각 인민은 모든 인민에게 공통되는 규칙들 외에도 자체적으로 어떤 이유를 가지고 있어, 이 때문에 그런 규칙들이 인민에 따라 특수한 방식으로 조직되며 각 인민의 입법은 오직 그에게만 적합하다. 이렇게 해서 과거 히브리 사람들과 최근 아랍 사람들에게는 종교가, 아테네 사람들은 문학이, 카르타고 사람들과 티레 사람들은 교역이, 로도스 사람들은 바다가, 스파르타 사람들은 전쟁이, 로마 사람들은 미덕이 주요 대상이 된 것이다. 『법의 정신』의 저자는 입법자가 어떤 기술을 통해 제도를 이런 각각의 목적으로 이끌어 가는지 수많은 사례를 들어 보여주었다.

　자연적 관계들과 법이 항상 같은 지점에서 일치하고, 법이 말하자면 자연적 관계들을 보장하고 보조하며 교정할 정도로 적합성이 잘 준수될 때, 국가의 구성은 진정으로 견고하고 지속 가능한 것이 된다. 하지만 입법자가 대상을 잘못 파악하여 사물의 본성에서 도출되는 원리와 다른 원리를 택하면, 즉 한 원리는 예속을 지향하는데 다른 원리는 자유를 지향하고, 한 원리는 부를 지향하는데 다른 원리는 인구를 지향하고, 한 원리는 평화를 지향하는데 다른 원리는 정복을 지향하면 법은 모르는 사이에 점차 약해지고, 국가 구성은 변질될 것이다. 그러면 국가는 끊임없이 동요하여 결국 무너지거나 변화를 겪게 되고 결국 거역할 수 없는 자연의 지배가 회복될 것이다.

3권
정치법 혹은 통치 제도에 대해

정부의 다양한 형태에 대해 말하기 전에 적법하고 바른 사회에서[264] 이 말의 정확한 의미를 정해 놓는 것이 좋겠다.

1장
국가의 정부란 무엇인가

독자에게 이 장은 주의의 집중이 필요하다는 점을 미리 말해 두고 넘어가겠다. 주의를 기울이지 않으려는 자를 분명하게 이해시키는 기술이 무엇인지 나는 모른다.

모든 자유로운 행위에는 그것을 생산하는 두 원인이 있다. 하나는 도덕적 원인, 즉 행위를 결정하는 의지이고, 다른 하나는 자연적 원인, 즉 행동을 실행하는 힘이다. 내가 어떤 대상을 향해 걸어갈 때 첫째로는, 내가 거기로 가길 원해야 하고, 둘째로는, 내 발이 날 거기로 데리고 가야 한다. 뛰려고 하

---

264) 『사회계약론』에서 "적법하고 바른 사회에서"(3권, 김영욱 옮김, 72쪽 참조)는 삭제되었다.

는 마비 환자나 뛰지 않으려 하는 민첩한 사람이나, 둘 다 제자리에 있을 것이다. 정치체도 같은 운동 원인들을 가진다. 마찬가지로 정치체의 힘과 의지가 구별된다. 의지는 입법권이라는 이름으로, 힘은 행정권이라는 이름으로 불린다.*[265] 정치체에서는 둘의 협력 없이 어떤 것도 일어나지 않으며 일어나서도 안 된다.

우리는 입법권이 인민에게 속하며 오직 인민에게만 속할 수 있음을 보았다. 행정권은 인민에게 속할 수 없다는 것도 마찬가지로 쉽게 알 수 있다.[266]

---

*265) [저자의 주] 나는 이 두 형용사의 여성형으로 executrice와 legislatrice 대신 executive와 legislative를 취했다. 뒤의 두 여성 형용사를 부사적으로 사용했기 때문이다. 나는 대개 이런 문법적인 사소한 문제들을 중요시하지 않지만, 교육을 목적으로 하는 글에서 의미가 보다 정확하게 드러난다면 용례보다는 유추의 방식을 선택할 수 있다고 생각했다.

266) 원고는 여기서 끝난다.

[정치종교에 대해][267]

인간은 사회에서 살아가게 되자마자 그를 묶어 두는 종교
가 필요하다. 결코 인민은 종교 없이 존속하지 못했고, 존속
하지 못할 것이다. 종교를 받지 못했던 인민이라면 하나를 만
들어 내든지 이내 인민이 사라져 버릴 것이다. 구성원들에게
목숨을 바치게끔 할 수 있는 국가에서라면 영생의 삶을 믿지
않는 사람은 틀림없이 비열한 자이거나 광인이다.[268] 그러나

267) 이 제목은 원고에는 들어 있지 않다. 플레이아드 판 편집자 로베르
드라테가 임의로 붙인 제목이다. 이 부분은 루소가 『사회계약론 초고』
2권 2장의 원고 뒷면에 적어 놓은 것으로, 정확히 어느 곳과 이어지는
지 알 수 없다. 그러나 내용상 "정치종교에 대해"de la religion civile라는
제목이 붙은 『사회계약론』 4권 8장과 이어지고 있다. 김영욱은 시민
종교 대신 '정치종교'라는 번역어를 선택한 이유를 후주에서 상세히 밝
히고 있다(『사회계약론』, 김영욱 옮김, 261~263쪽). 본 번역본에서도 김
영욱의 번역어를 선택하기로 한다.

268) 루소는 알렉상드르 루이 브누아 드 카롱들레Alexandre-Louis-Benoît de
Carondelet 신부에게 보낸 편지(1764년 3월 4일)에서 "자기애는 모든 인
간을 움직이게 할 수 있는 가장 강력한 동기이자, 내 의견으로는 유일
한 동기입니다. 그러나 미덕을 그것이 형이상학적 존재이기라도 하듯
이 절대적으로 고려한다면, 그 미덕이 어떻게 이 사랑에 기초하게 될까
요? …… 꾀바른 죄악은 이 생에서 재산과 영광의 모든 이익을 누리게
합니다. 이 세상에서는 잘 속는 사람들이나 정의와 양심의 가책을 느
낍니다. 이 생애가 끝난 이후에 내 존재에게서 영원한 정의와 그것의
연장을 지워 보십시오. 나는 미덕에서 사람들이 아름다운 이름으로 부
르는 광기밖에는 보지 못합니다. 유물론자는 자기애를 그저 자기 신체

내세의 삶의 희망이 한 광신도에게 어느 정도까지 자기 생명을 무시하게 만드는지 너무도 잘 알려져 있다. 저 광신도의 눈을 가리는 환시를 벗겨 버리고 미덕을 위한 희생의 대가로 똑같은 희망을 가질 수 있도록 해보라.[269] 여러분은 그를 진정한 시민으로 만들 것이다.[270]

　종교를 사회[271]와 관련해서 고려하면 두 종류로 구분할 수 있는데 인간의 종교와 시민의 종교가 그것이다. 인간의 종교는 신전도, 제단도, 제의도 없이 지고한 신에 바치는 오직 정신적[272]인 예배의식儀式과 도덕의 항구 불변한 의무로 한정되는 것으로, 복음서를 따르는 순수하고 단순한 종교이거나 진실한 유신론이다. 시민의 종교는 말하자면 한 나라에 국한되어 그 나라만 갖는 수호신들의 종교로, 예식禮式, 제의, 율법으로 규정된 형식적인 예배의식을 갖춘다. 그 종교를 따르는

에 대한 사랑으로 볼 뿐입니다. 그런데 레굴루스Regulus가 카르타고로 고통 속에 죽기 위해 떠날 때 나는 그가 자기 신체에 대한 사랑 때문에 그리했다고 생각하지 않습니다"(Jean-Jacques Rousseau, *Correspondance générale*, t. XIX, éd. R.A. Leigh, Oxford, 1973, p. 199)라고 썼다.

269) 루소는 여러 번 반복하여 종교의 신앙은 미덕과 분리될 수 없음을 강조했다. "각 시민이 종교를 가지고 그것을 통해 자신의 의무를 사랑하게 되는 것은 국가에 아주 중요하다"(『사회계약론』, 4권 8장, 김영욱 옮김, 169쪽).

270) 이 문단은 『사회계약론』에서 삭제되었다.

271) 『사회계약론』에서는 "일반적이거나 개별적"(4권 8장, 김영욱 옮김, 164쪽)을 추가했다.

272) 『사회계약론』에서는 "내적인 [숭배culte]"(김영욱 옮김, 164쪽)로 고쳤다.

단 하나의 국민을 벗어나면 그 나라를 제외한 모든 나라 사람들에게 그 국민은 이교도들이고, 외국인들이고, 야만인들이다. 이 종교는 인간의 신과 율법의 범위 내에서만 그들의 의무와 법을 허용한다.[273] 고대 민족의 모든 종교는 예외 없이 그런 종교이다.[274]

더 기이한 세 번째 종류의 종교가 있는데 이 종교는 두 명의 수장, 두 개의 법, 두 개의 조국을 따르게 하여 사람들을 서로 모순된 의무에 복종하게 하고, 국민이 신자이면서 동시에 시민이 될 수 없게끔 한다. 라마교, 일본 사람들의 종교, 로마 기독교가 그런 종교이다. 이 종교를 사제의 종교라고 부를 수 있다.[275]

이 세 가지 종류의 종교를 정치적인 관점에서 고려한다면, 모두 각자 단점들이 있다. 세 번째 종교가 두말할 것 없이 가장 나쁜 것이므로 이를 증명하느라 꾸물대는 건 시간 낭비이다.[276]

273) "인간의 신과 율법의 범위 내에서만 허용된다"가 『사회계약론』에서는 "제단이 세워진 곳까지만 …… 전파한다"(김영욱 옮김, 164쪽)로 대체되었다.

274) 『사회계약론』에서는 "초기 인민들의 모든 종교가 그러했으며, 이 종교들에는 국가신법 혹은 실정신법이라는 이름을 붙일 수 있다"(김영욱 옮김, 164쪽)로 대체되었다.

275) 이 문장 뒤에 『사회계약론』에는 "여기에서 비롯되는 것은 일종의 비사회적인 혼합법으로, 이 법은 이름을 가지지 않는다"(김영욱 옮김, 165쪽)가 추가되었다.

276) 이 문장 뒤에 『사회계약론』에는 "사회의 통일성을 깨뜨리는 모든 것은 아무런 가치가 없으며, 인간을 그 자신과 모순되게 하는 모든 제도

두 번째 종교는 신에게 드리는 예배의식과 법에 대한 사랑을 하나로 결합하고 시민들이 조국을 숭배의 대상으로 삼아 국가에 봉사하는 것이 곧 신에게 봉사하는 일임을 가르친다는 점에서 좋은 것이다. 이는 일종의 신정정치라 할 것으로 여기서 국가는 행정관 말고 다른 사제들을 가져서는 안 된다. 그래서 국가를 위해 목숨을 바친다는 것은 순교의 길을 걷는 것과 같으며, 법에 복종하지 않는다는 것은 불경과 신성모독을 저지르는 것과 같고, 범죄인을 공적 혐오의 대상으로 만드는 것은 그를 신의 하늘 같은 분노에 바치는 것, 즉 사케르 에스토sacer estod[277]이다.

는 어떤 가치도 갖지 않는다"(김영욱 옮김, 165쪽)가 추가되었다.

[277] "초기 로마인들에게 충분히 감탄할 수 없는 한 가지가 있다면 그것은 십이동판법으로 대역죄인들에 대한 처벌을 규정한 것이다. 이 규정은 모든 사람들에게 끔찍한 공포를 일으키는 사케르 에스토라는 것이다. 로마 인민에게 공공연한 증오나 존경이 법에 의해 면제된 형벌이나 보상이었는지 생각해 보는 것 이상으로 로마 인민이 얼마나 미덕을 가지고 있었는지 생각해 볼 수 있는 것은 없다"(『정치 단편들』, OC III, p. 495).

조르조 아감벤은 『호모 사케르』의 한 장(「추방령과 늑대」)에서 "신성한 인간sacer esse의 전체적인 특징은 그것이 어떤 구축된 법질서의 토양에서 유래한 것이 아니라, 사회가 형성되기 훨씬 이전의 삶의 시기로 거슬러 올라간다는 사실을 보여 준다. 그것은 인도-유럽어족에 속한 종족들이 영위했던 원시적인 삶의 단편이다"(조르조 아감벤, 『호모 사케르』, 박진우 옮김, 새물결, 2008, 213쪽)라고 썼다. 그는 계속해서 "살리카법과 리푸아리아법은 '늑대 인간 역시 추방된 자이다'라는 정식을 신성한 인간은 살해해도 좋다고 재가하는 '신성할지어다'sacer esto라는 주문을 환기시키는 의미로 사용"한다고 말하며 "이처럼 반은 인간이고 반은 짐승이며, 반은 도시에 그리고 반은 숲속에 존재하는 잡종괴물 —

그러나 이 두 번째 종교 역시 오류와 허위를 기초로 하여 인간을 속이고 어둑하게 만들고 맹신케 하고 신에 바치는 진정한 예배의식을 쓸데없는 의전에 빠뜨린다는 점에서 나쁜 것이다. 더 나쁜 점은 그 종교가 배타적이고 포악해졌을 때 인민을 관용을 모르는 피에 굶주린 사람들로 만들어 버리므로 살육과 학살만을 갈망하고, 그 누구든 그들의 신과 율법을 믿지 않는 사람들을 살해하는 것이 성스러운 행동이라고 믿게 만든다는 데 있다. 한 개별 사회를 결속하기 위해 그 사회를 제외한 인류 전체를 희생해서는 안 된다.[278]

그러나 국가마다[279] 각기 다른 수호신들과 예배의식을 갖는 이교도 문명은 종교전쟁을 겪지 않았다. 국가마다 정부가 있고, 개별적인 예배의식이 있어서 신과 율법이 분리되지 않았던 것이 그 까닭이다. 전쟁이 일어날 수 있었다면 순전히 국가 내부에서 일어나는 내전이 전부였다. 신들이 관할하는 영역은 말하자면 국가의 경계 안에 고정되어 있었다. 그러니 한 인민의 신은 다른 어떤 인민에게도 영향력을 행사할 수

즉 늑대 인간 — 로 집단 무의식 속에 남아 있는 이것은 원래는 공동체로부터 추방당한 자의 모습이었던 셈"(같은 책, 215쪽)이라고 해석한다.

278) 이 문장은 『사회계약론』에서 삭제되고, 대신 "이 때문에 인민은 다른 모든 인민과의 자연적 전쟁상태에 놓이게 되며, 이런 상태는 그들 자신의 안전에 매우 해롭다"(4권 8장, 김영욱 옮김, 165쪽)는 말이 추가된다.

279) 이 문단은 『사회계약론』 4권 8장의 초반부(김영욱 옮김, 159, 160쪽)와 내용상 비슷하지만 문장 구성 및 어휘와 관련된 많은 부분에서 수정을 거쳤다.

없었다. 이교도들이 모시는 신들은 질투를 몰랐으니 세상의 왕국을 평화롭게 나눠 가졌으며 사람들이 갈라져 사는 그대로 태평히 놓아두었다. 어떤 종교를 신봉해야 하는 의무는 그 종교를 규정한 율법을 따를 의무에서 나오는 것일 뿐이었다. 그래서 인민을 노예로 삼지 않고서는 개종시킬 방법이 없어서 "우리의 신을 숭배하든 우리의 공격을 받든 택일하라"는 말처럼 우스꽝스러운 것이 없을 것이다. 예배의식을 바꿔야 할 의무가 승리에 결부된 것이라면 그 점에 대해 말하기 전에 정복부터 했어야 할 일이 아닌가. 한마디로 말해서 인간이 신을 위해 싸웠던 것이 아니라 호메로스의 서사시에서처럼 신들이 인간을 위해 싸웠던 것이다. 로마 사람들은 광장을 조성하기 전에 신더러 그곳에서 나가라고 명령했다. 그들이 분노한 신들을 타란토 사람들에게 남겨 놓았던 것은 로마 사람들은 자기의 신들이 그들에게 굴복해서 영예를 돌리지 않을 수 없을 것이라고 간주했기 때문이다. 그들은 정복한 사람들에게 로마의 법을 남겨 두었듯이 로마의 신들도 남겨 두었다. 카피톨리노의 유피테르 신전에 바치는 황금 관은 로마인들이 요구하곤 했던 유일한 조공일 때가 많았다.

그런데 이교도 문명이 서로 관용을 베풀기는 했으나, 이 문명이 자랑하는 문학과 미덕에도 불구하고 그 문명의 미신 때문에 수많은 잔혹한 행위들이 일어났다면 이런 잔혹한 행위들과 헌신을 분리해서 생각할 수 없고 국민 종교의 권리와 인류의 권리를 화해시킬 수도 없다고 생각한다. 그러므로 시민들의 유대를 덜 강하게 하고 더 다정하게 함으로써 그들을 국가에 결합하고, 영웅도 광신도들도 없는 편이 낫다.[280]

이제 남은 것은 인간의 종교 혹은 기독교뿐이다. 오늘날의 기독교가 아니라 복음서의 기독교[281]를 말하는 것이다. 성

280) 앞에서 말했듯이 직전 문단의 "국가마다 ……"부터 이 부분까지는 『사회계약론』에서 다소 수정을 거쳐 4권 8장의 초반에 실렸다. 루소는 『에밀』 4권에 실은 「사부아 신부의 신앙고백」에서 "신이 어떻게 섬김을 받기를 원했는지 그 방식을 사람들에게 가르치기 위해 계시가 필요했다는 말들을 한다. 그 증거로 인간들이 만들어 낸 이상한 종교 의식들의 다양성이 제시되는데, 사람들은 그 다양성 자체가 계시의 환상에서 온다는 것을 보지 못한다. 여러 민족들이 신에게 말을 시킬 생각을 하자마자 민족들은 저마다 자기네 방식대로 신에게 말을 시키고 자기네가 원하는 것을 말하게 했다. 만약 사람들이 신이 인간의 마음에 말하는 것만을 들었다면, 이 세상에는 오로지 단 하나의 종교밖에 없었을 것"(장 자크 루소, 『에밀 또는 교육론 2』, 178, 179쪽)이라고 썼다.

281) 원고에는 "복음서의 [기독교]"라고 썼다가 지우고, "약간 다른 [복음서의 기독교]"라고 썼다가 지운 뒤, 『사회계약론』에서는 "오늘날의 것과는 완전히 다른"을 추가했다. "내가 성서의 장엄함에 감탄하고 내 마음이 복음의 거룩함에 감동한다는 것 역시 자네에게 고백하네. …… 그토록 숭고한 동시에 단순한 책이 인간의 작품일 수 있는가? 그 책에서 이야기되고 있는 사람이 단지 한 사람의 인간에 불과할 수 있겠는가? 그것이 광신자나 당파적인 야심가의 말투란 말인가? 그의 품행은 얼마나 온화하고 순수한가! 그의 교훈에는 얼마나 감동적인 우아함이 있는가! 그의 준칙에는 말할 수 없는 고상함이 있지 않은가! 그의 말에 들어 있는 심원한 지혜, 그의 대답에 담겨 있는 재치와 섬세함과 공정함은 또 어떠한가! 그리고 자신의 정념에 대한 엄청난 자제력! 나약하지도 않고 그렇다고 과시하지도 않으면서 행동할 줄 알고 괴로워할 줄 알고 또 죽을 줄 아는 그런 인간이 어디 있으며 그런 현자가 또 어디에 있는가?"(장 자크 루소, 『에밀 또는 교육론 2』, 202쪽). 또한 『크리스토프 드 보몽에게 보내는 편지』에서 루소는 "대주교 예하, 저는 기독교도입니다. 복음서의 교리에 의거한다면 진심으로 기독교도입니다. 저는 사제들을 신봉하는 자로서의 기독교도가 아니라, 예수그리스도를

스럽고 숭고하고 진실한 이 종교 덕분에 같은 신의 아들들인 모든 인간은 서로를 형제로 생각하고 이들을 하나로 결합하는 사회는 죽음 앞에서도 결코 와해되지 않는 만큼 서로 긴밀하게 이어져 있다. 하지만 바로 이 종교가 국가의 체제[282])와 어떤 개별적인 관계도 맺지 않으므로 정치법과 시민법이 가질 수 있는 유일한 힘은 여기에 어떤 다른 힘도 더해지지 않는 자연법이 마련해 주는 힘뿐이다. 그러므로 사회를 지탱하는 가장 튼튼한 지주 하나가 어떤 효과도 산출하지 못한 채로 남아 있게 된다.[283])

우리는 진정한 기독교인들이 모인 인민은 상상할 수 있는 사회 중에 가장 완전한 사회를 만든다는 말을 듣는다. 순전

신봉하는 자로서의 기독교도입니다. 저의 주님은 교리를 이해하기 어렵게 미묘하게 만들지 않으셨고, 의무를 많이 강조하셨습니다. 그분은 신앙 조항보다는 선행을 권장하셨고, 선량한 사람이 되기 위해 필요한 것만 믿으라고 명령하셨습니다. 그분이 율법과 선지자의 말을 요약하셨을 때, 그것은 신앙에 관한 것이라기보다는 선행에 관한 것이었습니다. 그분은 직접 또는 사도들을 통해, 형제를 사랑하는 사람은 율법을 이행한 것이라고 제게 말씀하셨습니다"(장 자크 루소, 『보몽에게 보내는 편지 / 도덕에 관한 편지 / 프랑키에르에게 보내는 편지』, 62쪽)라고 썼다.

282) 『사회계약론』에는 "체제"constitution를 "정치체"(김영욱 옮김, 166쪽)로 고쳤다.

283) 바로 앞 문장에 있는 "정치법과 시민법이 ……"부터 문단 끝까지 삭제되고, 『사회계약론』에서는 "게다가 이 종교는 시민들의 마음을 국가에 부착시키기는커녕, 국가로부터 그리고 지상의 모든 것으로부터 떼어 낸다. 나는 이보다 더 사회정신과 반대되는 것을 알지 못한다"(김영욱 옮김, 166쪽)로 대체되었다.

히 머릿속으로만 생각해보면 가장 완전한 사회가 존재할 수도 있겠지만, 어쨌든 그 사회가 가장 강한 사회거나 가장 오래 지속되는 사회는 아닐 것이다. 인민이 법을 지키고, 수장은 공평무사하고, 병사는 생명을 초개처럼 버릴지도 모르겠다. 이 점에 대해 나는 동의하지만, 그것이 전부는 아니다.[284]

기독교는 인간이 세속의 모든 일을 초월하게 한다[285]는 점에서 대단히 구도적인 종교이다. 기독교인의 조국은 이 세상에 있지 않다. 실제로 기독교인은 자신의 의무를 다하지만, 그때 그는 자기가 쏟는 노력이 성공을 거둘 것인가에 대해서는 전혀 관심을 기울이지 않으면서 그리한다. 기독교인에게[286] 이 세상에서 만사가 잘되어 가는지 그렇지 않은지는 전혀 중요한 것이 아니다. 국가가 번영한다면 공공의 행복을 절제하면서 누린다.[287] 국가가 몰락해도 자기 인민을 짓누르는 신의 손

---

284) "순전히 머릿속으로만 ……"부터 문단 끝까지 삭제되고, 『사회계약론』에서는 "나는 이 가정에서 다음과 같은 큰 어려움만을 본다. 참된 기독교인으로 이루어진 사회는 더 이상 인간의 사회가 아닐 것이라는 점 말이다"(김영욱 옮김, 166쪽)로 대체되고, 뒤이어 새로운 문단에서 "나는 심지어 이렇게 가정된 사회는 그것이 완전한 경우에도 가장 강하지도, 가장 지속적이지도 않을 것이라 말한다. 그 사회는 완전한 나머지 결합이 부재할 것이다. 그 사회를 파괴하는 악은 그것의 완전함 자체에 있을 것이다"가 추가된다.

285) 『사회계약론』에서는 "오직 하늘의 일에만 관심을 둔다"(김영욱 옮김, 166, 167쪽)로 고쳤다.

286) 『사회계약론』에서는 "자책할 일만 없다면"(김영욱 옮김, 167쪽)이 문단 앞에 추가되었다.

287) 『사회계약론』에서는 "[공적 행복을] 거의 누리려 하지 않고"(김영욱

길을 찬양한다. 사회가 평화롭고 조화가 유지되려면 모든 시민이 예외 없이 같은 정도로 좋은 기독교인이어야 할 것이다. 하지만 불행히도 야심가나 위선자가 단 한 명이라도 있다면, 예를 들면 카틸리나[288]나 크롬웰 같은 사람이 하나라도 있다면, 그런 자는 틀림없이 독실한 동료시민들을 이용해 먹을 것이다.[289] 그가 무슨 술책을 부려 동포를 속이고 공적 권위를 일부라도 손에 넣을 수 있는 묘책을 찾게 될 때부터 권력은 그의 것이 된다. 신은 모두가 그에게 복종하기를 바란다.[290] 그는 신이 자기 아이들을 벌주려고 든 회초리이다. 이제 저 침탈자를 쫓아 버려야 한다고 생각하게 되고, 그러려면 피를 흘리고, 폭력을 사용하고, 공공의 안정을 흔들어 놓아야 할 텐데, 이 모든 것은 기독교인의 온화함과 어울리지 않는다. 결국 이 비참의 골짜기에서 자유롭든 예속되어 있든 무엇이 중요하겠는가? 핵심은 천국에 가는 것이고 인종忍從은 그것을 위한 또 하나의 방법일 뿐이다. 자유로운 인간인 만큼 해방된 노예일 수도 있다.[291]

옮김, 167쪽)로 고쳤다.

288) 루키우스 세르기우스 카틸리나는 로마의 귀족 가문 출신으로 집정관이 되고자 했으나 키케로 파의 반대를 받았다. 이에 키케로를 암살하고자 했으나 실패하고 처형되었다.

289) 『사회계약론』에서는 이 문장 뒤에 "기독교의 자비는 이웃에 대해 나쁘게 생각하는 것을 쉽게 허락하지 않는다"(김영욱 옮김, 167쪽)를 추가했다.

290) 『사회계약론』에서는 이 문장 뒤에 "이런 권력의 수탁자가 권력을 남용한다면?"(김영욱 옮김, 167쪽)을 추가했다.

외국과 전쟁이 벌어져 시민들이 싸우러 나가, 그들 가운데 누구도 도망갈 생각을 하지 않고 자신의 의무를 수행한다. 하지만 승리에 대한 열정이 전혀 없고, 이기는 법보다는 죽는 법을 안다. 이기든 지든 무엇이 중요한가? 섭리는 그들보다 더 그들이 해야 할 일을 알고 있다. 사납고 열정적이고 적극적으로 싸우는 적이라면 그들의 스토아주의적인 태도를 어떻게 이용할 수 있을지 생각해 보시라. 조국과 영광에 대한 열렬한 사랑에 불타는 저 인자하고 자신에 찬[292] 인민을 적들과 맞서게 해보시라. 여러분의 기독교 공화국이 스파르타와 로마와 대치하고 있다고 가정해 보시라. 기독교인들은 정신을 차려 보기도 전에 패배하고 궤멸하여 죽음을 맞이하거나, 적이 그들에게 품은 경멸 덕분에 겨우 목숨을 부지할 것이다. 내 생각에는 파비우스[293]의 병사들이 했던 맹세는 내 마음에 드는 훌륭한 맹세다. 그들은 승리를 맹세한 것도 아니고 싸우다 죽겠다고 맹세한 것도 아니었다. 그들은 승리자로 살아 돌아오겠다고 맹세했고 결국 그렇게 돌아왔다. 기독교도라면 신을 시험하는 일이라고 생각할 테니 그렇게 맹세할 생각은 아예 없을 것이다.

291) 『초고』에 있던 이 마지막 문장은 『사회계약론』에서 삭제되었다.

292) "자신에 찬"fiers이라는 단어는 『사회계약론』에서 삭제되었다.

293) 제2차 카르타고 전쟁 시 카르타고의 한니발에 맞서 싸운 로마의 막시무스 쿤쿠타토르 퀸투스 파비우스 장군을 가리킨다. 파비우스는 직접적인 충돌을 피하면서 상대방의 전력을 소모시키는 지연전술을 써서 결국 전쟁에서 승리했다.

기독교 공화국을 말함으로써 나는 오류에 빠진다. 이 두 단어는 서로 모순된다. 기독교는 예속과 굴종만을 가르친다. 기독교 정신은 폭정에 너무 유리해서 폭군이 이용하기에 딱 알맞다. 진정한 기독교인들은 노예가 되도록 태어났다. 그들도 이 사실을 알지만, 그들이 동요를 일으키는 일은 없다시피 하다. 그들에게 이승의 짧은 인생은 너무도 가치가 없다.

기독교 군대는 탁월하다고 반박들을 하실 것이다. 하지만 나는 반대 입장이다. 탁월한 군대가 있었다면 그 예부터 내게 보여 주시라. 기독교 군대란 것이 있기라도 한 것인지 나는 모르겠다. 십자군이 있지 않느냐고 할 것이다. 십자군 병사들의 용맹함에 대해 따지지 않고, 그들이 기독교도들이기는커녕 사제들의[294] 병사였고, 교회의 시민들이었고, 그들의 정신의 국가를 위해 싸웠던 것이라는 점만 지적하고 말겠다. 이를 잘 생각해 본다면 이는 이교도가 되어 버리는 일이다. 복음이 시민 종교[295]가 아니기 때문에 기독교도들에게는 종교전쟁이라는 것이 가능하지 않다.

이교도 황제들 치하에서 기독교도 병사들은 용감했다. 나는 대개 그렇게 생각한다. 기독교도 병사들과 이교도 병사들 간에 이는 일종의 명예 전쟁과 같았다.[296] 그런데 황제들이 기

---

294) 원고에서 "교황의 [병사]"라고 썼다가 지우고 "사제들"로 고쳤다.

295) 『사회계약론』에서는 "국민 종교"religion nationale(김영욱 옮김, 169쪽)로 고쳤다.

296) 원고에서 "일종의 종교전쟁이었다"고 썼다가 지우고 위와 같이 고쳤다.

독교도가 되자 이 경쟁은 사라졌고 그 뒤로는 신통치 못했다.[297]

권리의 문제로 돌아가서[298] 원칙을 확정해 보도록 하자. 이미 언급했듯이 사회계약이 주권자에게 부여하는 신민에 대한 권리는 공공의 유용성을 넘어설 수 없다. 따라서 신민들은 자신의 의견이 공동체에 중요한 경우에 한해서만 그것을 주권자에게 보고할 의무를 갖는다. 그런데 각 시민이 종교[299]를 가지고 그것을 통해 자신의 의무를 사랑하게 되는 것은 국가에 아주 중요하다. 그런데 국가는 종교 교리가 도덕과 연관되어 있는 한에서만 그것을 중요시할 뿐이다. 도덕이 아닌 다른 모든 나머지는 국가의 관할이 아니며,[300] 각자는 주권자에게 알릴 필요 없이 자기 좋을 대로 의견을 추가로 가질 수 있다.

시민이 사회에 이득이 되므로 받아들여야 하는 긍정적인 교리들이 있고, 해가 되기 때문에 거부해야 하는 부정적인 교리들이 있다.[301]

---

297) "그 뒤로는 ……"은 『사회계약론』에서 삭제되고 "십자가가 독수리를 몰아내자 로마의 용맹함은 모조리 사라졌다"(김영욱 옮김, 169쪽)로 대체되었다.

298) 『사회계약론』에서는 문두에 "정치적 고려를 제쳐 두고"(김영욱 옮김, 169쪽)를 추가했다.

299) 『사회계약론』에서는 '의무를 사랑하도록 하는 [종교]' religion qui fasse aimer ses devoirs(김영욱 옮김, 169쪽 참조)가 추가되었다.

300) 『사회계약론』에서는 다음과 같이 고쳤다. "…… 도덕에 연관되어 있는 한에서만, 그리고 그런 도덕을 표방하는 자가 타인에 대해 완수해야 하는 의무들에 연관되어 있는 한에서만 국가나 국가 구성원들과 관련된다"(김영욱 옮김, 169, 170쪽).

이 다양한 교리들이 정확히 시민의 신앙고백을 이룬다. 법은 이 신앙고백을 종교의 교리로서가 아니라 좋은 시민이나 충직한 시민이 되기 위해 불가결한 사교적인 감정sentimens de sociabilité으로서 규정한다. 그 법은 그것을 믿으라고 강요할 수 없지만 믿지 않는 누구라도 국가에서 추방할 수 있다. 법은 이런 자가 불신앙자라고 하여 추방할 수는 없고, 비사교적인 자라고 하여, 진심으로 법과 정의를 사랑하지 못하고 필요한 경우 의무를 위해 생명을 희생하지 못하는 자라고 하여 추방한다.

시민이라면[302] 누구나 행정관 앞에서 이런 신앙고백을 하고 교리 전체를 분명히 인정해야 한다. 어떤 사람이 교리를 인정하지 않는다면 그는 도시에서 추방되지만, 자기 재산은 고스란히 가져가게 해준다. 어떤 자가 이와 같은 교리를 인정한 뒤에도 그 교리를 믿지 않는 것처럼 행동한다면 사형에 처해야 한다. 그자는 법 앞에서 허위를 말한 가장 큰 대역죄를 범한 것이기 때문이다.

시민종교의 교리는 단순하고 수가 많지 않고 분명히 표현되어 설명할 필요도 주석을 붙일 필요도 없겠다. 자비롭고, 전능하고, 미래를 훤히 알아 이에 대비하는 신의 존재, 사후의 삶, 의로운 자의 행복, 악인들에게 내려질 징벌, 사회계약

---

301) 이 문단은 『사회계약론』에서는 삭제되었다.

302) 이 문단부터 다음 문단("…… 이는 불관용이다")까지 『사회계약론』에서 모두 삭제된다. 대신 "이 때문에 인민은 다른 모든 인민과의 자연적 전쟁상태에 놓이게 되며, 이런 상태는 그들 자신의 안전에 매우 해롭다"(4권 8장, 김영욱 옮김, 165쪽)는 말이 추가된다.

과 법의 존엄성이 긍정적인 교리들이라면 부정적인 교리는
하나로 줄일 수 있는데, 이는 불관용이다.

시민의 불관용과 교회의 불관용이 다르다고 주장하는 사
람은 잘못 생각하는 것이다. 하나는 반드시 다른 하나가 될
테니,[303] 이 두 불관용은 분리될 수 없다. 영벌永罰을 받겠거
니 싶은 사람들과 평화롭게 살아가기란 불가능하다. 그들을
사랑한다는 것은 그들을 벌하는 신을 증오하는 일이므로 그
들을 개종하거나 박해하지 않을 수 없다.[304] {그러므로 불관
용은 이 교리에 포함되지 않는다. 불신자들은 강제하거나 처
벌해야 한다. 불관용의 다른 교리는 교회 밖에서는 구원이 없
다는 것이다. 그래서 누구든 자신의 형제를 다른 세상에서 자
유롭게 악마들에게 넘겨주는 자는 이 세상에서 아무런 주저
도 없이 그를 고통에 몰아넣는 것이다.}[305] 그러므로 시민의
신앙고백에 없어서는 안 되는 필수적인 조항이 다음이다. 나

---

303) "하나는 반드시 다른 하나가 될 테니"의 부분은 『사회계약론』에서
는 삭제되었다. 그리고 『사회계약론』에서는 앞 문장에 "내가 보기에"
라는 삽입구가 추가되었다(김영욱 옮김, 171쪽). 김영욱은 l'intolérance
théologique를 "신학적 불관용"으로 번역했는데, 원칙적으로 신학에서
불관용을 내세우는 것은 아니므로 본 번역본에서는 "교회의 불관용"으
로 옮겼다.

304) 『사회계약론』에서는 이 문장 대신에 "그들을 사랑하는 것은, 그들
을 벌하는 신을 미워하는 것과 같다. 그들을 회심시키든지 학대하든지
반드시 둘 중 하나여야 한다"로 수정했다.

305) 중괄호 안의 내용은 원고에서 줄을 그어 삭제한 부분이다. 그리고 이
어지는 문장부터 끝까지 『사회계약론』에서 모두 삭제되었다.

는 나처럼 신에게 바치는 예배의식에 대해 생각해 보지 않았다고 해서 모든 사람이 죽은 뒤 유죄판결을 받으리라고 생각하지는 않는다.

좀 더 말해 보겠다. 관용할 줄 모르는 사람들이 같은 교리를 따라 결합했을 때 그들끼리라면 평화롭게 살아갈 수 있을까? 그들이 서로의 신앙을 검열할 때부터 그들 모두 적이 되고, 박해자가 되었다가 박해받는 자가 되기를 반복한다. 각자가 전체에 맞서고, 전체는 각자에게 맞서게 된다. 관용할 줄 모르는 이는 홉스가 말하는 인간이고, 불관용은 인류의 전쟁과 같다. 관용할 줄 모르는 이들의 사회는 악마들의 사회와 같다. 그들이 의견을 같이하는 것은 서로 괴롭히기 위해서일 뿐이다. 종교재판소의 공포에 떨었던 나라들은 모두가 관용할 줄 몰랐던 곳이었다. 그런 나라에서 희생자가 되느냐 형리刑吏가 되느냐는 그저 운에 따른 것이다.

구원받으려면 나처럼 생각해야 한다는 것이야말로 세상을 유린蹂躪하는 끔찍한 교리이다. 여러분이 저 끔찍한 교리를 도시 밖으로 내치지 않는다면 공공의 평화를 위해 아무것도 하지 않는 것이나 다름없을 것이다. 그런 교리를 끔찍스럽게 생각하지 않는 사람이라면 누구라도 기독교도일 수 없고 시민일 수 없고 인간일 수도 없다. 그는 인류의 평화를 희생시키고야 말 괴물이다.

{이런 것이 법에 양심과 신권을 내적으로 비준하고, 시민으로 하여금 생명보다 의무를 소중하게 만들고, 시민이 조국을 사랑하게 하려고 그들을 속일 필요가 없고, 그들을 지상에서 벗어나게 할 필요가 없는 정치종교이다.}[306]

이런 신앙고백이 한번 이뤄지고 나면 매년 성대하게 재개되고 성대한 행사에 엄숙하면서도 소박한 예배의식이 더해진다. 행정관이 의식을 집행하는 사제 역할을 맡는다. 그때 마음에는 뜨거운 조국애가 깃든다. 이상이 주권자가 종교에 대해 규정할 수 있는 전부이다. 여기에 더해 시민의 신앙고백에 반대하지 않는 모든 의견과 공공의 예배의식과 일치할 수 있는 모든 의식이 들어와도 개의치 말아야 하고, 성전聖戰도, 종교 논쟁도 두려워해서는 안 된다. 누구도 논의해 봤자 아무런 소득이 없는 미묘한 교리 논쟁을 벌일 생각을 하지 않을 것이다. 어떤 사제나 어떤 선교사도 세상의 모든 종교에 토대가 되고, 그 어떤 다른 종교도 비난하지 않는 종교를 오류로 간주할 권리가 없다. 어떤 자가 자신의 끔찍한 불관용을 가르치러 온다면 그는 논쟁할 필요 없이 처벌받을 것이다. 그를 처벌하는 것은 그가 불온한 자이고 법에 복종하지 않았기 때문이다. 그가 좋다면 자기가 받았던 수난의 이야기를 하러 자기 나라로 돌아가는 것은 뭐라 하지 않는다. 옛날 사람들이 이런 선교사라는 이름의 정신이 혼란하고 불온한 자들의 생각을 가졌다고 믿기란 참으로 어려울 것이다. 그래서 인간의 종교와 시민의 종교의 장점을 종합해야 한다. 국가에는 국가의 예배의식이 있지만 그것과 다른 어떤 예배의식도 적대시하지 않는다. 신과 인간의 법은 하나의 동일한 목적에 대해 언제나 일치하므로, 더없이 경건한 유신론자들이야말로 가장

---

306) 중괄호 안의 내용은 원고에서 줄을 그어 삭제한 부분이다.

헌신적인 시민들이 될 것이고, 성스러운 율법을 수호하는 일은 인간들의 신에게 영광이 될 것이다.

이제 배타적인 국민 종교란 있지도 않고 있을 수도 없기에 어떤 교의도 시민의 의무와 대립하지 않는다는 조건으로, 다른 종교를 관용하는 종교들은 모두 관용해야 한다. 그 종교들의 교리가 시민이 수행해야 할 의무와 모순되지 않아야 한다는 조건이라면 말이다. 하지만 국가와 교회가 하나가 아닌 경우라면[307] 교회가 아니면 구원도 없다고 말하는 자는 누가되었든 국가에서 추방해야 한다. 관용을 인정하지 않는 교리는 신정국가의 정부에서가 아니라면 받아들여서는 안 된다. 다른 모든 경우에 그 교리는 터무니없는 것일 뿐만 아니라 위험한 것이다.

---

307) 『사회계약론』에서는 "…… 군주가 신관인 경우가 아니라면"(김영욱 옮김, 172쪽)이 추가되었다.

[프로테스탄트들의 결혼][308]

호적 증서가 아이들의 신분과 이름, 재산 상속 등처럼 민사상의 모든 효력을 가지게 됨이 분명하다. 결혼의 효력은 순전히 정신적인 것이어야 한다. 그런데 전혀 그렇지가 않다. 효력들이 완전히 뒤죽박죽 섞여 있어서 시민의 신분과 재산의 상속이 오로지 사제의 결정에 달렸다. 프랑스 왕국에 적자嫡子가 한 명이라도 태어날 수 있느냐, 아버지의 재산을 물려받을 수 있는 시민이 한 명이라도 있느냐, 지금부터 30년 후에 프랑스 전체에 사생아들만 생기느냐 하는 모든 것이 절대적으로 사제에 달렸다는 말이다. 사제들이 민사상 효력을 갖는 직무를 수행하는 한 그들은 실질적인 행정관들일 것이다. 내가 보기에 프랑스 성직자 총회는 정말 국가의 지위를 갖는 것이나 다름없다.

이 점을 확실히 보여 주는 예를 원하시는가? 하지만 믿기지 않으실 것이다. 여러분은 프랑스 왕국에서 프로테스탄트들이 어떤 취급을 받는지 생각해 보시기만 하면 된다.

나는 프랑스 성직자가 현재 프랑스 프로테스탄트들에게 행사하는 권리를 그가 좋다면 시민 전체로 확장할 수 있을 텐

308) 이 제목은 원고에는 들어 있지 않다. 로베르 드라테가 임의로 붙인 제목이다. 또한 이 내용이 『사회계약론 초고』의 어느 부분과 연관되는지 알 수 없다.

데 왜 그러지 않는지 모르겠다. 낭트칙령 철회로 프랑스 왕국이 얼마나 큰 타격을 받았는지 경험으로 알고 있으니 그래서 저 박해를 받았던 분파의 잔재며, 거기서 남은 신민들의 씨를 왕국에 붙잡아 두려고 했던 것이다. 그때부터 저 불운한 자들은 세상이 존재한 이래 어떤 인민도 처해 본 적 없는 끔찍한 상황에 몰렸으니, 그들은 남을 수도 없고 떠날 수도 없는 것이다. 그들은 외국인도 될 수 없고, 시민도 될 수 없고, 인간도 될 수 없다. 그들은 자연권 자체를 상실했으니 결혼도 금지되었다. 조국도, 가족도, 재산도 빼앗겼으니 짐승의 상태로 귀결했다. 원칙이 잘못 이해되었을 때 어떻게 이런 상상을 초월하는 학대가 이루어지는지 보시라. 프랑스 왕국은 법으로 적법한 결혼에 필요한 공식적인 형식을 규정했고 이는 모두 인정한다. 그런데 프랑스 왕국에서는 법으로 이 형식의 집행권을 성직자가 갖도록 했고 이는 혼인 성사聖事와 형식을 하나로 만든 것이다. 성직자는 가톨릭교회의 자손이 아닌 자의 혼인 성사 집행을 거부했는데, 이를 부당한 처사라고 비난할 수는 없을 것이다. 그러므로 프로테스탄트는 자기가 가진 종교를 거부하지 않고서는 법으로 정해진 형식에 따라 결혼할 수 없고, 행정관은 법으로 규정된 형식을 따른 결혼 이외에는 적법한 결혼으로 인정하지 않는다. 결국 프로테스탄트를 관용하는 동시에 배제하는 것이니 그가 살기를 바라면서 동시에 죽기를 바라는 셈이다. 저 불행한 자가 결혼을 해서 빈곤 속에서도 그가 맺은 순수한 관계를 지킨다 해도 그 결혼은 행정관들이 인정하지 않는 것이고, 따라서 그의 재산을 가족에 물려줄 수 없고, 아내는 첩 취급을 받고 아이들은 졸지에 사생아가 되어 버린다는 것을 알게 된다. 여러분이 보는 것처럼 이 모든 것이 법적이며, 법의 결과이다. 이런 상황은 유례가 없는 것이다. 마음에서 나오는 고성高聲을 자제하지 못하고 조물주 앞에 한탄을 늘어놓고 소리를 높일까 봐 서둘러 펜을 놓아야겠다.

기독교 분파 가운데 프로테스탄트만큼 현명하고 유순하여 평화롭고 사교적인 분파가 없음을 경험으로 알 수 있다. 프로테스탄트는 법이 영향력을 행사하고 수장이 권위를 유지하고 있는 유일한 분파이다.

[단편들][309]

1) 주권은 분리 불가하다. (1쪽 앞면)

2) 정신적인 징후들은 불확실해서 계산에 넣기 어렵다. 확실성, 평온, 자유조차. (1쪽 뒷면)

3) 전쟁이나 내부 대립 중에서도 여러 인민의 인구는 계속해서 굉장히 늘어나지만, 이와 반대로 평화조차 탐욕스러워 시민들을 소진시키는 정부들도 있다. (1쪽 뒷면)

4) 자유로운 국가에서 서로 자주 모이는 남성들은 여성들 없이 살아가곤 한다.

스파르타의 법은 소유권을 보장하지 않고 이를 무너뜨린다. 법이 풍속인 곳에서는 풍속이 법이 된다. (47쪽 앞면)

5) 그런데 패자를 죽일 권리라는 것은 어떤 식으로든 전쟁상태에서 나온 것이 아님이 확실하다. 전쟁은 사람들 사이에 맺어지는 관계가 아니라 권력들이 맺는 관계로, 그때 개별자들은 시민으로서가 아니라 병사로서 우연히 적이 되는 것이다. 군주에게 선전포고도 하지 않고 신민들을 절도, 약탈, 억류하는 외국인이 있다면 그는 적이 아니라 강도다. 전쟁이 한창일 때라도 정의로운 군주는 적국에서 국가 소

309) 이 단편들은 원고 곳곳에 들어간 내용 중에 제자리를 찾지 못한 부분을 모아 놓은 것이다. 『사회계약론 초고』는 모두 72쪽으로 되어 있는데 로베르 드라테가 괄호 안에 넣은 쪽수는 그 내용이 들어 있는 필사본 원고의 해당 쪽수를 가리킨다.

유의 모든 것을 빼앗지만 인명과 개별자들의 재산은 손대지 않는다. 군주 자신의 권력이 기초하는 권리를 지키는 것이다. 전쟁의 목적은 적국을 파괴하는 데 있다. 그래서 적국을 방어하는 자들이 손에 무기를 쥐고 있는 한 그들을 죽일 수 있다. 그러나 그들이 무기를 내려놓고 항복하자마자 그들은 적이 아니고, 더 정확히 말하자면 적의 앞잡이가 아니게 된다. 그때 그들의 생명을 해칠 권리가 더는 없게 된다. 국가 구성원 한 명도 죽이는 일 없이 국가를 무너뜨릴 수 있다. 그런데 전쟁은 그 목적이 필요로 하지 않은 어떤 권리도 허용하지 않는다. (72쪽 뒷면)

옮긴이 해제

　　본 번역본은 장-자크 루소가 1755년에 『백과사전』 5권에 실은 「경제」 항목과 『사회계약론』(1762) 출간에 앞서 그가 써두었던 자필 원고를 번역한 것이다. 번역의 대본은 베르나르 가뉴뱅Bernard Gagnebin과 마르셀 레몽Marcel Raymond의 주도로 나온 플레이아드 판 『전집』Œuvres complètes 3권을 사용했다. 아울러 브랭 출판사에서 나온 브뤼노 베르나르디Bruno Bernardi가 편집한 『정치경제론』Discours sur l'économie politique(Paris, Vrin, 2002)과 역시 브뤼노 베르나르디와 블레즈 바쇼펜Blaise Bachofen, 질 올리보Gilles Olivo가 공동으로 편집한 『사회계약론 혹은 공화국 형태 시론(제네바 수고)』Du Contrat social ou Essai sur la forme de la Répiblique (Manuscrit de Genève)을 같이 보았다. 이 두 권의 책은 루소의 초고와 결정본 사이의 이행과 변화를 한눈에 볼 수 있게 해주는 동시에 현 단계 루소 정치사상의 관심사와 쟁점을 다룬 여러 논문이 수록되어 있어 대단히 유익하다.

　　뒤에서 말하겠지만 본 번역의 한 가지 의도는 루소의 주요 정치 저작으로 간주되는 『인간 불평등 기원론』과 『사회계약론』 사이의 모순 대신 연속성을 찾는 데 있다. 그래서 본 번역본은 방금 언급한 두 텍스트들과 계속 겹쳐 읽지 않으면 안 된다. 반복이 있다면 이 시기 루소 사상의 흔들림 없는 토대를 확인할 수 있으며, 차이가 있다면 그가 그중 어떤 생각을 특히 강조하고자 했거나 어떤 점에서 변화가 필요하다고 봤는지 추적할 수 있다.

그래서 비교의 대상을 고정시키지 않을 수 없었다. 특히 『사회계약론』의 번역은 후마니타스에서 나온 김영욱 교수의 판본이 흠잡을 데가 없으므로 이를 기본으로 삼았다. 내용이 겹치는 부분은 김영욱 교수의 번역에서 가급적 그대로 인용했다. 번역어나 표현이 달라지는 경우는 각주를 통해 제시했다. 다만 한국어 번역의 경우 프랑스어 문법의 교정이나 문장부호, 또는 번역이 불가능한 어휘 변화까지 모두 포괄할 수 없으므로 부득이 각주 처리를 하지 않은 곳도 있다.

중요한 고전의 새로운 번역이 타성에 젖은 학문의 방향을 완전히 바꾸어 놓을 수 있으니, 김영욱 교수의 『사회계약론』 새 번역이 그 대표적인 경우이다. 이 번역의 정확성과 해석의 깊이는 당분간 누구도 극복할 수 없을 것이다. 자신의 번역본을 인용하도록 허락한 김영욱 교수에게 감사를 전한다.

이 두 저작의 작성 연대를 정확히 알기는 어렵다. 특히 루소가 어떤 이유로 『백과사전』에 「경제」 항목을 기고하게 되었는지에 대한 의견은 여전히 분분하다. 루소는 『고백』 7권에서 디드로의 부탁으로 『백과사전』에 음악 관련 항목들을 맡아 썼음을 밝히고 있다. "나는 그 제안을 받아들여서 이 기획에 협력하게 된 모든 집필진들과 마찬가지로 내게 주어진 석 달 동안에 서둘러서 그리고 아주 졸렬하게 그 부분을 끝냈다. 그렇지만 정해진 기한까지 끝낸 것은 나 하나뿐이었다."[1] 『백과사전』은 원래 원고를 모두 수합한 뒤 알파벳 순서로 출판하고자 했지만, 원고가 늦게 들어오는 경우가 대부분이었고,

편집인인 디드로와 장 르 롱 달랑베르Jean le Rond d'Alembert의 성에 차지 않은 원고들은 새로운 필자를 구해야 했고, 그것도 어려울 때는 부득이 편집인들 스스로 항목을 집필해야 했다. 『백과사전』의 1권이 출판되기도 전에 음악 관련 항목을 전부 끝내서 편집인에게 넘겼던 루소는 이 「경제」 항목을 예외로 한다면 이후 『백과사전』 작업에 필자로 직접 참여하지 않았다.

그렇다면 『백과사전』 5권에 루소가 디드로의 요청으로 자신이 담당하기로 약속한 음악 분야와는 전혀 상관없는 「경제」 항목을 기고한 까닭은 무엇인가? 루소 연구자들은 루소가 예외적으로 이 항목을 집필한 까닭이 디드로의 긴급한 부탁 때문인지, 아니면 디드로의 의사와는 무관한 루소의 자발적인 의도에 따른 것이었는지에 대해 의견이 갈린다. 한 예로 르네 위베르René Hubert는 루소의 「경제」 항목에 『백과사전』의 같은 권에 실린 디드로의 「자연법」 항목에 대한 비판이 들어 있음을 들어 "디드로가 [루소의] 다른 저작들보다 『인간 불평등 기원론』을 마음에 들어는 했지만 정치경제의 주제를 자발적으로 루소에게 맡겼다고 볼 수 없다"[2]고 주장한다. 그러므로 위베르의 입장은 루소가 이 항목을 자발적으로 맡았다는 것이며, 이에 대한 근거로 루소가 이듬해 제네바의 목사 자코

1) 장자크 루소, 『고백록 2』, 이용철 옮김, 나남, 2012, 123쪽.

2) René Hubert, *Rousseau et L'Enyclopédie. Essai sur la formation des idées politiques de Rousseau (1742-1756)*, Paris, J. Gamber, p. 23.

브 베른Jacob Vernes에게 보낸 한 편지에서 "「경제」 항목이 마음에 드셨으리라 생각합니다. 제 마음이 불러 쓴 것을 목사님의 마음이 읽으신 겁니다"[3]라고 썼던 사실을 들 수 있다.

그렇지만 친구인 디드로가 자신의 온 능력과 시간을 쏟아부었던 『백과사전』의 기획에 루소가 늘 부정적인 태도를 견지했음을 잊어서는 안 될 것이다. 아울러 『백과사전』의 다섯 번째 권이 출간된 1755년 말은 두 사람의 우정이 깨지기 한참 전이었다는 점도 기억해 보자. 디드로는 『백과사전』의 법 관련 항목 대부분을 법학자 앙투안 가스파르 부셰 다르지스Antoine-Gaspard Boucher d'Argis에게 맡겼는데, 그가 보내온 「자연법 혹은 자연권」 항목의 원고에 만족하지 못하고, 이 항목을 자기 손으로 다시 써서 같은 권에 실었다.[4] 또한 디드로는 자신이 「자연법」 항목에서 중요한 개념으로 제시한 '일반의지'la volonté générale에 『인간 불평등 기원론』의 저자 루소 역시 적극적으로 동의하고 이를 정치경제의 문제에 적용해 볼 수 있으리라 생각해 긴급히 새 원고가 필요했던 「경제」 항목을 루소에게 맡겼다고 볼 수도 있다.

그러므로 「경제」 항목의 작성 연대는 일차적으로 루소가 『인간 불평등 기원론』의 서문을 완성해 출판업자 마르크 미

---

3) Lettre de Rousseau à Jacob Vernes(1756년 3월 28일), dans Rousseau, *Correspondance complète*, éd. R. A. Leigh, t. III, Genève, 1966, p. 308(이하 이 판본에서 인용할 때는 CC로 약칭하고 권과 쪽수만 표시하기로 한다).

4) 이 문제에 대해서는 Jacques Proust, *Diderot et l'Encyclopédie*, Albin Michel, 1995, pp. 384~387 참조.

셸 레Marc-Michel Rey에게 넘긴 1754년 4월 이후부터 『백과사전』 5권이 출간된 1755년 11월 이전 사이로 추정할 수 있다. 그런데 이렇게 추정해 본다면 거의 1년의 차이를 두고 작성된 『인간 불평등 기원론』과 『백과사전』의 「경제」 항목이 어조는 물론 글의 주제와 목적도 달라졌다는 점에 놀라지 않을 수 없다. 루소를 일약 대작가로 만들어 준 첫 두 논고, 『학문예술론』과 『인간 불평등 기원론』으로 그는 문명 비판가이자 자연상태의 옹호자라는 명성을 얻지 않았던가? 그런 그가 1년이 채 안 되는 사이에 자연상태에서 사회상태로의 이행을 긍정적으로 다루면서, 현대 정부의 기능과 관리의 원칙을 적극적으로 개진한다는 점은 모순적이라고 해야 하지 않을까?

『사회계약론 초고』의 경우도 사정은 같다. 이 원고는 루소 생전에 출간되지 않았다가 1882년에 조르주 슈트렉카이젠 물투Georges Streckeisen-Moultou가 이를 제네바 도서관에 기증하면서 빛을 보게 되었다. 이 초고를 일명 『제네바 수고』라고 부르는 까닭이 여기 있다. 이 기증자는 제네바의 목사로, 루소가 죽기 직전에 『고백』을 비롯한 여러 원고를 맡겼던 폴 물투Paul Moultou의 손녀사위였다. 이 원고는 루소 전문가였던 외젠 리터Eugène Ritter에 의해 루소의 것임이 확인되었다. 그리고 5년 뒤인 1887년에 러시아 학자 알렉세이예프A. S. Alekséev가 이 원고를 입수해 모스크바에서 처음 출간했고, 파리에서는 1896년에 에드몽 드레퓌스 브리작Edmond Dreyfus-Brisac이 이 원고를 『사회계약론』과 묶어 출판했다.[5] 이후 20세기 초, 영국의 찰스 에드윈 본Charles Edwyn Vaughan이 『루소 정치 저작』Political Writing of J.J. Rousseau(Manchester, 1915)의 1권에 수

록해 본격적으로 루소 연구가들의 관심을 끌기 시작했다.

　루소 플레이아드 판『전집』3권에서『정치경제론』,[6]『사회계약론 초고』(이하『초고』로 표기) 및『사회계약론』의 편집과 주석을 맡은 로베르 드라테Robert Derathé는『초고』의 작성 일자를 정확히 파악하기란 불가능하다고 말한다. 어쨌든『초고』의 작성 일자는 넓게 보자면 루소가 1742년에서 1743년 사이에 베네치아에 머물면서 구상했던『정치학 강요』Instiutions politiques[7]를 기초로,『사회계약론』이 완성을 본 1761년 8월[8]

5) 브뤼노 베르나르디는 "[『사회계약론 초고』가] 발견됨으로써 루소 연구에 결정적인 도약이 이루어졌다"고 주장한다(Bruno Bernardi, "introduction" dans Discours sur l'économie politique, Paris, Vrin, 2002, p. 9).

6) 루소가『백과사전』에 썼던「경제」항목은 루소 사후 1782년 뒤페루 판『전집』에『정치경제론』Discours sur l'économie politique으로 실렸다. 이후 그의「경제」항목을 보통『정치경제론』이라는 제목의 독자적 저작으로 간주한다.

7) "작업 중인 여러 작품들 중『정치학 강요』가 있었는데, 그것은 내가 더 오래전부터 계획하고 가장 애착을 갖고 몰두하고 평생의 노력을 기울이기를 원하고 내 생각으로는 나의 명성을 보증할 것이 틀림없는 작품이었다. 그것을 처음 구상한 것은 십삼사 년 전이었는데, 그 당시 베네치아에 있으면서 그토록 칭송받던 베네치아 정부의 결함들을 눈여겨볼 어떤 기회를 갖게 되었다. 그 후 도덕을 역사적으로 연구함으로써 나의 시야가 무척 넓어졌다. 나는 모든 것이 근본적으로 정치에 달려 있다는 사실과, 사람들이 어떻게 하든 어떤 국민도 그 정부의 성격이 그 국민을 만드는 바 이외의 것이 결코 될 수 없으리라는 사실을 알았다"(장자크 루소,『고백록 2』, 9권, 214, 215쪽).

8) "정치법Droit politique을 다룬 제 저작을 정서해서, 이제 출판할 수 있는 상태가 되었습니다"[lettre à Marc-Michel Rey(1761년 8월 9일), CC t. IX, p. 90].

사이로 잡을 수 있으며, 좁게는 디드로가 제안한 '일반의지' 개념이 루소 저작에 처음 등장한 『백과사전』 5권의 「경제」 항목(1755년 11월) 이후부터, 몽모랑시에 머물던 루소가 『정치학 강요』의 작업을 포기하는 대신 『사회계약론』을 쓰기로 했던 1758년경으로 한정해 볼 수 있다.

아직도 작업 중인 저서가 두 권 있었다. 그중 하나는 『정치학 강요』였다. 나는 이 책의 상태를 검토한 뒤 이 책을 탈고하는 데 아직도 수년의 작업이 필요하다는 것을 알았다. 그러나 내 결의를 단행하기 위해서 이 책을 완성할 날까지 기다릴 만한 용기는 없었다. 그래서 그 저작은 단념하고, 여기에서 추려 낼 수 있는 부분들만을 따로 간직하여 두고 나머지는 모두 불태워 버리기로 작정했다. 『에밀』의 저술을 중단하지 않은 채 이 작업을 열심히 진척시킨 덕분에 채 2년이 못 되어 나는 『사회계약론』에 마지막 손질을 가할 수 있었다.[9]

많은 루소 주석자들은 서슴지 않고 『인간 불평등 기원론』과 『사회계약론』에 모순이 있다고 주장해 왔다. 루소 정치사상이 『사회계약론』에 이르기까지 '퇴화'dégénérescence를 거듭했다고 주장하는 찰스 에드윈 본이 그 대표이다. 그러나 에른스트 카시러Ernst Cassirer는 그의 『계몽주의 철학』*Die Philosophie der Aufklärung*(1932)에서 "역사적으로 볼 때, 독일의 질풍노도 문학

9) 장자크 루소, 『고백록 2』, 379쪽.

은 루소의 자연에 대한 예찬과 자연에의 복귀를 법 지배의 종말로 잘못 해석"했으며, 그들의 입장에 따르면 결국 "『사회계약론』과 『인간 불평등 기원론』은 화해할 수 없는 심각한 모순에 빠"[10]지게 될 수밖에 없다고 일침을 가했다. 그럴 때 루소가 사회의 설립을 자연상태의 타락의 형태로 규정했던 『인간 불평등 기원론』의 논지와 『사회계약론』에서 요구한 "법의 절대적 지배와 통치"는 일견 화해할 수 없는 것처럼 보이기 때문이다. 카시러는 루소를 다룬 한 논문[*Das Problem Jean-Jacques Rousseau*(1932)]에서 대부분의 루소 해석자들이 그의 정치 이론이 "타협이 불가능한 모순에 직면"해 있다고 생각한다는 점을 강조하면서 『사회계약론』이 "루소의 나머지 다른 저작들과의 단절"을 가져왔다는 입장이 "존 몰리John Morley, 에밀 파게Emile Faguet, 루이 뒤크로Louis Ducros, 다니엘 모르네Daniel Mornet"[11]에게서 나타난다는 점을 지적한다. 카시러가 언급한 이들이 19세기 말에서 20세기 초까지 루소 연구의 권위자들이었음을 기억해 보자. 보다 최근의 철학자 피에르 뷔르즐랭 Pierre Burgelin은 이 목록에 "귀스타브 랑송Gustave Lanson, 찰스 에드윈 본, 찰스 윌리엄 헨델Charles William Hendel"을 추가하면서 그들이 루소의 전 저작에서 『사회계약론』을 "예외적 작품" une œuvre à part으로 간주한다는 점을 지적한다. 프랑스 18세기

10) 에른스트 카시러, 『계몽주의 철학』, 박완규 옮김, 민음사, 1995, 351쪽.
11) Ernst Cassirer, *Le Problème Jean-Jacques Rousseau*, trad. Marc B. de Launay, Hachette, 1987, pp. 29, 30.

문학사 연구의 시조였던 다니엘 모르네조차 『사회계약론』을 "루소가 자기도 할 수 있다는 점을 보여 주고자 쓴 순전한 논리 연습 중 하나"[12]로 보지 않던가.

　루소의 정치 이론은 모순적인가? 루소의 전 저작을 이해하지 않고서는 이 문제를 해결할 길이 없다. 그러나 이 글에서 우리는 논의를 축소해 1762년에 출판된 『사회계약론』과 그 이전의 두 정치 저작인 『정치경제론』과 『초고』를 비교해서 읽어 보는 것으로 그치겠다. 가장 먼저 눈에 띄는 차이는 뒤의 두 저작에서 루소가 중요하게 다뤘던 디드로의 「정치법」 항목에 대한 비판이 『사회계약론』에서는 고스란히 빠져 있다는 점이다. 그런데 디드로에 대한 루소의 비판은 해석자의 관점에 따라 정도의 차이는 있겠지만 두 사람이 가졌던 철학적·정치적 입장의 간격에 국한되지 않고, 루소가 전前 세기와 동시대의 자연법사상을 어떤 독창적인 관점에서 비판하는 동시에 수용하는지에 대한 미묘한 문제를 다루고 있기 때문에 중요하다. 무엇보다 동시대 자연법 사상가들은 사회성appetitus societatis을 인간의 자연적인 성향이라고 본다. 휘호 흐로티위스Hugo Grotius의 『전쟁과 평화의 법』De Jure Belli ac Pacis을 프랑스어로 번역하고 주석을 달았던 법학자 장 바르베락 Jean Barbeyrac은 "사회에서 자기와 같은 사람들과 살아가도록 된

---

12) Daniel Mornet, "Certitudes et hypothèses dans l'histoire littéraire", *Revue d'Histoire littéraire de la France*, n° 37, 1930, pp. 236, 237. Pierre Burgelin, *La Philosophie de l'existence de J.-J. Rousseau*, Paris, Vrin, 1973, p. 505에서 재인용.

인간의 자연적인 성향은 시대를 막론하고 현명하고 개화된 사람들이면 인정했던 원칙"[13]임을 천명한다. 인간에게 자연적인 '사회성'이 있다는 주장은 흐로티위스는 물론 사무엘 폰 푸펜도르프Samuel von Pufendorf와 리처드 컴벌랜드Richard Cumberland 역시 따랐다. 푸펜도르프는 "자연은 …… 모든 인간들 사이에 확실히 일반적인 우정을 세워 두었다. 엄청난 범죄를 저질러 스스로 형편없는 자가 되지 않는 한 그 누구도 배제되어서는 안 되는 것이다. 창조주의 빛나는 지혜의 결과, 자연법은 인간 본성에 정확히 비례해 있으므로, 자연법을 준수한다는 것은 언제나 인간에게 이득을 가져오며, 결과적으로 각자는 저 만인의 우정을 느끼게 된다"[14]고 썼다. 이 '일반적인 우정'이며 '보편적인 선행'의 토대는 인간이 그와 같은 사람들과 모두 동일한 본성을 가졌음을 의식하고 그들에게 도움을 주고받는 가운데 찾을 수 있는 것이다. 이런 점에서 디드로는 「자연법」 항목에서 분명 푸펜도르프를 참조하고 있다. "여러분이 인류를 벗어났을 때라도, 여러분은 여러분과 같은 모든 존재들과 일치한다는 점을 뚜렷이 느낄 것이다. 이렇게 일치한다는 점을 여러분은 결코 잊어서는 안 된다. 그렇지 않다면 여러분은 선이며, 정의며, 인류애며, 미덕이라는 것이 여러분의 지성 속에서 흔들리는 것을 보게 될 것이다."[15]

---

13) Hugo Grotius, *Droit de la guerre et de la paix*, "Discours préliminaire", §VI, note 2, Bâle, Emanuel Thourneisen, 1746, p. 4.

14) Samuel Pufendorf, *Le Droit de la nature et des gens*, t. I, 2권 3장 §18, trad. Jean Barbeyrac, Bâle, Emanuel Thourneisen, 1732, p. 184.

그러나 루소는 푸펜도르프와 디드로가 말하는 '인류애' 개념을 의심한다. 이들에 따르면 각 개인은 자기와 같은 사람들을 만나면서 그들과 자신이 다른 종種에 속한 존재가 아님을 깨닫게 된다. 그때 나와 같은 존재로서 다른 존재들을 사랑하게 되고, 그들과 상호 협력하면서 공동체를 구성하고, 그 속에서 안전la sûreté과 우정을 향유하는 것이다. 그런데 여기서 각 개인이 우연히 다른 개인을 마주쳤을 때 자신과 그들이 다른 존재가 아님을 깨닫는 것은 정념이 아니라 추론le raisonnement의 결과이다. 추론 다음에 '우정'이며, '인류애'라는 정념이 나타나는 것이다. 그런데 루소가 볼 때 이는 순서가 완전히 바뀐 것이다. 인간이 겉모습뿐만 아니라 내면의 목소리에서도 서로 '동일한 본성'identité de nature을 가졌음을 이해하기 위해서는 이미 인간과 인간이 아닌 동물들에 대한 상당한 지식을 갖추고 있어야 한다. 그러나 루소는 서로 고립되어 홀로 살아갔던 자연상태의 인간은 이런 경험이 없다시피 했으니 당연히 개체의 특징을 추상화하고 일반화하는 능력도 갖추지 못했다고 본다. 『인간 불평등 기원론』에서 루소는 자연상태의 인간과 "그와 같은 사람들의 관계가 그들과 우리의 관계가 아니고, 그와 그들의 교류가 다른 동물들보다 더 빈번했던 것도 아니었지만, 이제 그들은 그가 예의 주시하는 대상이 되었다. 처음에 그는 암컷과 자기 사이에 유사성이 있다고는 생각하지 못했지만 시간이 흐름에 따라 유사성을 깨닫

15) 드니 디드로, 「자연법」, §VII, ENC t. V, p. 116.

게 되었다. 시간이 흐름에 따라 그는 암컷과 자기 사이에 유사성이 있음을 알게 되었고, 그러자 그가 지금까지 파악하지 못했던 유사성도 판단하게 되었다. 자신도 똑같은 상황에 놓였다면 그와 같은 사람들과 똑같은 방식으로 행동했으리라는 점을 알게 되자 그들이 생각하고 느끼는 방식이 자기가 생각하고 느끼는 방식과 전적으로 부합한다는 결론을 내리게 되었다. 이 엄청난 사실이 머릿속에 자리 잡게 되자 자신에게 이득이 되고 자신의 안전을 확보하기 위해 그들을 대할 때 적절히 유지해야 하는 가장 좋은 처세의 규칙들을 따르게 되었다"[16]고 주장한다. 그래서 만에 하나 자연상태의 두 인간이 서로 마주쳤다면 이들은 서로가 '닮은 존재'임을 알아보기보다는 먼저 서로를 '정념'의 대상으로 보기부터 할 것이다. 사랑이 아니면 증오, 즉 이성異性의 결합이 아니면 자기 보존을 위한 투쟁의 대상으로 간주하게 된다. 자기 것을 빼앗고자 한다면 맞서 싸우거나 피할 것이고, 욕망 때문에 마주친 이성은 그 욕망이 채워지면 더는 서로를 알아보지 않게 된다. 루소는 이 문제를 『언어 기원에 대한 시론』의 9장에서 상세히 밝힌다. "지구에 영원히 봄만 계속된다고 생각해 보라. 어디에나 물이 흘러 가축의 방목이 이루어진다고 가정해 보라. 사람이 자연의 손에서 나와 이 모든 것 가운데서 일단 흩어져

16) Jean-Jacques Rousseau, *Discours sur l'inégalité*, OC t. III, p. 166; 장 자크 루소, 『인간 불평등 기원론』, 이충훈 옮김, 도서출판 b, 2020, 105, 106쪽.

살았다고 가정해 보라. 그 사람들이 어떻게 처음에 누렸던 자유를 거부하고 그들이 천성적으로 가진 무관심l'indolence에 안성맞춤인 홀로 지내는 전원의 삶을 떠나, 사회상태와 떼려야 뗄 수 없는 노예제도, 노동, 빈곤을 공연히 떠맡게 된 것인지 나로서는 상상할 수 없다."[17]

그러니 인간이 자연상태에서 무한히 누렸던 자유liberté와 자족indépendance을 어떤 이유로 결국 포기하게 되었는지 밝혀야 한다. 자연인은 자유를 잃었을 때 노예로 전락하며, 더는 자족할 수 없을 때 다른 이들에게 종속되어 살아가지 않을 수 없게 된다. 사회는 자유보다 노예의 상태가, 검소한 자족의 삶보다 사치스러운 종속의 삶이 더 낫다고 가르치고, 이를 고스란히 믿게 된 자연인은 그가 누렸던 최초의 자유와 자족을 포기하면서 타락dénaturation하게 된다.

루소가 보기에 이런 과정에서 '사회성'이 들어설 자리는 없다. 반대로 루소는 '사회성'으로 말미암아 최초의 자유와 자족이 박탈된 사회가 인간을 그 예속의 삶에 묶어 두는 구실에 불과함을 폭로한다. 사실 푸펜도르프와 디드로는 모든 인간이 갖춘 자연적인 성향으로서의 '사회성'이 결국 '인류애'라는 보편 관념으로 드높여지기를 바랐다. 그러나 공동이 채워야 할 필요와 공동이 나누는 우정을 위해 과연 자유와 자족의 삶을 포기해야 하는가? 폭군의 지배 아래, 모두가 노

17) Jean-Jacques Rousseau, *Essai sur l'origine des langues*, OC t. V, pp. 400, 401.

예로 전락한 사회에서 '사회성'이 인간의 천성임을 선언하는 것은 도대체 어떤 의미인가? 루소가 푸펜도르프와 디드로의 '사회성'을 받아들일 수 없었다면 바로 이런 이유에서이다.

도대체 정치제도는 무엇 때문에 필요하게 되었는가? 루소는 『사회계약론 초고』를 이런 물음으로 시작한다. 『초고』의 서두에 배치된 대단히 긴 1권 2장은 두말할 것 없이 동시대 자연법학자들과 디드로가 주장한 '사회성'이 정치제도의 직접적 원인이 아님을 밝히는 것을 목적으로 한다. 그래서 루소는 "우리가 전제했던 것과는 반대로 사회가 발전할수록 사적 이익이 깨어나서 마음속을 비추던 인류애는 희미해지며, 차라리 이성의 법이라 불리는 편이 더 타당할 자연법의 개념들은 정념이 먼저 확장되어 자연법의 가르침을 완전히 무력화시키고 나서야 비로소 확장되기 시작한다는 점을 알게 될 것이다"(본 번역본 109쪽)라고 주장한다.

앞서 보았듯이 루소는 사회의 설립은 자신의 안전을 확보하고 이득을 추구하기 위한 것으로 어떤 자연적인 감정이나 성향과도 무관하다는 점을 강조했다. 자연법 사상가들이 가정하듯, 인간이라면 누구나 사회 속에서 함께 살아가고자 하는 천성이 있다거나, 인간은 태어나면서부터 자연법에 복종할 수밖에 없다거나 하는 관점을 루소는 애초에 받아들이지 않는다. 다시 말하자면 사회성과 자연법은 '사후에'a posteriori 추론을 거쳐 추상화된 것일 뿐이므로 이를 자연상태의 인간에게 소급해 적용할 수는 없다.

그러나 자연상태에서의 사회성을 부정한다면 루소는 홉스의 '전쟁상태'를 받아들이는 셈이 아닌가? 실제로 『인간 불

평등 기원론』의 2부에서 루소가 자연상태에서 사회상태로의
이행 과정을 생생하게 묘사할 때 그는 홉스의 추론 방식을 고
스란히 따르는 것 같다.

> 이리하여 가장 강한 사람은 힘으로, 가장 빈곤한 사람은 필요
> 에 따라 타인이 가진 재산에 대한 권리 같은 것을 마련하게 되
> 는데, 그들의 말이지만 이런 권리를 소유권에 상응하는 것으로
> 삼았다. 그렇게 평등이 무너지자 너무도 끔찍한 무질서가 뒤를
> 이었다. 이리하여 부자들은 빼앗고 가난한 자들은 강도질을 하
> 고 너나없이 광란의 정념에 휩쓸리게 되니 자연적으로 가졌던
> 연민의 마음은 약해지고 정의의 목소리는 더욱 들리지 않게 되
> 어 사람들은 탐욕스러워지고, 야심에 차오르고, 사악해졌다. 가
> 장 강한 자가 주장하는 권리와 최초의 점유자가 주장하는 권리
> 사이에서 결코 끝나지 않을 갈등의 골이 심해졌으니 전쟁과 살
> 육이 아니고서는 갈등을 막을 길이 없었다. 이제 막 시작된 사
> 회가 더없이 끔찍한 전쟁상태에 휩쓸려 버렸다. 인류는 비열해
> 지고 유린되어 버렸으니 이제는 뒤로 돌아갈 수도 없고, 그렇다
> 고 불행만을 가져온 취득물을 단념할 수도 없고, 그를 영예롭게
> 했던 능력들을 잘못 사용하면서 아무리 애를 써도 수치스럽기
> 만 할 뿐이니 결국 스스로 몰락하기 직전에 놓이고 말았다.[18]

　　루소가 묘사하는 이 시대는 홉스가 말하는 자연상태와 일
치하지만, 루소는 이 상태를 자연상태의 종말과 '새로 태어나
는 사회'의 중간 지점에 놓는다. 요컨대 홉스의 자연상태를
루소는 완전한 자연상태와는 무관한 자연상태에서 사회상태

로의 '이행기'로 보는 것이다. 루소가 이런 입장을 취하는 까닭은 명백하다. 그는 자연상태를 약자와 강자 사이의 무자비한 갈등에 놓인 홉스의 전쟁상태보다 훨씬 앞에 놓았다. 홉스는 이 전쟁상태를 인간이 원래 가진 폭력과 불관용의 본능으로 설명하지만 루소는 그것이 본능의 표현이기는커녕 소유권의 결과라고 보기 때문이다. 그러므로 루소의 자연상태는 소유권을 몰랐던 시대이다. 루소의 관점에서 자연상태에서 우연적으로 발생한 강자와 약자의 대립은 지속적일 수 없다. 그러나 소유권의 도입은 이들의 대립을 부자와 빈자의 대립, 주인과 노예의 대립으로 고착화한다. 이것이 '태어나는 사회'의 초상이며, 이렇게 '잘못 시작한' 사회가 자연인이 애초에 누렸던 자유와 자족을 박탈하고 그를 사회라는 '자연상태의 타락한 상태'에 몰아넣었던 것이다.

　루소가 '자연상태'를 홉스의 자연상태와 구분하기 위해 의도적으로 무한한 시간을 거슬러 올라갔던 이유가 여기 있다. 루소가 보기에 자연법과 사회성을 논했던 철학자들은 "사회가 어떤 토대 위에 세워졌는지 고찰하기 위해 모두 자연상태로 거슬러 올라갈 필요를 느꼈지만 누구도 그렇게 하지 못했"으며, 그들은 "야만인에 대해 말했지만 그들이 그린 사람들은 문명인이었다."[19] 『인간 불평등 기원론』에서 루소가 자연인과

---

18) Jean-Jacques Rousseau, *Discours sur l'inégalité*, OC t. III, p. 176; 장 자크 루소, 『인간 불평등 기원론』, 123쪽.

19) Jean-Jacques Rousseau, *Discours sur l'inégalité*, OC t. III, p. 132; 장 자크 루소, 『인간 불평등 기원론』, 43쪽.

야만인을 이상화하는 것처럼 보인다면 그것은 그가 자연상태를 역사의 외부로 옮겨 놓고 있기 때문이다. 물론 자연인과 야만인이 가졌던 자유와 자족이 사회상태의 예속과 복종보다 우월하다는 루소의 주장에 과장이 있음을 부정할 수는 없다. 이 부분에 주목한다면 많은 루소 연구자들이 그렇게 생각했듯이 루소의 『인간 불평등 기원론』과 『사회계약론』 사이에 근본적인 모순이 존재한다는 주장도 지나친 것만은 아니다.

***

『정치경제론』과 『사회계약론 초고』에서 루소는 명백히 그가 『인간 불평등 기원론』에서 취했던 자연상태에 대한 찬양을 철회하지 않는다고 할지라도 그 어조는 전혀 다르다. 『초고』에서 루소는 "저 완전한 자족과 규칙 없는 자유가 …… 언제나 우리가 가진 탁월한 능력을 개발하는 데 장애가 [된다]"고 말한다. 자연상태에서 "각자는 타인들 가운데서 고립된 채 살아가고, 각자 자기 외에는 아무도 생각하지 않았으리라. 그랬으니 우리의 지성이 확장되기란 요원한 일이었을 것이고, 아무것도 느끼지 않고 살고, 어떤 삶도 살아 보지 않고 죽을 것이다. 우리의 모든 행복이란 비참을 겪지 않는 데 있었을 것이다. 그럴 때 우리 마음에는 선이란 것이 없을 것이고, 우리의 행동에는 도덕이란 것이 없을 것이다. 그러니 영혼이 느낄 수 있는 가장 달콤한 감정인 미덕의 사랑이란 것을 한 번도 맛보지 않았을 것이다"(본 번역본 107, 108쪽). 인간은 자연상태에서 자유와 자족을 한껏 누리며 살았지만 자연인의 지성은 동물과 큰 차이가 없었고, 그는 고립되어 혼자 살아갔으니 타인을 증오하거나 해를 끼칠 일도 없었다. 그렇지만 그것이 자연인이 미덕을 가졌다는 증거는 못 된다. 자연인은 자기보존의 원천으로서 자기애amour de soi를 갖지만 이 감정은 사회상태에서 이기심amour propre[20]으로 변질되기 이전의 순수한 감정일지라도, 그것만으로는 자기를 희생하여 타인을 배려하는 데까지 나아갈 수 없다.

그래서 루소는 인간이 자연상태로 더는 돌아갈 수 없음을 안타까워해야 한다고 말하는 대신 "자연에게서 받았던 여러 이점을 잃게 되지만, 그것을 더 큰 것으로 다시 취"해야 한다는 점을 강조한다. 자연상태의 '결함'을 사회상태의 '미덕'으로 승화시키는 것, 그것이 사회상태에 들어선 인간의 의무이자 권리이다. 『초고』에서도 루소는 "자연상태에서 사회상태로의 이런 이행은 인간에게 매우 주목할 만한 변화를 가져온다. 즉, 행위에서 정의가 본능을 대체하고, 인간 행동은 전에는 없었던 도덕적 관계를 부여받는다. 이때에야 의무의 목소리가 신체적 충동을 대신하고 법이 욕구를 대신하게 되어, 여태껏 오로지 자신만을 고려했던 인간은 이제 자신이 다른 원리를 따라 행동해야만 하고, 자신의 성향의 목소리를 듣기 전에 이성의 충고를 따라야 함을 알게 된다"고 썼다. 그는 이제 "능력이 신장되고 발전하며, 관념이 확장되고, 감정이 고상해

---

20) 김영욱은 amour propre를 '자기편애'로 옮기고 있다. 그러나 본 번역본에서는 이 용어의 일반적인 번역어를 따르기로 한다.

진다. 영혼 전체가 고양"된다. 그리고 마침내 그는 자연인이 오랫동안 머물렀던 "자연상태에서 영원히 벗어나게 된 다행스러운 순간"에 대해, "어리석고 모자란 동물을 지성적인 존재이자 인간으로 만든 그 순간"(이상 본 번역본 136쪽)에 대해 말한다.

그런데 1753년에 작성된『인간 불평등 기원론』과 1755년경에 쓴『정치경제론』, 그리고 1750년대 후반에 쓴 것으로 추정되는『초고』의 연속성을 세우기란 어려운 일이 아니다. 뒤의 두 저작은 어떤 점에서 "불평등의 종착지"[21]에 이른 현대의 타락한 사회를 복구하기 위한 루소의 정치적 기획의 출발점이라고 봐도 좋다. 다시 말하자면 이 두 저작은『인간 불평등 기원론』에서 다루지 않았던(혹은 다룰 수 없었던) '3부'에 해당한다고 볼 수 있을지 모른다. 왜냐하면 루소는『정치경제론』과『초고』에서 자연상태를 벗어나면서 포기해야 했던 자유와 자족을 사회상태에서 어떻게 새로이 확보할 수 있는지 모색하고 있기 때문이다. 사회의 설립은 자연상태에서 인간이 가졌던 가장 소중한 것을 잃게 했지만, 이상적인 사회라면 그렇게 잃은 것을 더는 아쉬워하지 않을 만큼 더 큰 가치를 마련해 줄 테니 말이다.

그렇지만 그것이 어떻게 가능한가? 서로 본성부터가 전혀 다른 자연상태와 사회상태에서 인간이 잃은 것과 얻은 것이

---

21) Jean-Jacques Rousseau, *Discours sur l'inégalité*, OC t. III, p. 191; 장 자크 루소,『인간 불평등 기원론』, 150쪽.

어떻게 상쇄될 것이며, 무엇보다 자연상태에서 잃은 것이 바로 인간의 자유와 자족이라면 그것을 대체할 만한 것은 도대체 무엇이란 말인가?

루소는 "우리 각자는 공동으로 의지, 재산, 힘, 인격을 일반의지의 지도 아래 둔다. 그리고 우리는 단체로서 각 구성원들을 전체의 양도할 수 없는 부분으로 받아들"(본 번역본 129쪽)이는 사회계약 체결의 문제로 즉시 나아간다. 이 주장은 흔히 해석되듯이 기존 소유권의 말소와 몰수, 그리고 공평한 재분배와는 아무런 관련이 없다. 루소는 사회계약 이전에 소유권이란 것이 존재할 수 없는 것이, 그것은 누구의 동의도 얻지 않고 개인이 자의적으로 강제로 점유한 것에 불과할 뿐이기 때문이라고 주장한다. 그래서 루소는 그렇게 점유한 토지와 재산을 강제로 몰수해야 한다고 말하는 것이 아니라, 어떤 점유자가 사회계약 이전에 가졌다고 주장하면서 이로부터 자신의 소유권이 인정될 수 있다고 말하는 것은 어불성설임을 잘라 말하는 것이다. 왜냐하면 소유권이라는 것이 없었던 자연상태에서 어떤 이의 일시적인 점유가 곧 자신의 소유권의 원천이라고 말할 수 없기 때문이다. 루소는 여기서 한 걸음 더 나아가, 계약 이전의 점유는 항상 더 강한 자(들)에게 빼앗길 위험에 놓여 있기 때문에 점유자가 주장하는 소유권은 항상 불안정한 상태에 놓여 있음을 강조한다. 달리 말하면 사회계약을 통해 각 구성원이 자신의 의지, 재산, 힘, 인격을 온전히 양도하지 않았던 사회(혹은 집단)는 앞서 말한 자연상태에서 사회상태의 이행기에 '나타났던' 무수히 많은 형태의 시민사회des sociétés civiles에 해당한다. 어떤 강자, 혹은 강자들의 집단이 일시적으로 권력을 탈취하여 그보다 약한 자들을 노예로 만들 수 있었더라도 그 사회의 형태는 여전히 불안한 것으로 남아 있으니 오랫동안 존속할 수 없고, 그 내부에서 스스로 와해되어 버릴 운명이다.

그래서 사회계약은 개별 존재들의 단순한 결집으로서의 시민사회를 단단한 '정치체'로 만들어 준다. 루소는 결집이나 연맹confédération과 달리 '정치체'corps politique라는 말을 모든 개별자들이 전체와 불가분하게 결합된 '연합'association의 의미로 사용한다. 이때 개별자들은 마치 한 몸이나 다름없이 하나의 단체에 통합incorporer되어 있어서, "구성원 중 하나에 상처를 입힌다는 것은 그가 한 부분을 구성하는 단체를 공격하는 것과 같고, 단체를 공격하면 구성원들은 그만큼 그 고통을 느끼지 않을 수 없다"(본 번역본 132, 133쪽).

여기서 루소가 정치체를 '유기체'corps organisé와 비교하는 이유가 무엇인지 생각해 보자. 『정치경제론』에서 그는 "여러 가지 점에서 정확하지 않을 수도 있는"(본 번역본 23쪽) 비유를 사용하는 것을 양해해 달라고 말하며, "주권은 머리로, 법과 관습은 신경이 갈라져 나오는 기원이자 지성, 의지, 감각이 머무는 자리인 두뇌"(본 번역본 24쪽) 등으로 정치체와 유기체를 비교해 본다. 그러나 루소의 이 비유는 홉스는 물론 디드로의 생각과 완전히 다른 것으로 봐야 한다. 홉스는 일견 『리바이어던』에서 루소와 같은 방식으로 정치체를 하나의 '인공인간'에 비교한 바 있다. 그러나 홉스는 인간을 하나의 물리적 존재un être physique로 볼 뿐이다. 데이비드 고티에 David P. Gauthier의 해석에 따르면 홉스는 "물체 일반에 관한 연구에서 시작해 특정한 물체, 즉 인간에 관한 연구로, 그다음에는 인간이 만든 인공적 물체에 관한 연구로 진행해 나가면서 하나의 통합 학문을 세우려고 했다."[22) 그래서 이 17세기의 기계론적 유물론자에게 인간이나 정치체는 마치 도르래와 톱니바퀴가 맞물려 조화롭게 움직이는 기계와 같다. 그렇지만 이 비유는 인공인간으로서의 정치체를 통제하고 관리하는 것은 강자의 의지뿐이며, 그의 수족으로서의 다른 구성원들은 맹목적으로 그의 의지를 따르기만 할 뿐임을 강조한다. 이것이 강력한 전제정을 옹호했던 홉스의 관점을 그대로 반영하고 있음은 두말할 필요가 없다.

반면 루소가 여기서 스스로 '여러 가지 점에서 정확하지 않을 수 있는 비유'라고 고백하면서 전혀 새로울 것도 없고 또 진부하기까지 한 비유를 꺼내 드는 것은 정치체를 살아 움직이게 하는 것은 강자 또는 절대자의 의지가 아니라 '일반의지'임을 강조하기 위해서이다. 그렇다면 일반의지는 어디에 있는가? 그것은 개별자들이 각자 가진 의지인가? 그것은 개별자들을 구성원으로 하는 전체가 공동으로 가진 의지인가? 전혀 그렇지 않다. 그 의지는 정치체나 유기체 외부에 존재하는 것도, 내부에 존재하는 것도 아니다. 그 의지가 외부에 존재한다면 그것은 홉스가 말하는 강자로서의 주권자의 의지일 것이고, 내부에 존재한다고 해도 개별자들은 그 주권자의

---

22) 데이비드 고티에, 『리바이어던의 논리 : 토머스 홉스의 도덕이론과 정치이론』, 박완규 옮김, 아카넷, 2013, 15쪽.

주도하에 그들의 이익을 따르거나, 또는 반대로 그들의 이해
관계와는 전혀 상관없이 그들보다 더 많은 힘을 가진 강자의
의지를 따라야 할 것이다. 요컨대 일반의지는 어떤 점에서도
개인의 의지일 수 없다는 점이 루소의 주장이다. 그 개인이
현명하건 선량하건 조국을 사랑하건 인민을 걱정하건 상관
없다. 그의 의지가 실행되어 아무리 좋은 결과가 나온다 하
더라도 그것은 결코 일반의지라고 할 수 없다. 아울러 절대
다수의 개별자들이 동의하는 의지 역시 일반의지일 수 없다.
일반의지는 개별자들 한 명 한 명의 의지가 아닌 하나로서의
'전체'가 동시에 갖는 의지이다. 그러니 일반의지는 구성원들
서로가 분리 불가능하게 결합된 정치체의 생명과 같고, 그러
므로 그 의지는 전체와 부분이 맺는 관계les rapports일 수밖에
없다. 관계는 구성원들의 외부에 존재하는 것도, 내부에 존재
하는 것도 아니지만, 그것이 없다면 구성원들의 결속이 이루
어질 수 없는 그 무엇이기 때문이다. 한 사람, 혹은 한 집단의
의지가 전혀 아닌 일반의지는 마치 한 사람과 다름없는 공동
체의 의지이다. 물론 그 의지가 어떤 것인지 항상 알 수는 없
다. 흔히 개별의지를 일반의지로 착각하는 것이 그 때문이다.
그러나 한 사회의 결속이 무너지고 그 사회의 토대가 근본부
터 와해되고 있다면 그것은 그 사회가 일반의지에 따라 움직
이지 않았다는 증거이다. 반대로 한 사회가 수준은 서로 다를
지라도 상호간의 갈등을 봉합하고, 하나의 목표를 향해 의견
의 일치를 본다면 그것은 어찌됐든 개별자들이 개별의지가
아니라 일반의지에 따라 움직였다는 증거이다. 후자의 경우
개별자들은 "정념이 침묵할 때"dans le silence des passions(본 번역

본 116쪽) 그들의 의식 속에서 웅변하는 어떤 강력하고 보편적인 의식을 깨닫고 그 의식에 따라 움직인 것이기 때문이다. 바로 이 일반의지를 통해 개별자들은 자기들이 속한 사회에서 자행되는 폭정과 자의적인 전횡에 저항할 수밖에 없으며, 그때 그들이 참여하는 분리 불가능한 전체는 부지불식간에 개별의지에서 점점 멀어져 구성원들의 보편적인 안녕과 행복을 의지意志하고 행동에 나서게 된다.

여기서 『정치경제론』의 다음 구절을 다시 읽어 보자. 루소는 일반의지를 "국가의 구성원들에게는 그들과 국가의 관계에서 정의와 부정의를 가르는 규칙"(본 번역본 26, 27쪽)으로 규정하면서 "정의를 판단하는 이 규칙은 모든 시민에게 확실하더라도 외국인들에게는 잘못된 것일 수 있다는 점을 중요하게 지적해야 한다"(본 번역본 29쪽)는 점을 덧붙인다. 다시 한번 이 부분은 루소가 자연법 사상가들 및 특히 디드로와 단절하는 지점이다. 이는 시민들les citoyens과 외국인들les étrangers을 구분해 외국인을 공동체에서 '배제'해야 한다는 의미가 전혀 아니다. 에밀 뱅베니스트Emile Benveniste가 지적했듯이 '시민'이라는 말의 라틴어 어원 *ciuis*는 "거주 공동체와 정치적 권리를 함축하는 집단 유대의 용어"로 "*ciuis*의 정확한 참된 의미는 전통적 관습대로 '시민'이라기보다는 '공동(체) 시민'"[23]임에 주목해야 한다. 루소가 말하는 정치체, 또는 사회체는

---

23) 에밀 벤베니스트, 『인도유럽사회의 제도문화 어휘연구 I』, 김현권 옮김, 아르케, 1999, 394쪽.

또 다른 정치체나 사회체와 결합하고, 이런 식으로 계속해서 '인류애'와 '세계시민'으로 발전하고 도약할 가능성이 전혀 없다. 시민사회는 언제나 그 외부를 전제한다. 그것은 자연상태에서 고립되어 살아가는 자연인에게 그와 같은 사람들이 항상 그의 외부에 놓이는 것과 같은 것이다. 루소에게 자유와 자족이라는 개념은 항상 개인의 외부와의 관계 속에서만 의미를 갖는다. 따라서 자연상태의 자유와 자족이 고립된 개인에게만 허락된 것이라면 사회상태의 자유와 자족은 더는 개별자들이 아닌 한 몸으로서의 정치체의 의지와 행위에서 가능하다.

그런데 자연상태의 인간은 자기보존을 위해, 다시 말하자면 외부로부터의 위협에 맞서 자신의 생명과 재산을 지킬 권리가 있다. 이는 또한 인간으로서의 의무이기도 하다. 그런데 위와 같은 논리라면 하나의 분리 불가능한 정치체 역시 외부의 위협에 맞서 신민들의 생명과 재산을 지켜야 하지 않겠는가? 이것이 루소가 말하는 애국심이다. 이 애국심은 공동체 구성원들에게 맹목적인 희생과 복종을 요구하는 원칙이 아니라, 한 개인이 위험에서 자기를 구하고자 하는 것처럼 한 정치체의 안위를 추구하고 지속케 하려는 자발적이고 숭고한 감정이다. 이런 루소의 관점과 전체주의의 이념은 흔히 말하듯 동일한 토대를 갖는가? 역설처럼 들릴 수 있겠지만 전체주의 사회에서는 애국심이 생길 수 없다. 시민들의 마음을 움직여 외부의 적에 대한 적대적인 감정을 갖게 하는 의지는 일반의지일 수 없기 때문이다. 그 사회는 한 몸으로서의 정치체가 아니라, 개별자들을 폭군의 수족으로, 노예로 여기는 일시적인 광란에 사로잡힌 사회일 뿐이다. 일반의지를 이해하고 그 의지를 따르기 위해서는 지성이 필요하고 이성으로써 정념의 침묵을 요구할 줄 알아야 한다. 그러므로 일반의지에 따라 움직이는 사회는 자연상태를 벗어나 자신의 자유와 자족이 정치체의 자유와 자족과 일치한다는 점에 동의하는 사회이다. 역사적으로 그런 사회가 있었는가? 우리의 정치체는 그런 사회에 가까운가? 그러나 이 질문에 바로 대답하기 어렵다면 문제를 바꿔 개화된 인민이, 자유와 자족을 갈망하는 신민들이, 일반의지를 따르는 주권자가 아직 그런 사회가 요원하다고 판단한다면 그 사회는 잘못된 토대에 기초했다고 말해야 한다. 내가 법이 아닌 다른 구속에 묶여 있다고 생각하는가? 내 생명과 재산이 항상 위태롭고 정의와 부정의를 더는 구분할 수 없는 사회에 살고 있다고 생각하는가? 그렇다면 그 사회는 진정한 사회계약이 체결되기 이전의 사회, 자연상태를 갓 벗어나 전쟁상태에 접어든 이행기의 사회이다. 루소는 그가 꿈꿨던 방대한 『정치학 강요』를 포기하고 『사회계약론』을 쓰는 것으로 만족했다. 『사회계약론』에서 루소는 20년을 연구했던 인간의 사회와 정치의 기원과 토대, 그리고 원리를 역사적인 방식이 아니라 그가 세운 원칙에 따라 추상적으로 서술했다. 『인간 불평등 기원론』의 세계가 단순 과거로 표현되는 시대라면, 『사회계약론』의 세계는 현재형으로 표현되는 시대이다. 루소는 『정치경제론』과 『초고』에서 여전히 남겼던 인간 사회의 '역사성'을 『사회계약론』에서 삭제해 버렸다. 루소 정치사상의 '모순'을 지적하는 해석자들은 이런 점에 주목했다. 그러나 『사회계약론』은 역사성을 현재성으로 대체했기 때문에 민주주의를 꿈꾸는 혁명가들의 정전이 되었다. 『사회계약론』의 사회는 자연상태의 직후가 아니라 우리가 살아가는 전쟁상태와 불평등의 세계를 끝내기 위해 여전히 필요한 합의와 동의의 전망에 열려 있기 때문이다. 확실히 루소가 사회계약을 자연상태에서 사회상태로의 이행의 조건으로 내걸었을 때 그는 과장한 것이다. 에밀 뒤르켐Émile Durkheim이 말하듯이 사회계약을 통해 이루어진 사회는 역사상 없었다. 그러나 루소는 그 사회계약이 체결되지 않은 역사상 모든 사회는 여전히 자연상태보다 못한, 이상적인 사회에 이르기에는 여전히 먼 폭정의 사회임을 독자들에게 웅변하는 것이다.

찾아보기

인명 및 지명

용어